观念读本

MARRIAGE

婚 姻

萧瀚 编

生活·讀書·新知 三联书店

图书在版编目（CIP）数据

婚姻／萧瀚编. —北京：生活·读书·新知三联书店，2017.1
（观念读本）
ISBN 978 - 7 - 108 - 05144 - 8

Ⅰ．①婚…　Ⅱ．①萧…　Ⅲ．①婚姻－研究
Ⅳ．① C913.13

中国版本图书馆 CIP 数据核字（2014）第 230783 号

责任编辑　曹明明
装帧设计　康　健
责任印制　徐　方
出版发行　生活·讀書·新知 三联书店
　　　　　（北京市东城区美术馆东街 22 号　100010）
网　　址　www.sdxjpc.com
经　　销　新华书店
印　　刷　北京市松源印刷有限公司
版　　次　2017 年 1 月北京第 1 版
　　　　　2017 年 1 月北京第 1 次印刷
开　　本　635 毫米×965 毫米　1/16　印张 22.5
字　　数　312 千字
印　　数　0,001 - 6,000 册
定　　价　46.00 元
（印装查询：01064002715；邮购查询：01084010542）

总序

何怀宏

  观念在一个急剧转型的社会中往往起着非常有力的，甚至时常是核心和引领的作用，尤其是一些基本的价值观念，而中国自近代以来，首先是思想观念，其次是社会制度出现了前所未有的激荡和巨变。思想和制度在中国将近两百年的历史中紧密连接，互相影响，古今纠缠，中西碰撞，有一些已凝结成形，还有一些则尚在未定之天。未定的需要审慎选择，而成形的也可能重启辩端。随着中国近年来经济和国家实力的快速发展，人们的心态和期望有了大幅的更新或提升，而曾经一度作为先导和共识的一些基本思想和理论或者趋于空洞化和分歧化，或者与真实的社会生活严重脱节，这就迫切需要我们比较全面地对中国百年来的思想观念予以重新认识和深入解释，以期中华的思想文化在引来活水和充分激荡之后有一较大的复兴。这套"观念读本"就是希望做一点这方面的准备工作。

  追溯人类文明的历史，拥有语言形式的思想观念是人猿揖别的一个标志，各民族、各文明在自己的发展历程中都对丰富人类的精神宝库做出了自己的贡献，有必要互相参照。当世界进入"现代"之际，

i

甚至在商品、资本的全球大规模流通之前，观念的流动其实就早已经开始，乃至后来引发了世界性的激荡。在这一"现代化"和"全球化"的发轫过程中，西方观念相比于其他文明的观念起了更重要的作用，而我们的母邦中国在最近一百多年中也发生了包括深刻的观念变革在内的一系列变革，故而我们对观念的关注的确是以近代以来舶来的西方观念为主，或更准确地说，是从中西古今思想观念互动的角度来观察西方观念。

对人的"思想"及其产品可分离出三个要素或过程：一是个人思想的主观过程，即思考、判断、分析、反省等；二是已经具有某种客观化形式以至载体的概念与理论；三是成为许多人头脑中的观念。我们这里所理解的"观念"是这样一些关键词，它已经不仅是思想家处理的"概念"，而且是社会上流行的、被许多人支持或反对的东西。对"概念"的处理是需要一些特殊能力或训练的，而"观念"则是人人拥有的，虽然不一定能清楚系统地表达，甚至有时不一定被自身明确地意识到，比方说，每个人都有自己的"人生观""价值观"——不管有没有或有多大的独创性。这种"观念"的源头虽然还是"概念"或者说"思想"，但它已经不是一两个人的思想，而是千百万人的思想。这套读本要处理的"观念"就是这样一些共享而非独享的思想。

凯恩斯在《就业、利息和货币通论》一书中写道："经济学家以及政治哲学家之思想，其力量之大，往往出乎常人意料。事实上统治世界者，就只是这些思想而已。许多实行者自以为不受任何学理之影响，却往往当了某个已故经济学家之奴隶。狂人执政，自以为得天启示，实则其狂想之来，乃得自若干年以前的某个学人。我很确信，既得利益之势力，未免被人过分夸大，实在远不如思想之逐渐侵蚀力之大。"

耐人寻味的是，凯恩斯作为一个主要研究经济或者说物质事物之运动的学者，却对思想观念的力量给予了如此之高的评价。当然，这可能是因为他生活在一个思想转型和社会剧变的历史时期。凯恩斯这里所强调的主要是观念对个人，哪怕是无意识地接受了某种观念的个人的影响，尤其是对政治家的影响；他还强调观念接受中的"时间"因素：观念从提出到接受可能是相当漫长的、隔代传递的一个过程。但无论如何，他还是倾向于思想观念支配着世界的观点。而韦伯的观点可能稍稍折中，他在《宗教与世界》中认为："直接支配人类行为的是物质上与精神上的利益，而不是理念。但是由理念所创造出来的世界图像，常如铁道上的转辙器，决定了轨道的方向，在这轨道上，利益的动力推动着人类的行为。"也就是说，直接的还是"利益"决定着人们的行为，但是，人们如何理解"利益"，或者说，这轨道往什么方向去，却取决于人们的观念，尤其人们的价值观，取决于他们认为什么是他们最重要的"利益"目标，什么是他们觉得最好的东西、最值得追求的东西。当然，这里对"利益"的理解就必须采取极其宽泛的观点，它不只是物质上、经济上的利益，甚至也包括精神上的"利益"。比方说，西方中世纪人们的主流价值观就并非追求俗世的好处，而是希冀彼岸的"永生"。但这样一来，"利益"与"观念"也就容易混淆不清。我们一般所说的"利益"，还是多指物质和经济上的利益。

影响人类行为、活动和历史的因素可以分为三类：一是自然环境，二是社会制度，三是思想文化。每类又可再分为两种。属于自然的两种：一是人类共居的地球；二是各民族、国家、群体所居的特定地理环境。属于制度的两种：一是经济制度，包括生产、生活、交换、分配等方式；二是政治制度，包括权力、法律、军事等机构。属于思想的两种：一是比较稳定外化，为一个群体共有的文化、风俗和心灵习性；二是比较个人化，经常处在争论和辩驳之中的思想、观念、主义和理论。那么，这三类，或者更往细处说，这六种哪一个对人类的活动和历史有更大的影响呢？或者用通俗的话来说，是地球或者地理环境，还是经济或者政治，抑或是人们的心灵习性或者思想理论更具有"决定性"呢？

"地球决定论"一般不会进入我们的视野，除非整个地球家园面临灾难乃至毁灭，但今天我们在一些生态哲学中已经依稀可以看到这样一种思想。一些面向人类比较广阔和长远的文明和民族进行观察和思考的人们，也曾提出过"地理环境决定论"的思想。在一个以经济为活动主线的时代，比较盛行的是"经济决定论"，而"政治决定论"乃至"军事决定论"则往往在传统书写的历史中占据主导地位。在一个变化激烈的时期，则不时还有"文化决定论""国民性决定论"乃至"思想观念决定论"的出现。但在今天，我们也许首先要审慎地反思"决定"这一概念本身，因为"决定"的含义本身就难以"决定"。也许一切都有赖于具体情况具体分析，以及对范围、时段、条件的规定。不同的观察角度，会发现不同的决定因素，这样，客观上就呈现出一种多元的所谓"决定论"。

人们只有吃饭才能生存，才能从事其他活动，这诚然是颠扑不破的道理，但由此引出"经济决定一切"的结论却必须放到某些条件下才能有效。从更为根本和长远的观点看，地球千百万年来决定着人类生存和发展的基本可能性，地理环境则构成对一个民族的活动，包括经济活动在内的很难逾越的制约。人们如何生存、如何找饭吃要受这些基本条件的限制。而从更高的角度，或者虽然较短但可能更为关键的时段看，吃饭并非一切。政治常常更直接，更有力，并有它自己的逻辑杠杆。文化风俗和国民性常常造成一种政治经济改革的"路径依赖"。至于心态和观念，则无时无刻不在历史活动的主体——人——那里发生作用，尤其重要的是，它们往往在某些"转折"或"革命"时期起着关键的作用。如对于美国革命，白修德甚至认为，美国是由一个观念产生的国家，不是这个地方，而是这个观念缔造了美国政府，这个观念就是《独立宣言》中所揭示的平等、自由以及每个人追求自己所认为的幸福的权利。同样地，拿破仑也谈道，法国大革命是 18 世纪启蒙观念的结果。

还有一点值得注意的是，当我们说观念起了巨大的作用时，并不是说它起的都是好作用，或者说，起了作用的观念并非都是正确的。推介《进步的观念》一书的比尔德说："世界在很大程度上由观念支配，既有正确的观念，也有错误的观念。英国的一位智者断言，观念对人类生活所具有的支配力量，与其中错误的程度恰好成正比。"而吊诡的是，过度引申和扩张的"单线进步观念"可能也恰好在某种程度上属于这样的观念：它最真实的成分往往不那么引人注意乃至显得苍白，而它最有力的部分却是不那么正确或周全的。

总之，我们不想夸大观念的力量，但观念的确还是起了巨大的作用，尤其在某些剧变时期：这时其他条件都没有什么明显的改变，但由于人们的想法变了，也就酿成了社会之变，虽然这里也可以进一步追溯说，人们的想法改变是其他条件变化累积的结果。

不过，对学者和思想者来说，可能还是会更关注思想观念，就像剑桥大学教授阿克顿 1895 年在其就职演说中所说的："我们的职责是关注和指导观念的运动；观念不是公共事件的结果而是其原因。"但知识者自然有时也得警惕这种对思想观念的偏爱，警惕自己不要逾越某些界限。观念不仅在接受的个人那里常常是滞后的，它的社会结果是滞后的，对观念及其后果的认识也是滞后的。我们往往要通过一个观念的后果才能比较清楚地认识这观念。而除了时间的"中介"，我们还要注意作为人的"中介"，观念往往通过少数人，尤其是行动着的少数人而对多数人发生作用。指望由自身在当代即实现某种理想观念的"观念人"往往要在实践中碰壁。

所以，在这套观念读本中，我们将特别注重时间和时段，注重历史。我们将进行回顾。柏拉图说一个人的"学习就是回忆"，而一个民族的学习大概要更多地来自回顾，这种回顾也似乎更有可能，更有意义，也更容易着手。但我们将立足于现在来进行回顾，甚至观照未来进行回顾。我们是在一个历史剧变时期之后——但也可能还是在这之中——来进行回顾的。的确，我们只是从一个侧面，即从观念的历史来回顾，但我们也意识到观念在一个历史剧变时期的特殊的、重要的力量。

这套读本就是这样一种试图从观念回顾历史，而又从历史追溯观念的初步尝试。从"五四"时期的"德先生"（民主）、"赛先生"（科学），一直到最近中国共产党十八大报告所提出的二十四个字的"社会主义核心价值观"，其中如富强、民主、自由、平等、公正、法治等，都是一些长期感动或激荡过中华民族的声音。它们有些在这片古老辽阔的大地上掀起过风暴，有些则一直在对众多的人们产生一种"润物细无声"的影响。的确，这些观念的来源虽然可以追溯到久远之前，其思想萌芽或雏形也可以在几乎所有的民族和文明中发现，其意义有待于各民族和文明去补充、修正乃至更改和替代，但是，就像"现代性"是从西方发源一样，本套读本选择的这些颇具现代意义的观念，从源头上来说主要是西方的产品，或者西方人对之有过特别的解释。所以，我们先选择阅读这些观念在西方发展的历史，希望首先尽可能原原本本地厘清这些观念在西方的源流，尤其是那些对中国发生过较大影响的观念和文本。而今后如果可能，我们还希望能有一个更全面的观念的文库，包括中国人对这些观念的介绍和改造，乃至一些观念的新造。

中国自 19 世纪上半叶与西方大规模接触和冲撞以来，对于西方开始还只是注意"利器"和"长技"，继而则更注意制度，最后则相当强调观念与思想理论。20 世纪初，尤其是 1905 年废除科举从而知识人失去体制依托之后，更是纷纷出洋寻求救国的新知识和自己的新出路，哪怕一时不容易去千山万水相阻隔的西洋，也赶到一衣带水的东瀛，因此中国人接触的许多西方观念都通过了"日译"的转手。目前我们所使用的大部分西方观念都是先通过日译，后通过不仅涉及名称更涉及思想内容的俄译。日译提供其名，俄译提供其实，日译阶段尚称多元，俄译阶段已趋一元。作为我们先辈的阅读者和翻译者常常不仅坐而言，而且起而行，不仅自己身体力行，而且动员他人和大众力行。

如上所述，"五四"时期，最著名的"观念先生"当推"德先生"和"赛先生"。很快这些观念又被"革命""阶级"等观念遮蔽。今天人们又反省，还应该有"莫先生"（道德）、"洛先生"（法律）等，类似的重要观念还有多少自可商议，而一个毋庸置疑的事实是，西方观念大举登陆中国已逾百年，深刻地激荡了 20 世纪的中国。如果不参照西方的观念，一部中国近现代的历史将不知从何说起。这些观念已经深深地积淀在我们的日常生活和各种制度之中。与其他一些民族的观念改变世界的变革例证不同，这里的许多观念并非土生土长的，而是舶来的。今天，这些观念我们已经耳熟能详，有的甚至成为响亮的口号，但是，对于这些已经深深影响着我们生活的观念，我们是否真正了解或了解得足够透彻呢？我们是否真的对这些观念有足够清醒的认识和反省呢？不断兴起的一代代年轻人在享受或忍受这一原动力乃至主轴仍是来自西方的"现代性"或"全球化"的过程中，是否也愿意系统地思考一下打造这些动力和主轴的关键词呢？

总之，中国在近代以来发生了天翻地覆的变化，现在也许可以做一点回顾整理——回首一个多世纪以来我们对这些观念的认识和实践。我们必须离得足够远才能对观念的成果或后果看得比较清楚。而今天，当风暴的尘埃基本落定，我们也许的确有条件可以看得比较清楚了，是故首先有编辑本套读本之议，我们想从西方经典著作里重点选择这样一些主题词编辑成书：它们体现了在中国发生过巨大影响的西方文化的核心或重要价值，但在中国文化中迄今仍有所缺失或需要重新认识，或者本身具有某种普遍意义。

我们希望，未来全套读本包括的观念大致可分为三类：一类是具有实质价值意义的观念，如平等、自由、宪政、法治、民主等，它们相对来说是西方特有的观念；另一类观念是指称某一学科、理论的领域，或者实践、感受的范围，如科学、婚姻、性爱、幸福等，它们自然为各民族所有，但我们这里所关注的是西方人对之特殊的理解和特别的重视；最后还有一类初看不像观念，比如指称某一类人或某一地域的名词，例如知识分子、哲人等，这些名词在西方人那里实际也已经形成独特思想的范畴，常常表现为一种自我或他者的镜像。

另外，这套读本也可视为对一个翻译大国百年成果的回顾和利用。

最早的思想作品的系统"中译"，我们或可以严复的翻译为代表，称之为"严译"。但可能受文言的限制，严复的译名虽然"旬月踟蹰"，相当精审，却大都没能留传下来，而是被"日译"的名称所代替。今天我们不必恢复"严译"的名称与文字，但可以考虑恢复和发扬颇具远见卓识的本土"严译"的严谨态度，包括他在选文方面的精审。无论如何，我们希望这套读本努力从具有经典意义的著作中遴选阅读篇章。

经典中总是凝结了时间，时间使它更有味道，更加醇厚。时间是书籍最好的试金石，甚至是它的"克星"。许多出版物挨不过一年半载，甚至从出世时就无人问津。但经典不害怕时间，它是"陈年老酒"，而不是"明日黄花"。出生伊始，它和其他出版物差不多一样，有时无声无息，遭到冷遇，有时甚至被非议和攻击。当然，也有的一开始就受到好评，但这样的幸运儿并不多见，尤其是具有深刻思想性和超前性的著作。经典要依赖时间来和其他作品分出等级，经典本身也会被时间分出等级：有百年一遇的经典，也有千年一遇的经典。

经典会被一代代人重读，这样文化就有了传承。当然有些也是隔代遗传，甚至经过世纪尘封。但一般来说，还是需要每一代都有人真正喜欢它，哪怕只有很少的人喜欢它。有些经典的命运非常孤独，有些则好一些。经典是时间的造物。在时间中，它又有了自己的历史，一些读者会把自己的生命又加入进来。经典不怎么时髦，经典是安静的，它一旦出生，就不再说话了。经典等待着，它只能等待。它有时寂静无声，但并没有死去。它必须等到一个好的读者才能复活：这个读者有多好，它就能够复活得多好。

这是就经典本身以及文化的传承而言的，从我们个人而言，为什么要读经典？这也许是为了获得或者说加入更广大和更深刻的经验。因为我们每个人的外在和内在的直接经验都是有限的。我们还常常受到时代的限制，尤其是在一个快速变化、追新骛奇的时代。但还是有人会注意更深沉和更广大的东西。比如西方《伟大的书》的作者大卫·丹比就这样总结自己阅读经典的经验："我是在把自己暴露于某种比我的生活更广阔、更强大的东西之中，同时我也是在暴露我自己。"

所以，问我们为什么要读经典，尤其在一个印刷品泛滥的时代里，甚至可以简单地回答说："因为书太多了。"我们读不过来，所以我们不得不尽量读那些最好的书。当然，单纯反映时代的书也是不能不读的。我们要培养对时代的一种感觉，我们也自然而然关心切近的事，另外，我们的本性也自然而然地有喜欢轻松的一面。但我们还是应该努力"摸高"，我们还要通过一种更高的经验获得一种鉴别力和鉴赏力。就像歌德所说的："趣味是靠杰作来培养的　　如果你通过阅读这些杰作打好了基础，你对其他作品就会有一个标准。"对于深入准确地理解观念来说更是如此，我们希望读者能够直接阅读阐述这些观念的最有力的原典，而不满足于二手的介绍。

即便强调经典的意义，我们也并不认为阅读经典就一定意味着总是要和艰涩打交道。我们这套读本的定位是希望具有中学及以上文化程度的读者就能基本看懂的、主要是面向大学生和文化人的通识读物，故选文不求思想艰深、学科专精或知识新锐，只求既具有经典意义而又比较好读的作品。在一般读者能读的前提下，我们遴选在西方思想中具有重要性或对社会有影响力的篇章。选文亦不限体裁，包括讲演、对话、书信、论文、论著节选、散文、随笔等，乃至很少量的能鲜明体现这一观念的小说或戏剧的节选。尽管如此，一番阅读的功夫和努力恐怕还是必不可少的。

我们还希望可以借此给读者提供一条通过阅读经典来把握观念的进路。阅读经典有各种方法和进路，我们可以从某个我们喜欢的作者切入，可以围绕着某个领域来阅读，也可以围绕着某个时代来阅读。我们还可以从观念着手，毕竟，所有的经典都是试图提出、阐述和传达某种观念的，而我们由观念入手，也可以集中注意经典中的基本观念，并巡视观念的历史，在一种交相辉映或互相辩驳中察看它们。但是，这套读本毕竟只是一个初步的编选，虽然我们努力挑选重要的观念和上乘的编者以保证质量和水准，但难免还是会有疏漏，会受编选者的视野以至个人见解的影响。但我们深信，它一定还是能够开启好学深思的读者进一步阅读完整的经典，系统把握那些深邃而有力的思想的道路。我还是相信我们的编者有精选的眼光，也相信我们的读者有深入的能力。

2015 年 4 月改定于北京褐石

目录

编者序　婚姻：在历史中向未来眺望

萧瀚

迄今为止的历史，人的历史，从一定意义上说，便是婚姻的历史——无论是制度意义上，还是私人情爱生活意义上，它是家庭的基本单位。

古往今来的绝大部分人，都在婚姻中生活，在婚姻中喜怒哀乐，他们中很大一部分人在婚姻中离开这个世界，另外很大一部分人，在伴侣离去之后，有的进入另一个婚姻，有的在回忆中走向与伴侣的同归。婚姻于人类，其重要性几乎超过任何一种社会现象，它是人类永恒的向往，也是人类永恒的苦恼，更是人类永恒的神秘。

由此，研究人类的婚恋现象，成为古往今来许多思想家、艺术家以及所有杰出人物的重要工作内容之一。

这部译作选编力图表现西方历史上爱情婚姻观念的流变。

可以想象，自从有了文字以后，就有了议论婚恋的文字记录。在西方历史上，最早的思想源头——古希腊诸贤对婚姻便有许多探讨。其中苏格拉底、柏拉图、亚里士多德对爱情、婚姻、家庭的见解，或许是最具有代表性的。

柏拉图在《理想国》中记载了苏格拉底对婚姻的看法，他说："婚姻大事应尽量安排得庄严神圣，婚姻若是庄严神圣的，也就能是最有益的。"并且从城邦利益出发认为，应该实行优婚优育政策，即让优秀的男女之间尽量结合，而不优秀的尽量不要结合在一起，同时对生育的孩子实行国家抚养政策，从而导出他的妇女儿童城邦共有的想法，显然，苏格拉底的这些思想可能受到来自斯巴达的影响，而这与雅典城邦的民主制并不相契。著名的《会饮篇》以赞颂爱神为名，斐多、泡赛尼阿斯、厄里什马克、阿里斯托芬、阿伽通、苏格拉底（苏格拉底借教给他智慧的异邦女子第俄提玛之口）阐述了各自对爱情属于人性本身的看法，以及爱情与人天然的欲望之间的关系、爱情与城邦命运之间的关系，并且广泛涉及爱情与友谊、勇敢等美德之间的关联，以及与艺术乃至一切人间事务之间的关联。其中苏格拉底对爱神的美丑善恶保持中性态度，并且认为爱乃是一种有对象之欲望，而爱情的目的则是在美的对象中传播种子。柏拉图在晚年的《法律篇》中，在涉及爱情婚姻问题上，更多从具体制度入手，详细谈论怎样的婚姻是美满的——既有利于自身、家族，又利及城邦，举凡结婚年龄、财产状况、人的品质、婚宴安排、生育，都在讨论之列，因此其讨论内容已经不是单纯的个人幸福，还涉及公民精神。显然，柏拉图的这些思想依然还遗留着早年受苏格拉底影响的痕迹，但晚年的想法更为中庸，少了专横的唯一论倾向，然而他依然强调整个城邦对于婚姻的理性管理。

与柏拉图相比，他的学生亚里士多德对婚姻的看法，也许更倾向于务实的日常需求——虽然《家政学》被视为伪书，但人们依然以它作为亚里士多德婚姻以及经济思想的主要依据。《家政学》指出了婚姻的两大基本目的就是共同生存和幸福生活，该书第三卷以十分详尽的阐述，分析婚姻中男女之间和谐的方法，其与女子的理家、守则以及男子的忠诚、温和、尊重女人在家中的作为息息相关。

可以说，在古希腊时代，思想家们对婚姻家庭即有极为高超的见解，这一方面基于当时社会的状态，同时也寄托着思想家们自己的期望。

在基督教产生之前的希腊化时代，以古罗马为代表的西方文明中，对待爱情婚姻的观念显然也体现着希腊化的特性，这从卢克莱修对美爱之神维纳斯的歌颂中，以及对情欲所作的全方面立体阐释中，可见端倪。这时候的爱情婚姻——至少情爱观基本上还是倾向于自然的。

基督教产生之后，欧洲的爱情婚姻观念发生了巨变。

《新约·哥林多前书》第七章，保罗给教会的信中，指导教徒们的日常爱情婚姻生活的论述，这些婚姻思想至今依然在影响着人类，因此，这部分内容虽然并不很多，但却十分具体、丰富，而且一个最明显的观念，就是婚姻是为了信仰而存在才是有价值的。如果说，要从历史上曾经出现过的婚姻思想中选择一种最具影响力的思想，无疑当推保罗此书。

正是在基督教思想的强烈影响之下，尤其当380年罗马皇帝狄奥多修将基督教正式定为国教之后，也同时开启了中世纪时代，西方的婚姻状态逐渐开始进入一个基督教时代。不知道是不是巧合，自陈放浪形骸的奥古斯丁正是在386年开始悔改，皈依基督教，他写下脍炙人口的《忏悔录》，成为中世纪基督教神学的一个重要代表人物，此书中他的爱情婚姻观念也极为重要。在书中，奥古斯丁出于信仰对情欲作了攻击，贬低人的正常肉欲观念在此书中得到阐述，这可能也影响了整个中世纪的性、婚恋观念。

一千多年过去以后，当文艺复兴的曙光开始照耀欧洲的时候，人们对爱情婚姻这些问题也都开始了新的思考，以但丁、薄伽丘、莎士比亚、塞万提斯等为杰出代表的艺术家们，发出了对健康而个性自由的爱情向往的巨大潮声，而这一切使得西方世界从人性桎梏的宗教黑暗中开始逐渐迈步走出，《十日谈》、《堂吉诃德》以及莎剧等都很好地表现了这一主题。但是鉴于篇幅，本书只能遗憾地放弃。

虽然文艺复兴运动开启了数个世纪，而且在整个文艺复兴期间，性、爱情、婚姻这些人的基本生活范畴，在整个西方社会一直经历着多元、最保守和最开放以及混乱的浴火重生过程。然而，人类的观念变化始终是缓慢的，如果仅就婚姻观念而言，从托马斯·莫尔的《乌托邦》、安德里亚的《基督城》以及康帕内拉的《太阳城》三大空想社会主义名著中可见出他们在婚恋观上的中世纪烙印，本书选了《乌托邦》中的一节，就可以清晰地看到——比它晚了近百年的其他两部书与它相比，在婚姻思想上并无太大变化。

但是，思想观念的演变虽然缓慢，毕竟变化始终存在，于是在一个长时段中，它就能够清晰地显现出来。培根——这个奠定了近代精神的智者，将启蒙运动带到了门槛，他的论说文集极大地丰富和拓展了当时人们狭隘的精神思想，他在《论婚姻和独身》一文中，凸显婚姻的世俗化功能，婚姻开始向自然正常的人性回归。

经过了启蒙运动之后，自由、平等、博爱这些理念在婚恋领域已经开始结出部分果实。19世纪，康德、黑格尔这些不世出的大家，全方位地思考人类的几乎所有问题，真正重新继承苏格拉底、柏拉图和亚里士多德的精神。新的时代，随着资产阶级经济和法权观念的兴起，婚姻越来越被许多人视为一种契约，康德在《权利哲学》一书中的这一观点最具代表性；但是，这一观念被黑格尔非常正确地斥为"粗鲁"，也许是因为康德终身独身的缘故，所以才站在一个旁观者的角度，冷静地看待婚姻——至少是绝大多数人的婚姻？而黑格尔的美满婚姻使得他对于这种纯契约的论断完全不能接受，婚后近十年，他写就的《法哲学原理》中，对婚姻的著名论断："婚姻是具有法的意义的伦理性的爱……"可以说至今依然是一个极为到位的论断，也可以说是启蒙运动的成果。

几乎整整一个世纪之后，欧洲陷入了大规模的动荡，资本主义成为革命的对象，基督教的新教运动已经进行了三个世纪，个人主义的精神在摆脱天主教的过程中融入新教运动，婚恋观念也在此变革中，它混杂了诸多的个人、环境、时代因素，在这一切即将世俗化的过程中，尼采清醒地意识到上帝的死去在给世界带来开放和自由的同时，也带来混乱，于是，他发明了超人哲学，并将超人哲学糅进婚恋观念，他认为没有崇高目标的婚姻是庸俗和没有意义的，此处可见出西方婚恋观念嬗变过程中前后的承续与突破。现代社会学三大奠基人之一的涂尔干，则从另一个视角，从历史社会学和家庭史以及多元性关系的破坏性角度，更为冷峻地阐释了婚姻的特性，而这与尼采的观点几乎是天差地别了。

托尔斯泰在晚年犯下任何一个伟人都可能犯的错误，他要做人类的导师。如伯林所言，他实际上是一个具有多面天才的艺术家（即所谓狐狸），但他却扬短避长，晚年为了求得自己心灵的安宁，以宗教和道德为武器，横扫一切艺术领域，在艺术中强行推行宗教标准和道德标准，对于生活那就更不必说了，这些偏差在他的婚恋观念中也清晰地得到表现，他在《论婚姻和妇女的天职》中，洞察到了母亲对家庭的重要，但显然遗忘了进入近现代以来，婚姻中男女平等的前提性条件。

婚姻中的性问题一直是人们颇感神秘的部分，尤其在西方最初推崇自然人性的观念被宗教打断之后，性快乐在西方至今的历史中很长时间处于被否定的状态，尤其是女性的性快乐。20世纪以来，随着各方面思想和社会环境的变化，这个问题不再被视为洪水猛兽。英国性学家霭理士从性的角度，以统计学的数据论证了美满婚姻的条件中应有夫妻双方和谐性快乐的一份儿，然而他又说，婚姻的和谐是全方位的，恰恰是最和谐的婚姻里，因为其他方面的和谐，性生活的地位则会明显下降，甚至完全退居背后。

霭理士的观点应该说极具代表性，是不是从一定程度上解释了过于强调性生活重要性的婚姻，恰恰是因为其本身的圆满度不够？然而，按照霭理士的思路，这样的疑问或许可以，但要去下什么结论，那是危险的。

现代世界的婚姻虽然是从打破宗教迷雾中走出来的，但是信仰时代的许多规则并没有被废除，也不可能被废除，因为许多规则是人性本身的产物，有宗教规范是如此，没有它也是如此，一夫一妻制就是个典型的制度。芬兰人类学家维斯特马克在《人类婚姻史》中对世界历史上大量民族的婚姻制度研究表明，人类自古以来，一夫一妻制就是主要的制度。即使在实行多妻制的一些民族中，一夫一妻制也是最主要的婚姻制度，只有极少数的权势富贵人物才实践着多妻制，可见多妻制是一种奢侈品，古今中外概莫能外。

但是，人类自古以来的婚姻，尤其是近一两千年，在普遍盛行的一夫一妻制中，女性的地位一直被一定程度上漠视了，女权主义的重要代表人物西蒙娜·波伏娃，通过历史的梳理，给出了一个惊心动魄的叙述，她深刻地揭示了两性不平等导致婚姻家庭中的两性权力之争，这是发人深省的，然而，在崇尚男女平等的时代，这种权力之争就一定能够消除吗？这样的问题不会有答案，也不能有答案，因为现在这个时代还是一个过渡时代，再说理想状态的男女平等是否可欲，也未必就不是问题。正如莫洛亚在《论婚姻》的演讲中所提出的一大堆问题一样，婚姻问题基于人性的非理想状态，所以人类普遍的婚姻生活能否达到理想状态或许就有答案了——虽然莫洛亚并不想给我们这个答案。

但是，解决现代婚恋难题依然是许多智者所感兴趣，而且力图回答的，这方面，应该说罗素贡献巨大，也许他从自身一生并不那么理想的婚恋经历中，获得了不少灵感，也因此对人性中诸如嫉妒、多恋倾向做出了比较公允和理性的分析，并且劝告人们要尽力克制和改变一些非建设性的人性特质，这样才能获得比较好的婚姻状态。然而，罗素认为离婚不是解决婚姻问题的方法，他对现代家庭结构与经济发展之间的矛盾分析，以及隐约认为人类的婚姻制度可能会解体，从中可以看出，罗素对待婚姻总体上的看法却是悲观的，北欧后来的发展也许在一定程度上与他的前瞻是吻合的。

如果说波伏娃的研究过于侧重对历史的批判，而在现实的建构上又过于机械地执着于"男人会的我们女人也会"，罗素的思想似乎也过于理想化，颇有过高要求人性之虞，那么艾斯勒也许在历史批判之中已经建起她自己的独特男女世界，并且提出了坚实的未来展望。艾斯勒一直是我最喜欢的女性主义思想家，这篇选自艾斯勒《国家的真正财富——创建关怀经济学》第五章的《把虚线连起来》，虽很难说它是专门谈婚姻的，但作为当代最重要的女性主义思想家之一，艾斯勒以其男女伙伴关系论闻名于世，这一章是艾斯勒在将统治关系与伙伴关系进行系统比较之后，让人顺理成章地对男女两性关系得出结论。正如她早在《圣杯与剑》和《神圣的欢爱》中就已阐述过的，男女统治关系的历史与现状不改变，不但两性情爱无法正常化，无法成为人们幸福之源，就是整个人类社会也只能充斥着永无了期的战争，因此，如其他思想家一样，艾斯勒也是将性、情爱、婚姻都既置于家庭之中，也嵌进历史现实社会甚至未来之中思考。

思想家们对婚恋问题的思考固然精彩，而人类真正深受影响的思想常常是通过艺术作品，包括诗歌、散文、小说、戏剧、电影等各种艺术形式。艺术家的直觉和艺术表现力，常常远比思想家对问题的看法更有影响力，尤其是文学艺术中体现出来的婚恋观念，几乎遍及西方所有文学作品。赫尔岑既是一位思想家，又是一位文学家，他脍炙人口的《往事与随想》是一部回忆录，记载了他一生中经历过的最重要的人和事，在涉及其自身的《家庭的悲剧》中，他详细地记载了一位德国诗人伙同妻子对他家庭的破坏，他也很诚实地记录下他自己在这过程中的痛苦、嫉妒和情绪的冲动以及对妻子的不公正，但最后爱的力量本身使他们夫妻之间相爱如初，本书选编的就是他们和好时候的状态。

而挪威的大戏剧家易卜生——这位被视为"伟大问号"的巨人，对于即将开始的新时代感觉异常清晰，在那部曾经震动中国知识界的名剧《玩偶之家》中，易卜生以最有力的语言和思想为妇女争独立的人格、独立的生活，娜拉离家出走前与丈夫海尔茂的对话在文学史和思想史上均具有不朽的价值。

在汗牛充栋的文学著作中，描写爱情婚姻的名篇可谓比比皆是，出于偏好，我选择了蒲宁。作为俄罗斯最伟大的小说家之一，他关心俄罗斯、关心世界，却"为艺术而艺术"，痛恨苏联的暴力，却在自己的作品中无数次阐述爱和死亡的美丽。《米佳的爱情》当是世界爱情小说中的顶级作品之一，但因为篇幅太大，无法选入。晚年的蒲宁，作品越来越短小精悍，但依然是最诗意的。本书入选了他的《爱情学》和《林荫幽径》，前者讲述了一个痴情男子在爱人离世后，待在爱人住过的小屋，二十年不出门，只是读书和思念，其中有一本《爱情学》，教授了相爱的人们，双方应该融为一体、忠贞不渝；后者讲述了一个女奴被自己深爱的主人释放为自由民——而实际上是抛弃，之后，35 年独身，最后两人邂逅，男的请求原谅，女的说因为爱他，而且至今依然，所以永远不能宽恕他，这触及了人类爱情中最吊诡也最人性的命题：爱情中的占有欲和忠诚的并行不悖。

蒲宁的小说由于借助于无限美丽的环境营造，最能说明人类在爱情婚姻方面的理想、幻想的永恒性和高度审美性。正如西方源头思想所展示的，爱情在它联系到婚姻——如果婚姻代表永久的结合与永远的忠诚，它的美尤其令人心醉，然而在蒲宁笔下，它却常常通往具有最高审美意义的死亡，而这正好与婚姻构成了巨大的张力。

人类在这一张力中到底如何获得比较圆满的结果——既让爱情得以生存于婚姻之中，又使婚姻成为幸福生活的基础，两者在根本上是不是一回事？对于许多人而言，因为把两者视为一体而导致失败，爱情的形上审美意蕴与婚姻柴米油盐的务实诉求能否有效结合，在此没有答案——即使有答案，那也只是个体实践经验的答案，无法放之四海皆准。也许，正如我喜欢的女性主义思想家艾斯勒所设想的，欲求男女关系相处之美好，必取决于比婚姻等更为基础问题的解决，比如至少将男女关系模式从原有的统治关系转向伙伴关系。

但愿这本选编的译作选集能够给关注婚恋问题的人们一点启发，在此也感谢所有翻译家们的辛苦劳作。

是为序。

2014 年 3 月 26 日于追远堂

第一讲 爱欲、婚姻与城邦

[古希腊] 柏拉图

柏拉图（Plato，前 427—前 347），古希腊著名哲学家，苏格拉底的学生，亚里士多德的老师。曾多次离开雅典，游历其他国家与城邦，乃至尝试实现自己的政治理想，后着力培养弟子，兴办学园。其著作多用对话体写成，《理想国》是其中影响深远的一篇，除此之外还有《高尔吉亚篇》《普罗泰戈拉篇》《智者篇》《美诺篇》《巴门尼德篇》《斐多篇》《申辩篇》《会饮篇》等，其中常以苏格拉底作为对话的主人公。

论婚姻与城邦

[古希腊] 柏拉图

【编者按：这可能是西方最早系统研究男女自然差异以及婚姻中角色的思想性著作，柏拉图借苏格拉底之口，认为一个好的家庭，男女必须分工明晰，各司其职。苏格拉底还谈到了婚姻对于城邦的重要性，公妻制以及城邦养育子女的思路也就产生了。】

苏格拉底： 那么，要不要让我们替他们说句话："我的亲爱的苏格拉底、格劳孔呀！实在没有必要让别人来批评你们。你们自己在开始讨论建立你们国家的时候，早已同意一个原则，即每个人应该做天然适宜于自己的工作。"

格劳孔： 我想，我们的确是同意过的，不是吗？

苏格拉底： 他们会这样问：男子与女子之间不是天然就有很大的差别吗？当我们承认有之后，他们会问我们要不要给男子女子不同的工作，来照顾这些天然的差别？当我们说要的，他们会再问下去：既说男女应该有同样的职业，又说他们之间有很大的自然差别，这岂不是在犯自相矛盾的错误吗？那怎么办？你聪明人能够答复这个问题吗？

格劳孔： 要我立刻答复这样突然的问题，实在不容易。我只有请求你替我们这方面答辩一下，话随你怎么说。

苏格拉底： 亲爱的格劳孔，这些困难，还有别的许多类似的困难都是我早就看到的，因此我怕触及妇女儿童如何公有、如何教育方面的立法问题。

格劳孔：真的，这不像是一件容易的事情。真不容易。

苏格拉底：当然不容易。但是既然跌到水里了，那就不管是在小池里还是在大海里，我们义无反顾，只好游泳了。

格劳孔：极是。

苏格拉底：那么，我们也只好游下去，希望安然度过这场辩论。但愿音乐家阿里安的海豚①把我们驮走，或者还有其他什么急救的办法。

格劳孔：看来如此。

苏格拉底：好，让我们来看看能不能找到一条出路。我们承认过不同的禀赋应该有不同的职业，男子与女子有不同的禀赋。可是现在我们又说不同禀赋的人应该有同样的职业，这岂不是对我们自己的一种反驳吗？

格劳孔：一点不错。

苏格拉底：亲爱的格劳孔，争论艺术的力量真了不起呀！

格劳孔：怎么回事？

苏格拉底：因为我看到许多人甚至不由自主地跌到这个陷阱中去，他们以为是在辩论，实际上不过在吵架而已。因为他们不懂得在研究一句话的时候怎样去辨别其不同的含义，只知道在字面上寻找矛盾之处。他们咬文嚼字，互相顶嘴，并不是在作辩证式的讨论。

格劳孔：是的，许多场合都有这种情况，不过你认为我们这里也是这样吗？

苏格拉底：绝对是的。无论如何，我担心我们在这里有不知不觉陷入一场文字争吵的危险。

格劳孔：怎么会这样的？

苏格拉底：不同样的禀赋不应该从事于同样的职业。我们对于这个

_____

① 见希罗多德《历史》第 1 卷第 24 节。

原则，在字面上鼓足勇气，斤斤计较，可是我们从来没有停下来考虑考虑，不同样的禀赋究竟是什么意思，同样的禀赋究竟是什么意思，对不同样的禀赋给以不同样的职业，对同样的禀赋给以同样的职业，究竟是什么意思？

格劳孔：我们确实没有考虑过。

苏格拉底：看来，根据这个原则，我们就可以问我们自己：秃头的人们和长头发的人们是同样的还是异样的禀赋；要是我们同意他们是异样的禀赋，我们就禁止长头发的人做鞋匠而不禁止秃头的人做鞋匠，或者，禁止秃头的人做鞋匠而不禁止长头发的人做鞋匠。

格劳孔：这可笑到极点。

苏格拉底：可笑的原因在于，我们所说禀赋的同异，绝不是绝对的、无限制的，而只是关联到行业的同异。例如一个男子和一个女人都有医疗的本领，就有同样的禀赋。你觉得对不对？

格劳孔：对的。

苏格拉底：但是一个男医生和一个男木工的禀赋就不同。

格劳孔：确是不同。

苏格拉底：那么，如果在男性和女性之间，发现男性或女性更加适宜于某一种职业，我们就可以把某一种职业分配给男性或女性。但是，如果我们发现两性之间，唯一的区别不过是生理上的区别，阴性受精生子，阳性放精生子，我们不能据此就得出结论说，男女之间应有我们所讲那种职业的区别；我们还是相信，我们的护卫者和他们的妻子应该担任同样的职业为是。

格劳孔：你说得很对。

苏格拉底：其次，我们要请那些唱反调的人，告诉我们，对建设国家有贡献的技术和职业，哪些仅仅适宜于女性，哪些仅仅适宜于男性呢？

格劳孔：这你无论如何是问得公道合理的。

苏格拉底：也许有人会像你刚才所说的那样说：一下子不容易找到

令人满意的答复，只要给他们时间想一想，这也并不太难。

格劳孔：他也许会这么说。

苏格拉底：那么，我们可不可以请求反对我们的人一直跟着我们，以便我们或许能够向他证明，在治理一个国家方面没有一件事是只有男子配担任而女人担任不了的？

格劳孔：当然可以。

苏格拉底：那么，让我们来请他答复这个问题："当你说一个人对某件事有天赋的才能而另一个人没有天赋的才能，是根据什么呢？是因为一个人学习起来容易另一个人学起来困难，对吗？是不是因为有的人一学就懂，懂了就能类推，举一反三；有的人学习了好久，甚至还不记得所学的是什么东西？是不是因为有的人身体能充分地为心灵服务，有的人身体反而阻碍心灵的发展呢？你还有什么别的东西可用来作为每一问题上区分有好天赋与没有好天赋的依据的吗？"

格劳孔：没有人能找到别的东西来作为区分的根据的了。

苏格拉底：那么，有没有一种人们的活动，从上述任何方面看，男性都不胜于女性？我们要不要详细列举这种活动，像织布、烹饪、做糕点等等，女人以专家自命，要是男人胜了，她们觉得害羞，怕成为笑柄的？

格劳孔：你说得对。我们可以说，一种性别在一切事情上都远不如另一种性别。虽然在许多事物上，许多女人的确比许多男人更为擅长，但是总的看来，情况是像你所说的那样。

苏格拉底：那么，我的朋友，没有任何一项管理国家的工作，因为女人在干而专属于女性，或者因为男人在干而专属于男性。各种的天赋才能同样分布于男女两性。根据自然，各种职务，不论男的女的都可以参加，只是总的说来，女的比男的弱一些罢了。

格劳孔：很对。

苏格拉底：那么，我们要不要把一切职务都分配给男人而丝毫不分配给女人？

格劳孔：啊，那怎么行？

苏格拉底：我想我们还是这样说的好：有的女人有搞医药的天赋，有的没有，有的女人有音乐天赋，有的没有。

格劳孔：诚然。

苏格拉底：我们能不能说：有的女人有运动天赋，爱好战斗，有的女人天性不爱战斗，不爱运动？

格劳孔：能说。

苏格拉底：同样我们能不能说有的爱智，有的厌智，有的刚烈，有的懦弱？

格劳孔：也能这么说。

苏格拉底：因此，有的女人具有担任护卫者的才能，有的没有这种才能；至于男人，难道我们不能根据同样的禀赋来选择男的保卫者吗？

格劳孔：是这样。

苏格拉底：那么，女人男人可以有同样的才能适宜于担任国家保卫者的职务，分别只在于女人弱些男人强些罢了。

格劳孔：显然是如此。

苏格拉底：因此应该挑选这种女子和这种男子住在一起同负护卫者的职责，既然女的男的才能相似、禀赋相似。

格劳孔：当然。

苏格拉底：同样的禀赋应该给同样职务，不是吗？

格劳孔：是的。

苏格拉底：话又说回到前面。我们同意给护卫者的妻子们以音乐和体育上的锻炼，并不违背自然。

格劳孔：毫无疑问。

苏格拉底：因此我们的立法并不是不切实际的空想，既然我们提出的法律是合乎自然的。看来倒是目下流行的做法是不自然的。

格劳孔：似乎如此。

苏格拉底：那么，我们所要考虑的问题是：我们的建议是否行得通？如果行得通的话，它们是不是最好？

格劳孔： 是这个问题。

苏格拉底： 我们已经同意是行得通的，不是吗？

格劳孔： 是的。

苏格拉底： 那么，我们要取得一致意见的次一个问题是：我们建议的是不是最好？

格劳孔： 显然是的。

苏格拉底： 好，为了培养护卫者，我们对女子和男子并不用两种不同的教育方法，尤其是因为不论女性男性，我们所提供的天然禀赋是一样的。

格劳孔： 应该是同样的教育。

苏格拉底： 那么，对于下面的问题，你的意见如何？

格劳孔： 什么问题？

苏格拉底： 问题是：你以为男人们是有的好些有的差些，还是所有男人都是一样的呢？

格劳孔： 他们当然不是一样的。

苏格拉底： 那么，在我们正建立的这个国家里，哪些男人是更好的男人？是受过我们所描述过的那种教育的护卫者呢，还是受过制鞋技术教育的鞋匠呢？

格劳孔： 这是可笑的问题。

苏格拉底： 我懂。但请你告诉我，护卫者是不是最好的公民？

格劳孔： 是最好的。好得多。

苏格拉底： 那么，是不是这些女护卫者也是最好的女人？

格劳孔： 也是最好的。

苏格拉底： 一个国家里能够造就这些出类拔萃的女人和男人，还有什么事情比这个更好的吗？

格劳孔： 没有。

苏格拉底： 这是受了我们所描述过的音乐和体操教育的结果吗？

格劳孔：当然是的。

苏格拉底：那么，我们所提议的立法，不仅是可能的，而且对于国家也是最好的。

格劳孔：确实是的。

苏格拉底：那么，女的护卫者必须裸体操练，既然她们以美德做衣服。她们必须同男人一起参加战争，以及履行其他护卫者的义务，这是她们唯一的职责。在这些工作中她们承担比较轻一些的，因为女性的体质比较文弱。如有任何男人对女人（出于最好的动机）裸体操练加以嘲笑，正如诗人品达所云"采不熟之果"[1]，自己不智，反笑人愚，他显然就不懂自己在笑什么，在做什么。须知，"有益的则美，有害的则丑"这一句话，现在是名言，将来也是名言。

格劳孔：我完全同意。

苏格拉底：在讨论妇女法律问题上，我们可以说已经越过了第一个浪头，总算幸而没有遭灭顶之灾。我们规定了男的护卫者与女的护卫者必须担任同样的职务，并且相当一致地证明了，这个建议不仅是可行的，而且是有益的。

格劳孔：的确如此，你越过的浪头可不小呀！

苏格拉底：你要看到了第二个浪头，你就不会说第一个浪头大了。

格劳孔：那么，讲下去，让我来看看。

苏格拉底：作为上面这个论证以及前面的所有论证的结果，依我看，是一条如下的法律。

格劳孔：什么样的？

苏格拉底：这些女人应该归这些男人共有，任何人都不得与任何人组成一夫一妻的小家庭。同样，儿童也都公有，父母不知道谁是自己的子女，子女也不知道谁是自己的父母。

格劳孔：这比前面说的是一个更大的浪头了，使人怀疑这个建议是

_____

[1] 见品达，残篇209。柏拉图在这里文字上有改动。

不是行得通，有没有什么益处。

苏格拉底：啊，关于有没有什么益处，我看这点不必怀疑，谁都不会否认妇女儿童一律公有有最大的益处。但是，是否行得通？据我看来，这个问题将引起极大的争论。

格劳孔：两个问题都要大争而特争的。

苏格拉底：你的意思是不是说，我要腹背受敌了。我原来希望你同意这个建议是有益的，那样我就可以避重就轻来讨论是否行得通的问题了。

格劳孔：你休想滑过去，给你发觉了！你不许走，你得对两个建议，都要说出道理来。

苏格拉底：好，我甘愿受罚，但请你原谅，让我休息一下。有那么一种懒汉，他们独自徘徊，想入非非，不急于找到实现他们愿望的方法，他们暂时搁起，不愿自寻烦恼去考虑行得通与行不通的问题；姑且当做已经如愿以偿了，然后在想象中把那些大事安排起来，高高兴兴地描写如何推行如何实现；这样做他们原来懒散的心灵更加懒散了。我也犯这个毛病，很想把是否行得通的问题推迟一下，回头再来研究它。现在我们假定这是行得通的，在你许可之下，我愿意先探讨治理者们在实行起来时怎样安排这些事情。同时还要证明这些安排对于国家对于护卫者都有极大的益处。我准备同你先研讨这个问题，然后再考虑其他问题，如果你赞成的话。

格劳孔：我赞成，请讲下去。

苏格拉底：那么我以为，治理者和他们的辅助者如果都名副其实的话，辅助者必须愿意接受命令，而治理者必须发布命令——在一些事情中按照法律发布命令，在另一些我们让他们自己斟酌的事情中根据法律的精神发布命令。

格劳孔：大概是的。

苏格拉底：那么，假定你这个立法者选出了一些男人，同时选出了一些女人，这些女人的品质和这些男人一样，然后把这些女人派给这些男人。这些男人女人同吃同住，没有任何私财，彼此在一起，共同锻炼，天然的需要导致两性的结合。我所说的这种情况不是一种必然的结果吗？

格劳孔：这不是几何学的必然，而是情欲的必然。对大多数人的行动来讲，情欲的必然比几何学的必然有更大的强制力与说服力。

苏格拉底：确实如此。不过再说，格劳孔，如果两性行为方面或任何他们别的行为方面毫无秩序，杂乱无章，这在幸福的国家里是亵渎的。我们的治理者是绝不能容许这样的。

格劳孔：是的，这是不对的。

苏格拉底：因此很明白，婚姻大事应尽量安排得庄严神圣，婚姻若是庄严神圣的，也就能是最有益的。

格劳孔：诚然。

苏格拉底：那么，怎么做到最有益呢？格劳孔，请告诉我，我在你家里看到一些猎狗和不少纯种公鸡，关于它们的交配与生殖你留意过没有？

格劳孔：什么？

苏格拉底：首先，在这些纯种之中——虽然它们都是良种——是不是有一些证明比别的一些更优秀呢？

格劳孔：是的。

苏格拉底：那么，你是一律对待地加以繁殖呢，还是用最大的注意力选出最优秀的品种加以繁殖的呢？

格劳孔：我选择最优秀的加以繁殖。

苏格拉底：再说，你选择年龄最幼小的，还是选择最老的，还是尽量选择那些正在壮年的加以繁殖呢？

格劳孔：我选那些正在壮年的。

苏格拉底：如果你不这样选种，你不是要你的猎狗和公鸡的品种每况愈下吗？

格劳孔：是的。

苏格拉底：马和其他兽类怎么样？情况会有不同吗？

格劳孔：倘若不是那样，那才怪呢。

苏格拉底：天啊！我亲爱的朋友，这个原则如果同样适用于人类的话，需要我们的统治者拿出多高明的手腕呀！

格劳孔：是适用的。但是为什么说需要高明的手腕呢？

苏格拉底：因为他们要用大量我们前面讲过的那种药物①。对肯用规定的膳食，不必服药的病人，普通的医生就可以应付了。如果遇到需要服用药物的病人，我们知道就需要一个敢想敢做的医生才行了。

格劳孔：是的。不过同我们的问题有什么关系？

苏格拉底：这个，大概是治理者为了被治理者的利益，有时不得不使用一些假话和欺骗。我以为我们说过，它们都是作为一种药物使用的。

格劳孔：是的，说得对。

苏格拉底：那么，在他们结婚和生育方面，这个"对"看来还不是个最小的"对"呢。

格劳孔：这是怎么的？

苏格拉底：从上面同意的结论里，我们可以推断：最好的男人必须与最好的女人尽多结合在一起，反之，最坏的与最坏的要尽少结合在一起。最好者的下一代必须培养成长，最坏者的下一代则不予养育，如果品种要保持最高质量的话，除了治理者外，别人不应该知道这些事情的进行过程。否则，护卫者中难免互相争吵闹不团结。

格劳孔：很对。

苏格拉底：按照法律须有假期，新妇新郎欢聚宴饮，祭享神明，诗人作赞美诗，祝贺嘉礼。结婚人数的多寡，要考虑到战争、疾病以及其他因素，由治理者们斟酌决定；要保持适当的公民人口，尽量使城邦不至于过大或过小。

格劳孔：对的。

苏格拉底：我想某些巧妙的抽签办法一定要设计出来，以使不合格者在每次求偶的时候，只好怪自己运气不好而不能怪治理者。

格劳孔：诚然是的。

---

① 这是一种比喻。

苏格拉底：我想当年轻人在战争中证明他们英勇卫国功勋昭著的，一定要给以荣誉和奖金，并且给以更多的机会，使之与妇女配合，从他们身上获得尽量多的后裔。

格劳孔：对得很。

苏格拉底：生下来的孩子将由管理这些事情的官员带去抚养。这些官员或男或女，或男女都有。因为这些官职对女人男人同样开放。

格劳孔：是的。

苏格拉底：优秀者的孩子，我想他们会带到托儿所去，交给保姆抚养；保姆住在城中另一区内。至于一般或其他人生下来有先天缺陷的孩子，他们将秘密地加以处理，有关情况谁都不清楚。

格劳孔：是的。这是保持治理者品种纯洁的必要条件。

苏格拉底：他们监管抚养孩子的事情，在母亲们有奶的时候，他们引导母亲们到托儿所喂奶，但竭力不让她们认清自己的孩子。如果母亲的奶不够，他们另外找奶妈。他们将注意不让母亲们喂奶的时间太长，把给孩子守夜以及其他麻烦事情交给奶妈和保姆去干。

格劳孔：你把护卫者妻子抚育孩子的事情，安排得这么轻松！

苏格拉底：这是应该的。现在让我们谈谈我们规划的第二部分。我们曾经说过，儿女应该出生在父母年轻力壮的时候。

格劳孔：诚然。

苏格拉底：你同意一个女人精力最好的时候大概可以说有 20 年，男人有 30 年吗？

格劳孔：你要选择哪几年？

苏格拉底：女人应该从 20 岁到 40 岁为国家抚养儿女，男人应当从过了跑步速度最快的年龄到 55 岁。

格劳孔：这是男女在身心两方面都精力旺盛的时候。

苏格拉底：因此，如果超过了这个年龄或不到这个年龄的任何人也给国家生孩子，我们说，这是亵渎的、不正义的。因为他们生孩子（如果事情不被发觉的话）得不到男女祭司和全城邦的祷告祝福——这种祝祷是每次正式的婚礼都可以得到的，祈求让优秀的对国家有贡献的父母所生的下代胜过老一代，变得更优秀，对国家更有益——这种孩子是愚昧和淫乱的产物。

格劳孔：很对。

苏格拉底：同样的法律也适用于这样的情况：一个尚在壮年的男人与一个尚在壮年的女子苟合，未得治理者的准许。因为我们将说他们给国家丢下一个私生子，这是不合法的，亵渎神明的。

格劳孔：对极了。

苏格拉底：但是，我想女人和男人过了生育之年，我们就让男人同任何女人相处，除了女儿和母亲，女儿的女儿以及母亲的母亲。至于女人同样可以和任何男人相处，只除了儿子、父亲，或父亲的父亲和儿子的儿子。我们一定要警告他们，无论如何不得让所怀的胎儿得见天日，如果不能防止，就必须加以处理，因为这种后代是不应该抚养的。

格劳孔：你所讲的这些话都很有道理。但是他们将怎样辨别各人的父亲、女儿和你刚才所讲的各种亲属关系呢？

苏格拉底：他们是很难辨别。但是有一个办法，即当他们中间有一个做了新郎之后，他将把所有在他结婚后第十个月或第七个月里出生的男孩作为他的儿子，女孩作为他的女儿；他们都叫他父亲。他又把这些儿女的儿女叫做孙子孙女，这些孙子孙女都叫他的同辈为祖父祖母。所有孩子都把父母生自己期间出生的男孩女孩称呼为兄弟姐妹。他们不许有我们刚才讲的那种性关系。但是，法律准许兄弟姐妹同居，如果抽签决定而且特尔斐的神示也表示同意的话。

格劳孔：对极了。

苏格拉底：因此，格劳孔，这就是我们城邦里护卫者中间妇女儿童公有的做法。这个做法和我们政治制度的其余部分是一致的，而且是最好最好的做法。这一点我们一定要在下面以论辩证实之。你认为然否？

（选自《理想国》，郭斌和、张竹明译）

论爱情与爱神

[古希腊] 柏拉图

【编者按：以赞颂爱神为名，斐多、泡赛尼阿斯、厄里什马克、阿里斯托芬、阿伽通、苏格拉底（苏格拉底借教给他智慧的异邦女子第俄提玛之口）阐述了各自对爱情属于人性本身的看法，以及爱情与人天然的欲望之间的关系、爱情与城邦命运之间的关系，并且广泛涉及爱情与友谊、勇敢等美德之间的关联，以及与艺术乃至一切人间事务之间的关联。其中苏格拉底对爱神的美丑善恶保持中性态度，并且认为爱乃是一种有对象之欲望，而爱情的目的则是在美的对象中传播种子。】

据亚里士多德的话，第一个说话的是斐多，他的话开端约略如下：

"爱神是一个伟大的神，在人与神之中都是最神奇的。这表现在许多方面，尤其在他的出身。他是一位最古老的神，这就是一个光荣。他的古老有一个凭证，就是他没有父母，从来的诗或散文都没有提到爱神的父母。赫西俄德说：首先存在的是混沌，'然后宽胸的大地，一切事物的永恒的安稳基础，随之而起，随后就是爱神'①。阿库什劳斯②也和赫西俄德一样，说继着混沌而生的是大地和爱神。根据帕墨尼得斯，世

---

① 引语见赫西俄德的《神谱》第 114—120 行。
② 阿库什劳斯是希腊的谱牒学家，据说他把赫西俄德的《神谱》由诗译成散文。

界主宰'所生的第一个神就是爱神'。①从此可知许多权威方面都公认爱神在诸神中是最古老的。

"其次，爱神不仅是最古老的，而且是人类最高幸福的来源。就我自己来说，我就看不出一个人从青年时期起，比有一个情人之外，还能有什么更高的幸福，一个情人有一个爱人也是如此。一个人要想过美满的生活，他的终身奉为规范的原则就只有靠爱情可以建立，家世、地位、财富之类都万万比不上它。这原则是什么呢？就是对于坏事的羞恶之心和对于善事的崇敬之心，假如没有这种羞恶和崇敬，无论是国家还是个人，都做不出伟大优美的事情来。我敢说，如果一个情人在准备做一件丢人的坏事，或者受旁人凌辱，怯懦不敢抵抗，在这时候被人看见了，他就会觉得羞耻，但是被父亲、朋友或其他人看见，还远不如被爱人看见那样无地自容。爱人被情人发现在做坏事，情形也是如此。所以如果我们能想出一个方法，叫一个城邦或是一个军队全由情人和爱人组成，它就会有一种不能再好的统治，人人都会互相竞争，避免羞耻，趋求荣誉。这些人如果并肩作战，只要很小的一个队伍就可以征服全世界了。因为一个情人如果脱离岗位或放下武器，固然怕全军看见，尤其怕他的爱人看见；与其要被爱人看见，他宁愿死百回千回。没有一个情人怯懦到肯把爱人放在危险境地，不去营救；纵然是最怯懦的人也会受爱神的鼓舞，变成一个英雄，做出最英勇的事情来。荷马说过，神在英雄胸中感发起一股'神勇气'，这无疑就是爱神对于情人的特殊恩赐。

"还有一层，只有相爱的人们才肯为对方牺牲自己生命，不但男人，连女人也是如此。珀利阿斯的女儿，阿尔刻提斯，在全希腊人的面前对我这句话提供了强有力的证据。只有她肯代她的丈夫死，虽然她的丈夫

---

① 帕墨尼得斯是当时著名的哲学家。著作只存片段。"世界主宰"的原文是说"统治世界的女神"，译者解说不一，有人以为是"正义"，有人以为是"生殖的大原则"。

有父有母。① 她的爱超过了父母的爱，所以父母显出对于儿子犹如路人，只有名字的关系。她成就了她的英勇行为，不但人，连神们也钦佩这行为的高尚。人死之后，神们让她的灵魂由阴间回到阳间，这是极稀罕的恩惠，连建立过伟大功勋的英雄们也很少有得到这种恩惠的，而神们却拿这种恩惠给阿尔刻提斯，准她死后还魂，以表示他们的钦佩。从此可知连神们也尊敬爱情所鼓舞起来的热忱和勇气了。俄阿格洛斯的儿子俄耳甫斯所受的待遇就不同。神们遣他离开阴间，没有让他得到他所寻求的，不把他的妻子还他，只让他看了一个她的魂影；② 因为神们看他懦弱没有勇气——他本是一个琴师，这是不足为奇的——不肯像阿尔刻提斯为爱情而死，只设法活着走到阴间。神们所以给他应得的惩罚，让他死在女人们手里。③ 至于忒提斯的儿子阿喀琉斯却得到神们的优遇，死后到了福人岛。④ 因为他的母亲虽然告诉过他，如果他杀了赫克托耳，自己一定死；如果他不杀赫克托耳，他就会平安回家，长命到老；他却勇敢地决定去营救他的情人帕特洛克罗斯，替他报了仇，不仅为他而死，而且紧跟着他死。为了这缘故，神们非常钦佩他，给他特殊的优遇，因为他知道珍重爱情。（埃斯库罗斯把阿喀琉斯写成情人，帕特洛克罗斯写成爱人，是很荒唐无稽的。阿喀琉斯不仅比帕特洛克罗斯美，而且也比所有的其他英雄都美，还没有留胡须，而且根据荷马，他比帕特洛克罗斯的年纪小得多。）没有什么能比爱情所激发的英勇更受神们尊敬，而且爱人向情人所表现的恩爱比起情人向爱人所表现的恩爱，也

---

① 阿尔刻提斯的丈夫阿德墨托斯病当死，阿波罗神替他求情，准许他的父母或妻之中有一人代他死。他的父母虽然年老，却不肯替死，于是阿尔刻提斯毅然请替死。神们嘉奖她，让她死后复活。欧里庇得斯用这个传说写了一部悲剧，就以"阿尔刻提斯"为名。

② 俄耳甫斯是希腊传说中的琴师和诗人，他的妻子欧律狄刻死了，他怀念甚切，活着走到阴间，要求冥王准他把她带回人世。他的音乐感动了冥王，冥王准了他的要求，附一个条件：他的妻跟在他后面走，未到阳间之前，不准他回头看她。快到阳间了，俄耳甫斯忍不住，回头看了她一眼，冥王马上就把她夺回到阴间。

③ 传说俄耳甫斯被酒神的女信徒们撕死。

④ 据希腊传说，好人死后到西方的一个极乐世界。这一小段穿插好像是文不对题，柏拉图的用意在讥嘲诡辩派作家引经据典，作无聊的考证。

更博得神们的赞赏，因为情人是由爱神凭附的，比起爱人要较富于神性。就是这个缘故，神们优遇阿喀琉斯，还超过他们优遇阿尔刻提斯，让他住在福人岛上。

"总结来说，我认为爱神在诸神中是最古老、最尊严的，而且对于人类，无论是生前还是死后，他也是最能引起德行和幸福的。"①

斐多的话，是据亚里士多德转述的，大致如此。他说完之后，还有些旁人说了话，亚里士多德已经记不清楚了，所以他把那些话丢开，往下就转述泡赛尼阿斯的话如下：

"斐多，我看我们的题目提得不很妥当。我们只规定颂扬爱神。如果爱神只有一种，这倒还可以说得过去，可是爱神并不止一种，既然不止一种，我们一开始就应该说明哪一种是我们要颂扬的。所以我现在要做的就是纠正这个缺点，先把题目弄确定，指出哪一种应颂扬，然后再用适合这位尊神的语言，来颂扬他。

"大家知道，爱神和阿佛罗狄忒②是分不开的。如果阿佛罗狄忒只有一种，爱神也就只有一种；如果她有两种，爱神也就必然有两种。谁能否认这位女爱神有两个化身呢？一个是最古老的，没有母亲，只有天是她的父亲，所以我们把她叫做'高尚女爱神'；另一个比较年轻，是天神宙斯和狄奥涅的女儿，我们把她叫做'凡俗女爱神'。所以两个爱神，作为两个女爱神的合作伴侣来看，也应该一个叫做'高尚爱神'，一个叫做"凡俗爱神"。凡是神当然都应受颂扬，不过这两种爱神各有什么

---

① 斐多的颂词有三个要点：（一）爱神最古，所以最尊；（二）爱神助人就善避恶，有道德的作用；（三）尊敬爱神的人须全心全意，不惜牺牲性命，才达到爱情的最高理想。他的见解很平凡，文章全是模仿诡辩派作家的风格，一味掉书袋，盲目信任传统，卖弄修辞的小技术。

② 希腊的阿佛罗狄忒相当于罗马的维纳斯，是女爱神。她的出身在希腊有两个传说。一说最初天神被儿子杀死，把尸首砍碎投到海里，海里起了一片白浪，就变成阿佛罗狄忒（据赫西俄德的《神谱》）。这就是本文所谓天上女爱神。另一说是《荷马史诗》所采取的，以为她是天神宙斯和狄奥涅（本是宙斯的亲生女儿）配合所生的。

功能，我们须弄明白。一切行动，专就它本身来看，并没有美丑的分别。比如我们此刻所做的一些事，饮酒、唱歌，或谈话，这一切本身都不能说是美，也不能说是丑。美和丑是起于这些事或行动怎样做出来的那个方式。做的方式美，所做的行动也就美；做的方式丑，所做的行动也就丑。爱是一种行动，也可以应用这个道理。我们不能对一切爱神都不分皂白地说'他美，值得颂扬'，只有驱遣人以高尚的方式相爱的那种爱神才是美，才值得颂扬。

　　"凡俗女爱神引起的爱情确实也是人世的、凡俗的，不分皂白地实现它的目的。这种爱神只限于下等人。它的对象可以是年轻人，也可以是女人；它所眷恋的是肉体而不是心灵；最后，它只选择最愚蠢的对象，因为它只贪求达到目的，不管达到目的的方式美丑。因此，有这种爱情的人们苟且撮合，不管好坏。这是当然的，因为这种爱情所自起的那位女爱神是年纪较轻的，而她的出身是由于男也由于女的。至于天上女爱神的出身却与女的无关，她只是由男的生出的，所以她的爱情对象只是少年男子。其次，她的年纪较长，所以不至于荒淫放荡。她只鼓舞人们把爱情专注在男性对象上，因为这种对象生来就比较强壮、比较聪明。就在这专注于少年男子的爱情上，人们也可以看出它真正是由天上女爱神感发起来的：这种少年男子一定到了理智开始发达，这就是腮上开始长胡须的时候，才成为爱的对象。我想情人所以要等爱人达到这种年龄后才钟爱他，是由于他存心要和爱人终身享共同生活，不是要利用他的年幼无知来欺骗他，开他玩笑，碰到另外一个可以宠爱的对象就把他丢掉。宠爱年幼的孩子是法律所应该防禁的，免得人们在动摇不定的对象上浪费许多精力，因为年幼的孩子们无论在心灵或在身体方面都是动摇不定的，终于变好还是变坏，没有人能预先知道。善良的人们却自动地替自己定出这样法律来遵行，至于凡俗的情人们，我们应强迫他服从这样法律，正如我们尽量强迫他们不能随便爱良家妇女①一

————————————

① "良家妇女"依原文是"自由妇女"，就是有自由权的妇女，不是奴隶。

样。这种凡俗的情人使人们对爱情起不良的印象。人们往往以为爱人满足情人是一件羞耻事，他们说这话时，心目中所指的正是这种凡俗的情人们，因为他们看到这班人的卑鄙放荡的行为。循规蹈矩的行为就永远不会引起指责。

"我们且来看看各城邦关于爱情的法律。有些城邦的规定是很明确的，不难了解的，而在我们的雅典和斯巴达，这种法律却很复杂。在厄利斯和玻俄提亚①等地，人们不长于辞令，他们干脆定了一条直截了当的法律，把接受情人的恩宠看做美事，无论老少，没有人说它是丑事，在我看来，这是由于他们不愿费心力拿辞令来争取少年男子们，他们本来就不长于辞令。但是在伊俄尼亚②以及许多其他地方，法律却把接受情人的恩宠定为丑事。这是由于他们受蛮夷的统治，蛮夷的专制政体把钟爱少年男子、爱哲学和爱体育都看成坏事，因为统治者不愿被统治者培养高尚的思想，也不愿他们之中有坚强的友谊和亲密的社交，而这一切却正是爱情所产生的。就在我们的城邦里，僭主们也曾从经验中学得这样教训，由于亚理斯脱格通和哈莫第乌斯的坚强的爱情和友谊，这班僭主的政权就被推翻了。③从此可知，凡是一个地方把接受情人的宠爱当做丑事的，那地方人的道德标准一定很低，才定出这样法律，它所表现的是统治者的专横和被统治者的懦弱。反之，凡是一个地方无条件地把爱情当做美事的，那地方的人们一定不愿定出这样的法律。

"在我们的雅典，所规定的法律比这些都要好得多，但像我刚才说过的，也比较复杂，不容易了解。我们且想一想一般雅典人的论调，他们说，与其暗爱，不如明爱；爱人应在门第和品德上都很高尚，美还在其次。人们对于情人都加以极大的鼓励，不认为他在做不体面的事；

---

① 厄利斯和玻俄提亚都是希腊南部的城邦，民性较强悍拙直，文化也较雅典落后。
② 伊俄尼亚是小亚细亚西岸的希腊殖民地，屡受波斯的侵略和统治。
③ 这是雅典史上一个有名的政变。亚理斯脱格通钟爱少年男子哈莫第乌斯，专制君主希庇阿斯的兄弟希巴库斯想夺宠而不成功，于是凌辱这两位爱友。他们设计暗杀了希巴库斯，两人自己也先后牺牲了性命，被雅典人崇奉为爱国志士。

人们把追求爱情的胜利看做光荣，失败看做羞耻。为着争取胜利，他可以做出种种离奇的事，习俗给了他这种自由，而这些离奇的行为如果是为着旁的目的或效果，而不是为着爱情，他就逃不掉哲学的极严厉的谴责。比如说，假想一个人想旁人给他钱，或是求一个官职，或是谋其他势力，就去做情人通常向爱人做的那些事，苦求、哀恳、发誓、睡门槛，做出一些奴隶所不屑做的奴隶行为；那么，无论是他的朋友还是他的仇敌，都会防止他做这类事，仇敌们会骂他谄媚逢迎，朋友们会谴责他，替他害羞。但是这些事如果是情人做的，反而博得赞美，我们的习俗给了他这种自由，毫不加以谴责，以为他所要达到的目的是非常高尚的。最奇怪的事是依一般的舆论，只有情人发了誓而不遵守，才可以得到神们的赦宥，因为牵涉阿佛罗狄忒的誓约，人们说，根本就不是誓约。从此可知神和人都准许情人有完全的自由，如我们的雅典习俗所表现的。从上面这许多事实看，我们可以推想，在我们的城邦中，做情人和做爱人都是很光荣的事。但是在另一方面，爱人们的父亲们常请教师来看管他们，防止他们和情人们来往，和他们年龄差不多的少年们以及他们的朋友们如果发现他们有和情人们来往的事，也会指责他们，而他们的长辈对这种指责也并不加以非难或禁止。从这些事实看，我们又仿佛可以推想，在我们的城邦中，做情人和做爱人都是很丑的事。

"依我想，道理是这样：这事情不是单纯的，像我开头说的，单就它本身来看，它无所谓美，又无所谓丑；做的方式美它也就美，做的方式丑它也就丑。丑的方式是拿卑鄙的方式来对付卑鄙的对象，美的方式是拿高尚的方式来对付高尚的对象。所谓卑鄙的对象就是上文所说的凡俗的情人，爱肉体过于爱心灵的。他所爱的东西不是始终不变的，所以他的爱情也不能始终不变。一旦肉体的颜色衰谢了，他就高飞远走，毁弃从前一切的信誓。但是钟爱于优美心灵的情人却不然，他的爱情是始终不变的，因为他所爱的东西也是始终不变的。我们的雅典规矩要人对于这两种人加以谨严的考验，知道哪种人可以钟爱，哪种人应该避免；它奖励人钟爱所应该钟爱的，避免所应该避免的，根据种种考验，判定情人和爱人在两种爱情之中究竟站在哪一方面。正是这个缘故，我们的习俗定了两条规矩：头一条规矩是，迅速地接受情人是可耻的，应该经过一段时间，因为时间对于许多事常是一个最好的考验；第二条规矩是，受金钱的利诱或政治的威胁而委身于人是可耻的，无论是对威胁没有胆量抵抗就投降，还是贪求财产或政治地位。因为这些势利名位金钱都不是持久不变的；高尚的友谊当然不能由这些东西产生。

"依我们的雅典规矩，只剩下一条路可以让爱人很光荣地接受情人。如果采取这条路，从情人方面来说，心甘情愿地完全做爱人的奴隶并不算谄媚，也没有什么可谴责的；从爱人方面来说，他也自愿处于奴隶的地位，这也并非不光荣。这条路就是进德修业。依我们的雅典规矩，如果一个人肯侍候另一个人，目的是在得到这另一个人帮助他在学问或道德方面进步，这种自愿的卑躬屈节并不卑鄙，也不能指为谄媚。这两个规矩，一个是关于少年男子的爱情，一个是关于学问道德的追求，应该合而为一；如果合而为一，爱人眷恋情人就是一件美事。那么，情人和爱人来往，就各有各的指导原则。情人的原则是爱人对自己既然表现殷勤，自己就应该在一切方面为他效劳；爱人的原则是情人既然使自己在学问道德方面有长进，自己就应该尽量拿恩情来报答。一方面乐于拿学问道德来施教，一方面乐于在这些方面受益，只有在这两个原则合而为一的时候，爱人眷恋情人才是一件美事，若不然，它就不美。照这样原则相爱的人们纵然完全失败了，也不足为耻；在其他一切情形之下，无论失败与否，结果都是耻辱。假想一个少年男子以为他的情人很富，为着贪求财富，就去眷恋他，后来发现自己看错了，他实在很穷，没有利益可图；这还是很可耻的；因为这种行为揭穿了他的性格，证明他这个人为着金钱，可以侍候任何人，做出任何事来，这当然是很不光荣的。再假想一个少年男子以为他的情人很有道德，和他来往可以使自己变好，后来发现自己根本看错了，那人实在很坏，没有品德；在这种情形之下，他虽然看错了，却还是很光荣；因为大家认为他的这种行为也表现了他的性格，他一心一意想好，想在品德上得进步，才去眷恋一个人，比起前一个事例，这却是最光荣的。总之，为着品德而去眷恋一个情人，总是一件很美的事。这种爱情是天上阿佛罗狄忒所感发的，本身也就是属于天上的，对于国家和个人都非常宝贵，因为它在情人和爱人的心里激起砥砺品德的热情。此外一切爱情都起于人世阿佛罗狄忒，都是凡俗的。

"斐多，关于爱神，我的没有准备而临时想出的话就止于此。"①

泡赛尼阿斯就这样到了停顿，你看，我从诡辩大师们那儿学得了这种用双声叠韵来说话的诀窍，②说话的次第轮到了阿里斯托芬。不知道是因为吃得太饱了，还是因为旁的缘故，他碰巧正在打嗝，不能说话。他只好向坐在次一位的厄里什马克医生说："请你帮点忙，大夫，或是设法止我的嗝，或是代我说话，等我复原再说。"厄里什马克回答说："好，这两件事我都替你办。我代替你的轮次，到了我的轮次，你再说。现在我说话的时候，你且忍一口气不呼吸，打嗝就可以止；若是不止，你就得吞一口水。如果这样办，打嗝还很顽强，你就得拿一件东西戳一戳鼻孔，打一个喷嚏，这样来一两回，无论怎样顽强的打嗝都会停止的。"阿里斯托芬催他说："你快点开始说话吧，我就照你的诊方去做。"厄里什马克的话是这样：

"我看泡赛尼阿斯的话开头很好，收尾却不很相称，所以我必得对他的话作一点补充。他的两种爱情的区别在我看是很妥当的，但是医学告诉我，这种区别并不仅适用于人类心灵，也不仅限于美少年的爱，而

---

① 泡赛尼阿斯的颂词有三个要点：（一）爱神不止一种，应颂扬的是"天上爱神"不是"人间爱神"，是心灵的爱不是肉体的爱；（二）一切行为自身无所谓美丑，美丑因"做的方式"好坏而定，爱也是如此；（三）依这个标准：雅典的男子同性爱的情形比希腊各城邦的都强，因为"做的方式"比较好，爱情的追求与学问道德的追求合而为一。这番话不是颂扬爱神，是为雅典式"男风"辩护。表面摆的是大道理，实际上思想很庸俗而且线索不大连贯。它还是代表诡辩派的思想和文章风格。
② 原文"泡赛尼阿斯停顿了"，"停顿"和"泡赛尼阿斯"两词都以 Pausa 起头，是诡辩派修辞家所爱玩弄的伎俩。

且还可以适用于许多其他事物，其他范围，适用于一切动物的身体，一切在大地上生长的东西，总之，适用于万事万物。这是我从医学观点所得到的结论，爱神的威力对于人和神的一切事情都是伟大而普遍的。

"为着敬重我自己的行业，我想就先从医学出发。我们身体的自然机构就富有这两种爱情的道理。因为在身体方面，健康和疾病是两种不同的状态，这是大家公认的。凡是不同的东西所希求的喜爱的对象也就不同。因此，健康状态的爱情和疾病状态的爱情是两回事。正如泡赛尼阿斯刚才所说的，爱好人是美事，爱坏人是丑事，对付身体也是同样的道理，好的健康的部分须加以爱护培养，我们所谓医学所管的正是这件事，坏的不健康的部分须加以防止，如果你是一个好医生，概括地说，医学可以说是研究爱情的科学，对象是身体方面的各种爱情现象，关于补和散（塞满和排除）两种手续的。医道高明的人就能区别好的爱情和坏的爱情，诊断在某种情形之下某种爱情是好还是坏。若是一个医生能施转变的手术，取这种爱情代替那种爱情，引起身体中本应发达而却还不存在的爱情，消除身体中本不应有而有的爱情，那么，他无疑就是一个本领很大的医生了。医生还要能使本来在身体中相恶相仇的因素变成相亲相爱。最相恶相仇的因素就是那些相反的品质，例如冷与热，苦与甜，燥与湿之类。我们的医祖埃斯库勒普之所以成为医学创始人，像这里两位诗人[①]所说的而我自己所相信的，就是因为他能使相反相仇的东西和谐一致。

"不仅医学完全受爱神统治，像我刚才所说的，就是健身术和农业也是如此。至于音乐受爱神的统治更为明显，任何人不用费力思索也可以看出。赫拉克利特说过一句含糊费解的话，也许就是指这个意思。他说：'一与它本身相反，复与它本身相协，正如弓弦和竖琴。'[②]说和谐就是相反，或是和谐是由还在相反的因素形成的，当然是极端荒谬。赫

---

① 两位诗人指在座的阿里斯托芬和阿伽通。
② 赫拉克利特这段引语见《零星遗著》第 45 节。宇宙之团成一体，是由于两种相反的力量互持，正如弓弦和竖琴依靠松紧两种力量的调协。一生多，多复归于一。这意思含有辩证发展的道理。

拉克利特的意思也许是说，由于本来相反的高音和低音现在协调了，于是音乐的艺术才创造出和谐。如果高音和低音仍然相反，它们就绝不能有和谐，因为和谐是声音调协，而调协是一种互相融合，两种因素如果仍然相反，就不可能互相融合；相反的因素在还没有互相融合的时候也就不可能有和谐。由于同样理由，节奏起于快慢，也是本来相反而后来互相融合。在这一切事例中，造成协调融合的是音乐，它正如上文所说的医学，在相反因素中引生相亲相爱。所以音乐也可以说就是研究和谐与节奏范围之内的爱情现象的科学。在和谐与节奏的组织本身上，我们固然不难看出这些爱情现象，它们还见不出爱情的两重性，可是到了应用和谐与节奏于实际人生的时候，无论是创造乐调（这就是所谓制曲），还是演奏已经制成的曲调（这就靠所谓音乐教育），这就不是易事，就需要高明的音乐技术了。就是在这个时候，我们要应用上文的结论了，就要区别天上爱神与人世爱神了，爱的对象应该是品格端正的人，以及小有缺陷而肯努力上进的人，这才是应该保持的爱情，才是起于天上爱神的那种高尚优美的爱情。至于起于人世爱神的那种杂音的凡俗的爱情却须加以谨慎防闲，免得使他的快感养成了淫荡。这正如我们的医学很重视食欲的正确运用，享受珍肴的滋味而却不致生病。从此可知，在音乐、医学以及其他一切人和神的事情之中，我们都要尽量细心窥测这种爱神，因为他们是普遍存在的。

"再看一年四季的推移，也充满着这两种爱情。我刚才所说的冷与热、燥与湿那些性质，如果有一种有节制的爱情把它们约束在一起，使相反者相成，产生一种恰到适合节度的和谐，于是风调雨顺，人畜草木都健康繁殖，不发生任何灾害。反之，在季节的推移中，如果没有节制的爱情占了优势，就会有各种灾害，牲畜草木就发生瘟疫或其他各种疾病，凡是霜雹霉之类都是由于天文学所研究的爱情范围之中起了反常失调的现象。天文学的对象就是星辰的变动和季节的推移。

"不仅此，占卜术所管的那些祭祀典礼，那些人与神的互相交通，也都只有一个目的，就是爱情的保持和治疗。凡是对神不敬是怎样起来的？它都由于在处理对父母（无论存亡）和对神祇的职责上，所信奉崇敬的不是有节制的爱情而是另一种爱情。占卜术的功用就是督查和治疗这两种爱情，所以占卜术是调节人神友谊的一种艺术，因为它能辨别在人类中哪些爱情倾向才符合敬天畏神的道理。

　　"从此可知，爱神的威力是多方面的、广大的、普遍的。但只在他以公正和平的精神，在人和神之间成就善事的时候，他才显出他的最大的威力，使我们得到最高的幸福，使我们不但彼此友爱相处，而且与高高在上的神们也维持着敬爱的关系。我的话就到此终结，也许我的这篇颂词也有许多遗漏，可是这并非有意的。阿里斯托芬，如果我有遗漏，就请你填补起来。不过你颂扬爱神，如果另有新的意思，那也就随你的意。你已经不打嗝了。"①

　　亚里士多德往下说：于是次序轮到阿里斯托芬。阿里斯托芬就说："不错，我打嗝固然停止了，可是经过了打喷嚏的手续。我正在觉得奇怪，为什么身体的和谐秩序必得经过打喷嚏的那些声响和痒痛，才能恢复。你看，喷嚏一打，打嗝果然就停止了！"厄里什马克回答说："我的好人，当心你在干什么！你一说话就开玩笑。你本来可以平平静静地说下去，却这样开玩笑，使我不得不提防着你，看你的话有什么惹人笑的。"他笑着说："厄里什马克，你说得对，我刚才所说的全不算。可是千万不要提防我。我所害怕的倒不是我的话会惹人笑，因为惹人笑是我的诗神的胜利，本来这也就是他的特产，我只害怕我的话荒谬可笑。"厄里什马克说："哼，你只管打人，以为你自己可以不挨打！小心一点，别说你自己没有理由来辩护的话，可是要依我的话，我宁愿放你过去，不让你说。"

　　阿里斯托芬接着说："对，厄里什马克，我打算换一个方式来说，

---

① 厄里什马克的颂词把爱情看做宇宙间调协两相反势力的力量，他先从他的专业医学，次从音乐、天文以及当时所盛行的占卜祭祀，举实例证明他的大原则。这篇颂词颇重要，因为它不仅代表科学，而且是唯物辩证的思想的萌芽。同时，它也寓有控制自然的思想。

和你与泡赛尼阿斯所说的都是一样。依我看，一直到现在，人们对于爱神的威力还是完全不了解。若是他们了解，就会替爱神建立最庄严的庙宇，筑起最美丽的祭坛，举行最隆重的祭奠。可是一直到现在，爱神还没有得到这样崇敬，尽管他理应得到它。在一切神祇之中，爱神是人类的最好的朋友，他援助人类，他替人医治一种病，医好了，就可以使人得到最高的幸福。我今天所要做的，就是要使你们明白爱神的威力。你们自己明白了，就可以把我的教义传给全世界。

"你们首先要领教的是人的本性以及他所经过的变迁。从前人和现在人不一样。第一，从前人类本身分成三种，不像现在只有两种。在男人和女人之外，从前还有一种人不男不女，亦男亦女。这第三种人现在已经绝迹了，只有名称还保留着，就是所谓'阴阳人'，他们原来自成一类，在形体上和在名称上都兼阴阳两性的。现在'阴阳人'这个名称却成了骂人的字眼。其次，从前人的形体是一个圆团，腰和背都是圆的，每人有四只手、四只脚，一个圆颈项上安着一个圆头，头上有两副面孔，朝前后相反的方向，可是形状完全一模一样，耳朵有四只，生殖器有一对，其他器官的数目都依比例加倍。他们走起路来，也像我们一样直着身子，但是可以随意向前向后。可是要跑快的时候，他们就像现在玩杂技翻跟斗一样，把脚伸直向前翻滚，八只手脚一齐动，所以翻滚得顶快。为什么从前人有三种，身体有这样的构造呢？这是因为男人原来是由太阳生出来的，女人原来是由大地生出来的，至于阴阳人则是月亮生出来的，因为月亮自己也同时具备太阳和大地的性格。他们的形体和运动都是圆的，因为都像他们的父母。这种人的体力和精力当然都非常强壮，因此自高自大，乃至于图谋向神们造反。他们的故事正和荷马所说的厄法尔提斯和俄图斯的故事①一样，想飞上天，去和神们打仗。

"于是宙斯和众神会商应付的办法，他们茫然不知所措。他们不能

---

① 厄法尔提斯和俄图斯是兄弟，从小就勇武想登天造反，把希腊的三座山一座架在另一座顶上做梯子，后来被阿波罗杀了。故事见荷马的《奥德赛》第11卷。

灭绝人种，像从前他们用雷电灭绝巨人的那样①，因为灭绝了人类，就灭绝了人类对神的崇拜和牺牲祭祀，可是人类的蛮横无理也是不能容忍的。宙斯用尽了头脑，终于想出一个办法。他说：'我找到了一个办法，一方面让人类还活着，一方面削弱他们的力量，使他们不敢再捣乱。我提议把每个人截成两半，这样他们的力量就削弱了，同时，他们的数目加倍了，这就无异于说，侍奉我们的人和献给我们的礼物也就加倍了。截了之后，他们只能用两只脚走路。如果他们还不肯就范，再要捣乱，我就再把他们每人截成两半，让他们只能用一只脚跳来跳去。'宙斯说到就做到，他把人截成两半，像截青果做果脯和用头发截鸡蛋一样。截过之后，他盼咐阿波罗把人的面孔和半边颈项扭转到截开的那一面，使人常看见截痕，学乖一点，扭转之后，再把伤口医好。阿波罗于是把他们的面孔扭转过来，把截开的皮从两边拉到中间，拉到现在的肚皮地方，好像用绳子封紧袋口一样。他把缝口在肚皮中央系起，造成现在的肚脐。然后他像皮鞋匠把皮放在鞋模上打平一样，把皱纹弄平，使胸部具有现在的样子，只在肚皮和肚脐附近留了几条皱纹，使人永远不忘过去的惩罚。

"原来人这样截成两半之后，这一半想念那一半，想再合拢在一起，常互相拥抱不肯放手，饭也不吃，事也不做，直到饿死懒死为止。若是这一半死了，那一半还活着，活着的那一半就到处寻求匹偶，一碰到就跳上前去拥抱，不管那是全女人截开的一半（就是我们现在所谓女人），还是全男人截开的一半。这样，人类就逐渐消灭掉了。宙斯起了慈悲心，就想出一个新办法，把人的生殖器移到前面——从前都是在后面，生殖不是借男女交媾，而是把卵下到土里，像蝉一样——使男女可以借交媾来生殖。由于这种安排，如果抱着相合的是男人和女人，就会传下人种；如果抱着相合的是男人和男人，至少也可以平泄情欲，让心里轻松一下，好去从事人生的日常工作。就是像这样，从很古的时代，人与

---

① 宙斯当天帝，巨人们造反，宙斯和他们打了十年，才用雷电把他们灭绝，埋到埃特那火山底下去。

人彼此相爱的情欲就种植在人心里，它要恢复原始的整一状态，把两个人合成一个，医好从前截开的伤痛。

　　"所以我们每人只是人的一半，一种合起来才见全体的符，① 每一半像一条鱼剖开的半边，两边还留下可以吻合的缝口。每个人都常在希求自己的另一半，那块可以和他吻合的符。凡是由上文所说的阴阳人截开的男人就成为女人的追求者，男情人大半是这样起来的，至于截开的女人也就成为女情人，男人的追求者。凡是由原始女人截开的女人对于男人就没有多大兴趣，只眷恋和自己同性的女人，于是有女子同性爱者。凡是由原始男人截开的男人在少年时代都还是原始男人的一截面，爱和男人做朋友，睡在一起，乃至于互相拥抱。这就是'娈童'和'象姑'们。他们在少年男子中大半是最优秀的，因为具有最强烈的男性。有人骂他们为无耻之徒，其实这是错误的，因为他们的行为并非由于无耻，而是由于强健勇敢，富有男性，急于追求同声同气的人。最好的证明是只有这批少年到了成年之后，才能在政治上显出是男子汉大丈夫。一旦到了壮年，他们所爱的也就是少年男子，对于娶妻生养子女没有自然的愿望，只是随着习俗去做，他们自己倒宁愿不结婚，常和爱人相守。总之，这种人的本性就是只爱同性男子，原因是要'同声相应，同气相求'。

　　"如果这样一个人，无论他是少年男子的恋爱者还是另一种恋爱者，碰巧遇到另一个人恰是他自己的另一半，那会发生什么样情形呢？他们就会马上互相爱慕，互相亲昵，一刻都不肯分离。他们终生在一起过共同的生活，可是彼此想从对方得到什么好处，却说不出。没有人会相信，只是由于共享爱情的乐趣，就可以使他们这样热烈地相亲相爱。很显然，两人心中都在愿望着一种隐约感觉到而说不出来的另一种东西。假如正当他们抱着睡在一床的时候，赫菲斯托斯带着他的铁匠工具站到他们的面前，② 向

---

① 中国古代以符为信，符可以用竹木和金属材料做成，整体截成两半，两半相合无缝，才可证明符是真的。古代希腊也有类似的器具。
② 火神赫菲斯托斯是铁匠的祖师。

他们说：'你们这两个人，彼此想从对方得到的究竟是什么呢？'假如因为看见他们仓皇不知所答，他就再问他们：'你们是否想紧紧地结合在一起，日夜都不分离呢？如果你们的愿望是这样，我可以把你们放在炉里熔成一片，使你们由两个人变成一个人，只要你们在世一天，你们就一天像只是一个人在活着。假如你们死，那也就在一道死，走到阴间的就不是两个人而只是一个人。想一想看，你们是否想这样办？这样是否能使你们心满意足？'听到这番话之后，我敢担保，他们之中没有一个人会答一个'不'字，或是表示愿望其他的东西。他们每个人都会想，这正是他们许久以来所渴望的事，就是和爱人熔成一片，使两个人合成一个人。

"这一切原因就在人类本来的性格是如我向你们所说的，我们本来是完整的，对于那种完整的希冀和追求就是所谓爱情。从前，我已经说过，我们是一体，可是在现在，由于我们的罪过，神把我们分割开来了，如同拉刻代蒙人分割阿卡狄亚人那样。① 如果我们对神们不守规矩，恐怕不免要再被神们截开一次，走起路来像墓石上那些侧面浮雕的人物一样，从鼻梁中线剖开，成了些符的碎片。所以我们应奉劝世人在一切事上面都要敬神，免得再度受惩罚，而且在爱神的保佑之下，得到福气。任何人都千万不能在行为上渎犯了爱神，得罪于神们通常都由于这个罪过。如果我们一旦成了爱神的朋友，与他和平相处，我们就会碰见恰好和我们相配合的爱人，在今天能享到这种福气的人们是多么稀罕哟！请厄里什马克不用插嘴嘲笑我，以为我的话是暗射着泡赛尼阿斯和阿伽通两人。他们也许的确是属于少数幸运者的行列，而他们也的确都是男人。不过我所指的是全世界的男男女女，我说全体人类都只有一条幸福之路，就是实现爱情，找到恰好和自己配合的爱人，总之，回原到人的本来性格。这种回原既然是最好的事，那么，达到这个目标的最捷径的路径当然也

---

① 这有两说：一说是指公元前 385 年的事。拉刻代蒙人（即斯巴达人）侵略阿卡狄亚（伯罗奔尼撒半岛东北地区），把它的名城曼提尼亚毁坏了，把它的居民迁徙到旁的地方去了。一说是指公元前 417 年的事。斯巴达争霸权，把阿卡狄亚同盟解散了。如从前说，本篇应写在公元前 385 年之后，如从后说，它可能写得较早。

是最好的路径，这就是得到一个恰好符合理想的爱人。爱神是成就这种功德的神，所以他值得我们歌颂。在今生，他保佑我们找到恰好和我们相配合的，在来生，他给我们无穷的希望。如果我们能敬神，爱神将来就会使我们回到我们原来的完整一体，医好我们，使我们享十全的福气。

"厄里什马克，这是我对爱神的颂词，和你的不一样，请你不要拿它来开玩笑，我们还要听听其余诸位的话，至少还有阿伽通和苏格拉底两位，没有说话。"①

"好，我听你的话，"厄里什马克说，"我实在很欣赏你的颂词。若不是我素来知道苏格拉底和阿伽通在爱情这个题目上都很内行的话，我就会担心他们不容易措辞，因为许多的话都已说过了。不过对他们两位，我还是很有信心。"

苏格拉底就接着说："厄里什马克，你的颂词倒顶好。可是假如你现在坐在我的位置，尤其是在阿伽通说完话之后，你会觉得诚惶诚恐，像我现在一样。"阿伽通说："苏格拉底，你是要灌我的迷魂汤，要我想起听众在指望我说出一番漂亮话，心里慌张起来。"苏格拉底说："阿伽通，我亲眼看见你领着你的演员们高视阔步地登台，对着广大的听众表演你的作品，丝毫不露慌张的神色，如果现在我相信我们这几个人就可以扰乱你的镇静，那么，我就未免太健忘了。"阿伽通说："苏格拉底，我希望你不要那样小看我，以为我轻易让剧场听众弄昏了头脑，忘记了在一个明白人来看，少数有理解力的人比一大群蠢人要可怕得多。"苏格拉底说："阿伽通，若是我以为像你这样一个聪明人还有凡俗的见解，我就真正是错误了。我可是很明白，如果你遇见你觉得是聪明的人们，你会把

① 阿里斯托芬的颂词，像他的喜剧作品一样，在谑浪笑傲的外表之下，隐藏着很严肃的深刻的思想。从表面看，他替人类的起源和演变描绘了一幅极滑稽可笑的图画，替同性爱和异性爱给了一个既荒唐而又像近情理的解释。从骨子里的思想看，他说明爱情是由分求合的企图，人类本是浑然一体，因为犯了罪才被剖分成两片，分是一种惩罚，一种疾病，求合是要回到原始的整一和健康，所以爱情的快乐不只是感官的或肉体的，而是由于一种普遍的潜在的要求由分而合的欲望得到实现，这番话表着重爱情的整一，推翻了泡赛尼阿斯的两种爱神的看法，同时，像厄里什马克的看法一样，也寓有矛盾统一的道理。

他们的见解看得比大众的见解更重要。我恐怕这种聪明的人们并不是我们，因为我们那天在场，是大众的一部分。不过假如你遇见旁人，真正是聪明的，你会觉得在他们面前做丑事是很可耻的，是不是？"阿伽通说："你说得对。"苏格拉底又问："在大众面前做了丑事，你就不觉得有什么可耻吗？"听到这话，斐多就插嘴说："亲爱的阿伽通，如果你尽在回答苏格拉底的问题，他就会完全不管我们今天所计划做的事有什么结果。只要找到一个对话人，他就会和他辩论到底，尤其是在对话人是一个美少年的时候。我自己倒爱听苏格拉底辩论，不过我今天负责照管爱神的颂词，在听过你们每人的话之后，还要听他的。请你们先把爱神的这笔债还清了，然后再进行你们的辩论。"阿伽通说："斐多，你说得对，没有什么事可以拦阻我说话，至于和苏格拉底辩论，我可以另找机会。"

阿伽通接着说："我打算先说我该怎样说的计划，然后再说下去。前此说话的诸位都不是颂扬爱神，而是庆贺人类从爱神所得到的幸福，没有一个人谈到这位造福人类者的本质。无论颂扬什么，只有一个正确的办法，就是先说明所颂扬的人物的本质，然后说明他所生的效果。所以颂扬爱神，也要先说他的本质，后说他的恩惠。

"因此，我先作这样一个肯定，爱神在所有的神中是福气最大的——这话并非要引起其他神们的妒忌——因为他在神们之中是最美而且最善的。他是最美的，因为第一层，斐多，他在神们之中是最年轻的。最好的证明是他自己供给的，他遇到老年就飞快地逃跑，老年本身也就跑得够快了，快得叫我们不大情愿。[①]在本质上爱神就厌恶老年，不肯接近他，远远地望到他就引身退避。他总是爱和少年混在一起，因为他自己就是一个少年，古话说得好：'物以类聚'。斐多说的话大部分我都同意，只是他以为爱神比克罗诺斯和伊阿珀托斯还更古老，[②]我却不

---

① 老年来得太快。

② 依希腊神话，克罗诺斯是天神宙斯的父亲，伊阿珀托斯是肩扛地球的神阿特拉斯的父亲，所以都以古老著名。

敢同意。我的看法正相反，爱神在神们之中不但是最年轻的，而且永远年轻。至于赫西俄德和帕墨尼得斯所传述的关于古代神们的纷争，如果是真的，也应该是由于定命神而不是由于爱神。因为如果当时他们中间已有爱神，就不会有那些互相残杀幽囚以及许多残暴的行为，就只会有和平和友爱，如同从爱神成了神们的统治者以来的情形。①

"所以爱神年轻是千真万确的，唯其年轻，所以很娇嫩。可惜没有像荷马那样的诗人把他的神明的娇嫩描写出来。荷马倒形容过阿特，说她不仅是一位女神，而且娇嫩，她的一双脚至少是娇嫩的，荷马这样说过：

> 她的脚实在娇嫩，因为她不在地上走，
> 她的行径是人们的头脑。②

所以在荷马看来，娇嫩有一个明显的标志，就是她走软的，不走硬的。我们用同样的标志来看爱神，也可以说，他是娇嫩的，因为他不在地上走，也不在脑壳上走（这也不是什么柔软的东西），而是在世上最柔软的东西上走，也就在那上面住。他所奠居的地方是人和神的心灵。并且不是任何心灵，毫无抉择，而是遇到心硬的就远走，心软的就住下去。爱神既然不但用脚而且用全身盘踞最柔软东西的最柔软部分，他本身也就非常娇嫩，这是必然的道理。

"从此可知，爱神最年轻，也最娇嫩。此外，他的形体也柔韧。如果他坚硬，他就不会随时随地都能屈身迁就，而且在每个心灵中溜进溜出，不叫人发觉。他的柔韧性和随和性还有一个明显的证据，就是他的相貌的秀美，秀美是爱神的特性，这是人所公认的。丑恶和爱神却永远水火不相容。他经常在花丛中过活，所以颜色鲜美。无论是身体，心

---

① 这段的大意是古代神们常斗争残杀是因为年轻的爱神还未来世。赫西俄德的《神谱》说到克罗诺斯残杀他的父亲乌拉诺斯，幽囚独眼神，以及宙斯讨伐叛神之类故事。

② 阿特是宙斯的女儿，常在不知不觉之中迷惑人的心神，使人轻举妄动。引语见《伊利亚特》第 19 卷。

灵，或是其他，若是没有花，或是花谢了，爱神就不肯栖身，他所栖身的地方一定是花艳香浓。

"关于爱神的美，所说的话已很够，但是可说的话还是很多。我们现在且来说爱神的善。他的最大的光荣在既不施害于人神，也不受人神的害。暴力与他无缘：若是他有所忍受，忍受的也不是暴力，因为暴力把握不住爱神；若是他有所发动，发动的也不是暴力，因为爱情都是出于自愿的，双方的情投意合才是'爱乡的金科玉律'。

"爱神不仅有正义，而且有节制。大家都公认节制是快感和情欲的统治力。世间没有一种快感比爱情本身还更强烈。一切快感都比不上爱情，就由于它们都受爱神的统治，而爱神是他们的统治者。爱神既然统治着快感和情欲，他不就是最有节制吗？

"再说勇敢，'连战神也抵挡不住'爱神。我们没听说过爱神被战神克服，只听说过战神被爱神克服，被阿佛罗狄忒克服。①克服者总比被克服者强。爱神既然能克服世间最勇敢的，他也就必然是勇敢无比了。

"爱神的正义、节制和勇敢都已经说过了，剩下要说的是他的聪明才智。在这一点上我必须尽力说得透彻。头一层，像厄里什马克一样，我也得要尊敬我的行业，说爱神是一位卓越的诗人，一切诗人之所以成为诗人，都由于受到爱神的启发。一个人不管对诗多么外行，只要被爱神掌握住了，他就马上成为诗人。这就很可以证明爱神是一个熟练的诗人，对一般的音乐创作都很拿手，因为一个人如果自己没有一件东西，他就不能拿它给旁人，如果不会一件事，也就不能拿它来教旁人。还不仅此，一切生命形式的创造，一切生物的产生，谁敢说不都是爱神的功绩呢？再说一切技艺，凡是奉爱神为师的艺术家都有光辉的成就，凡是不曾承教于爱神的都默然无光。阿波罗怎样发明射击、医药和占卜的？还不是由于欲望和爱情的诱导？所以阿波罗其实还是爱神的徒弟。各种诗神在音乐方面，赫菲斯托斯在金工方面，雅典娜在纺织方面，宙斯在

---

① 阿佛罗狄忒本是火神的妻，却爱上战神，和他私通。

人神统治方面，也都要归功于爱神的教益。所以自从爱神一出现，神们的工作就上了轨道，有了秩序，这显然是对于美的爱好，因为丑不能作为爱的基础。像我开头就说过的，在爱神出现之前，定命神用事，神们中间曾发生许多凶恶可怕的事；自从爱神降生了，人们就有了美的爱好，从美的爱好就产生了人神所享受的一切幸福。

"斐多，我的看法是这样：爱神在本质上原来就具有高尚的美和高尚的善，后来一切人神之间有同样的优美品质，都由爱神种下善因。现在我想到两行诗，正可以表现我的意思：

> 人世间的和平，海洋上的风平浪静，
> 狂风的安息，以及一切苦痛的甜睡。

这都是爱神的成就。他消除了隔阂，产生了友善，像我们今天这样的一切欢聚庆祝，一切宴会、乐舞和祭祀仪式，都是由他发动的、领导的。他迎来和睦，逐去暴戾，好施福惠，怕惹仇恨，既慷慨而又和蔼，所以引起哲人的欣羡，神明的惊赞。没有得到他的保佑的人们想念他，已经得到他的保佑的人们珍视他。他的子女是欢乐、文雅、温柔、优美、希望和热情，只照顾好的，不照顾坏的。在我们的工作中他是我们的领导，在我们的忧患中他是我们的战友和救星，在文酒集会中，他是我们的伴侣。无论是人是神，都要奉他为行为的规范，每个人都应当跟着这位优美的向导走，歌唱赞美他的诗歌，并且参加他所领导的使人神皆大欢喜的那个乐曲。

"斐多，这就是我的颂词。我尽了我的力，使这篇颂词时而庄重，时而诙谐。我愿意把它作为我对爱神的献礼。"①

阿伽通的话说完了之后，据亚里士多德告诉我，在座的人们全体

---

① 阿伽通的颂词着重爱神的本质和功用。论本质他是尽善尽美，论功用他是一切艺术，一切技艺，乃至于一切事业的感发者。总之，阿伽通把所有的好话都堆在爱神身上，他的结构是很平板的，理由是很牵强附会的，却斤斤计较修辞学上一些小伎俩，仍然不脱诡辩派的习气。

热烈鼓掌，赞赏这位少年说得那样好，是他自己的光荣，也是爱神的光荣。于是苏格拉底瞟了厄里什马克一眼，向他说："阿库门的儿子，你看，我原来所怕的果然不足怕吗？我原来就说阿伽通会说得顶好，使我难以为继，不是有先见之明吗？"厄里什马克回答说："你确实说过他会说得顶好，在这一点上你倒是有先见之明。可是你说难以为继，我却不敢承认。"苏格拉底说："我的好人啊，怎么不是难以为继？不但是我，就是任何人在听过这样既富丽而又优美的颂词之后，要再说话，不都会有同样感觉吗？全文各部分都顶精彩，精彩的程度固然不同，但是快到收尾时，辞藻尤其美妙，使听者不能不惊魂荡魄。就我自己来说，我知道很清楚，无论如何，我也说不到那样好，自觉羞愧，想偷着溜出去，可惜找不到机会。阿伽通的颂词常使我想起高吉阿斯，诚惶诚恐的心情恰如荷马所描写的，我生怕阿伽通在他的收尾的字句中会把那位大雄辩家高吉阿斯的头捧给我看，使我化成顽石，哑口无言。①

"所以我明白了，当初我和你们约定我也来跟着你们颂扬爱神，并且说我自己对爱情很内行，而其实我对于怎样去颂扬一个东西，茫然无知，这真是荒唐可笑。由于我的愚蠢，我原来以为每逢颂扬时，我们对于所颂扬的东西应该说真实话，有了真理做基础，然后选择最美的事实，把他们安排成最美的形式。我原来自视很高，自信一定可以说得顶好，因为我自以为知道作颂词的真正方法。可是现在看来，一篇好颂词并不如此，而是要把一切最优美的品质一齐堆在所颂扬的对象身上去，不管是真是假，纵然假也毫无关系。我们的办法好像每人只要做出颂扬爱神的样子，并不要真正去颂扬他。就是这个缘故，在我看来，你们费尽气力把一切优点全归到爱神，说他的本质如何完美，效果如何伟大，

---

① 高吉阿斯是当时有名的诡辩家，阿伽通所敬佩模仿的。苏格拉底的颂扬全是讽刺。高吉阿斯（Gorgias）与高根（Gorgon）词根相近。高根在希腊神话中是一种女妖怪，头发是蛇，凶恶可怕，见者立即化为顽石。见《奥德赛》第 11 卷。苏格拉底拿高吉阿斯式的辞藻比高根的头。

使他在无知之徒的眼前——当然不是在有见识人的眼前——现出最美最善的东西。这种颂扬的方式倒是顶堂皇典丽的，可是当我答应跟着你们颂扬爱神的时候，就不知道是要用这样的方式。所以那只是我的口头应允，并非我的衷心应允。请诸位准许我告辞吧，我不能做这样的颂词，我根本不会。不过你们如果肯让我用我自己的方式专说一些老实话，不是和你们比赛口才，使我成为笑柄，那么，我倒情愿来试一试。斐多，请你决定一下，你们是否还要一篇老实话来颂扬爱神，不斤斤计较辞藻，让我想到什么就说什么呢？"

斐多和其他在座的人们都请苏格拉底说下去，用什么方式都随他的便。苏格拉底说："还有一个请求，斐多，我想向阿伽通问几个问题，先得到他的一致意见，然后才说我的话。"斐多说："我答应你的请求，问他吧。"

据亚里士多德说，此后苏格拉底就这样开始：

苏格拉底：亲爱的阿伽通，你的颂词开端就声明先要说明爱神的本质，然后再陈述他的功劳，这的确很妥当。你的这段开端我十分钦佩。你把爱神的本质说得非常美妙高华，我还想请问你一句：爱是有对象，还是没有对象呢？我的意思并非要问爱情是否就是对父亲或母亲的爱，这样问题当然很荒谬可笑。但是假如关于父亲，我提出这样一个问题：一个父亲还是某某人的父亲，还是不是什么人的父亲呢？这问题倒和我刚才所提出的那个问题相类似。如果你想答得妥当，你当然会说：父亲是儿女的父亲。是不是？

阿伽通：当然。

苏格拉底：母亲也是儿女的母亲？

阿伽通：是。

苏格拉底：那么，再请回答几个问题，好使你把我的意思懂得更清楚一点。假如我这样问你：一个弟兄，就其为弟兄而言，他是不是某某人的弟兄？比如说，弟或妹的兄？

阿伽通：不错。

苏格拉底：现在就请你把这道理应用到爱情上：爱情还是某某对象的爱，还是不是什么对象的爱呢？

阿伽通：它当然是某某对象的爱。

苏格拉底：请谨记着这一点，爱情的对象是什么。现在暂请问：钟爱者对于所爱的对象有没有欲望呢？（是否想他呢？）

阿伽通：无疑有欲望。

苏格拉底：在爱他想他的时候，钟爱者是否已经得到了（占有了）那个对象？

阿伽通：大概说来，他还没有得到那个对象。

苏格拉底：不是什么"大概"，要的是确定不移。请想一想，一个人在想一个东西，是否就必然还没有那件东西，有了它是否就必然不再想它？在我看来，这是确定不移的。阿伽通，你看如何？

阿伽通：我和你的看法是一致的。

苏格拉底：很好。已经大的人就不再想大，已经强的人就不再想强，是不是？

阿伽通：就我们已经承认的话来说，这是不可能的。

苏格拉底：我想这是因为他既然有了这类品质，就不再需要它们。

阿伽通：你说得对。

苏格拉底：假如强者还想强，捷者还想捷，健康者还想健康……也许有人会说，凡是已经有了某某品质的人还是可以想有那些品质。为了免得受他们的蒙混，阿伽通，我得这样说：请你想一想，这些人既然有了这些品质，这"有"是必然的，无论他们愿不愿有它们，他们都必得有，他们怎样还能想有他们所已有的呢？假如有人向我们说："我本来康健，可是还在想康健；我本来富有，可是还在想富有；我就是想有我所已有的。"我们就该这样回答他："我的好人，你现在想富有，想康健，想强壮，是为了将来而想它们，现在你不管想不想它们，你都已经有它们了。你说：'我想有我所已有的。'请想一想，你这句话是不是说：'现在我所已有的东西，我想将来仍旧有它们？'"阿伽通，他会不会承认这话呢？

阿伽通：他该承认。

苏格拉底：爱情不恰恰也是这样？一个人既然爱一件东西，就还没有那件东西；他想它，就是想现在有它，或者将来永远有它。

阿伽通：当然。

苏格拉底：所以总结起来，在这个情形和在一般情形之下，所想的对象，对于想的人来说，是他所缺乏的，还没有到手的，总之，还不是他所占有的。就是这种东西才是他的欲望和爱情的对象。

阿伽通：的确如此。

苏格拉底：现在我们且回看一下上文所说的话，看我们在哪几点上已经得到一致意见。头一层，爱情是针对着某某对象的；其次，这种对象是现在还没有得到的。是不是？

阿伽通：是。

苏格拉底：既然如此，就请你回想一下在你的颂词里，你把哪些东西看做爱情的对象。我可以提醒你，你所说的大致是这样：由于对于美的事物的爱，神们才在他们的世界里奠定了秩序，丑的事物不是爱情的对象。你是否是这样说的？

阿伽通：不错，我说的确是这样。

苏格拉底：你说得很妥当，朋友。既然如此，爱情的对象就该是美而不是丑了？

阿伽通：对。

苏格拉底：我们不是也承认过：一个人所爱的是他所缺乏的，现在还没有的吗？

阿伽通：不错。

苏格拉底：那么，美就是爱情所缺乏的，还没有得到的？

阿伽通：这是必然的。

苏格拉底：缺乏美的，还没有美的东西你能叫它美吗？

　　阿伽通：当然不能。

　　苏格拉底：既然如此，你还能说爱神是美的吗？

　　阿伽通：苏格拉底，恐怕当初我只是信口开河，对于所说的那一套道理根本没有懂得。

　　苏格拉底：你的辞藻却是实在美丽，阿伽通；但是我还要请问一点：你是否以为善的东西同时也是美的？

　　阿伽通：对，我是这样想。

　　苏格拉底：爱神既然缺乏美的东西，而善的东西既然同时也是美的，他也就该缺乏善的东西了。

　　阿伽通：我看不出有什么方法可以反驳你，苏格拉底，就承认它是像你所说的吧。

　　苏格拉底：亲爱的阿迦通，你所不能反驳的是真理不是苏格拉底，反驳苏格拉底倒是很容易的事。

　　好，我现在不再麻烦你了，且谈一谈我从前从一位曼提尼亚国的女人，叫做第俄提玛的，所听来的关于爱情的一番话。这位女人对爱情问题，对许多其他问题，都有真知灼见。就是她，从前劝过雅典人祭神禳疫，因此把那次瘟疫延迟了十年；也就是她，传授给我许多关于爱情的道理。我现在就按照刚才阿伽通和我所已达到协议的论点，尽我的能力，把她教给我的话重述一番。阿伽通，就依你的办法，我先说爱神的本质，然后再说他的功劳。我看最好的办法就是按照那位异方女人怎样考问我的次序来谈。当时我向第俄提玛所说的话也正和阿伽通今晚向我所说的一模一样，我说过爱神是一位伟大的神，说他的对象是美。她反驳我的话也正和我反驳阿伽通的一样，说爱神既不美，又不善。往下我就和她作如下的对话：

　　苏格拉底：你这话怎样讲，第俄提玛，爱神是丑的恶的吗？

　　第俄提玛：别说谤神的话！你以为凡是不美的就必然丑吗？

　　苏格拉底：当然。

　　第俄提玛：凡是没有真知的人就必然无知吗？真知与无知之中有一

个中间情况，你没有想到吗？

苏格拉底：那是什么？

第俄提玛：有正确见解而不能说出道理，知其然，而不知其所必然，这还不能算是真知，因为未经推理的认识怎么能算是真知呢？但是也不能算是无知，因为碰巧看得很正确，怎么能算是无知呢？所以我以为像正确见解就是介乎真知与无知之中的一种东西。

苏格拉底：你说得很对。

第俄提玛：那么，你就不能硬说凡是不美的就必然是丑的，凡是不善的就必然是恶的。爱神也是如此，你既然承认了他不善不美，别就以为他必恶必丑，他是介乎二者之间的。

苏格拉底：可是每个人都承认爱神是一个伟大的神呀！

第俄提玛：每个人？每个有知的人，还是每个无知的人？

苏格拉底：都在一起，全世界的每个人。

第俄提玛：（笑）苏格拉底，他们既然不承认他是一个神，怎么能承认他是一个伟大的神呢？

苏格拉底：你所说的"他们"是谁？

第俄提玛：你是其中之一，我也是其中之一。

苏格拉底：这话怎样可以证明？

第俄提玛：容易得很。请问：你不是说凡是神都是美的，有福分的吗？你敢否认任何一个神的美和福分吗？

苏格拉底：凭老天爷，我不敢否认！

第俄提玛：凡是人只要具有美的事物和善的事物，你就认为他们有福分，是不是？

苏格拉底：一点不错。

第俄提玛：但是你也承认过：爱神因为缺乏善的事物和美的事物，才想有他所没有的那些事物？

苏格拉底：我承认过。

第俄提玛：他既然缺乏美的事物和善的事物，怎么能算是一个神？

苏格拉底： 看来像是不能。

第俄提玛： 既然如此，你看，你自己就是一个不把爱神看做神的。[①]

苏格拉底： 那么，爱神是什么呢？一种凡人吗？

第俄提玛： 绝对不是。

苏格拉底： 是什么呢？

第俄提玛： 像我原先所说的，介乎人神之间。

苏格拉底： 他究竟是什么，第俄提玛？

第俄提玛： 他是一种大精灵，凡是精灵都介乎人神之间。

苏格拉底： 精灵有什么功用？

第俄提玛： 他们是人和神之间的传语者和翻译者，把祈祷祭礼由下界传给神，把意旨报应由上界传给人；既然居于神和人的中间，把缺空填起，所以把大乾坤联系成一体。他们感发了一切占卜术和司祭术，一切关于祭礼、祭仪、咒语、预言和巫术的活动。神不和人混杂，但是由于这些精灵做媒介，人和神之中才有来往交际，在醒时或是在梦中。凡是通这些法术的人都是受精灵感通的人，至于通一切其他技艺行业的人只是寻常的工匠。这些精灵有多种多样，爱神就是其中之一。

苏格拉底： 他的父母是谁呢？

第俄提玛： 说起来话很长，但是我还是不妨替你讲一讲。当初阿佛罗狄忒诞生时，神们设筵庆祝，在场的有丰富神、聪明神的儿子。他们饮宴刚完，贫乏神照例来行乞，在门口徘徊。丰富神多饮了几杯琼浆——当时还没有酒——喝醉了，走到宙斯的花园里，头昏沉沉地就睡下去了，贫乏神所缺乏的就是丰富，心里想和丰富神生一个孩子，就跑去睡在他的旁边，于是就怀了孕，怀的就是爱神。爱神成了阿佛罗狄忒的仆从，就是因为这个缘故，因为他是在阿佛罗狄忒的生日投胎的，因

[①] "爱神不是神"，好像自相矛盾，这里如把爱神的名字译音为"埃罗斯"（Eros），似较妥。但"埃罗斯"在希腊文的含义仍是"爱神"，如果因为第俄提玛的翻案，就把全篇的"爱神"改成"埃罗斯"也还是不妥。所以仍用"爱神"，取其较易了解。

为他生性爱美，而阿佛罗狄忒长得顶美。①

因为他是贫乏神和丰富神配合所生的儿子，爱神就处在一种特殊的境遇。头一层，他永远是贫乏的，一般人以为他又文雅又美，其实满不是那么一回事，他实在粗鲁丑陋，赤着脚，无家可归，常是露天睡在地上、路旁，或是人家门楼下，没有床褥。总之，像他的母亲一样，他永远在贫乏中过活。但是他也像他的父亲，常在想法追求凡是美的和善的，因为他勇敢，肯上前冲，而且百折不挠。他是一个本领很大的猎人，常在设诡计，爱追求智慧，门道多，终身在玩哲学，是一位特出的魔术家、幻术家和诡辩家。在本质上他既不是一个凡人，也不是一个神。在同一天之内，他时而茂盛，时而萎谢，时而重新活过来，由于从父亲性格所得来的力量。可是丰富的资源不断地来，也不断地流走，所以他永远是既不穷，又不富。

其次，他也介乎有知与无知之间。情形是这样：凡是神都不从事于哲学，也无意于求知，因为他们已经有哲学和知识了，凡是已经知道的人也都不再去探求。但是无知的人们也不从事于哲学，也无意于求知，因为无知的毛病正在于尽管不美不善不聪明，却沾沾自满。凡是不觉得自己有欠缺的人就不想弥补他根本不觉得的欠缺。

苏格拉底：既然如此，第俄提玛，哪些人才从事于哲学呢？既然有知者和无知者都不算在内？

第俄提玛：这是很明白的，连小孩也看得出，他们就是介乎有知与无知之间的，爱神就是其中之一。因为智慧是事物中最美的，而爱神以美为他的爱的对象，所以爱神必定是爱智慧的哲学家，并且就其为哲学家而言，是介乎有知与无知之间的。他的这种性格也还是由于他的出身，他的父亲确是聪明富有，他的母亲却愚笨贫穷。亲爱的苏格拉底，这个精灵的本质就是如此。你原来对于爱神有别样的看法，这也并不足怪。因为照你自己的话来看，你以为爱神是爱人而不是情人，是被爱者

---

① 这段神话不见经传，是虚构的，这里所谓"丰富"和"贫乏"都不仅在经济方面，同时也在思想智慧方面。依第俄提玛看，爱是这四种相反者的统一。

而不是钟爱者。你把爱神看成绝美，就是这个缘故。其实可爱者倒真是美、娇嫩、完善，有福分；但是钟爱者的本质完全不同，如我所说明的。

苏格拉底：很好，外方客人，你说得顶好。爱神的本质既然是如你所说的，他对于人类有什么功用呢？

第俄提玛：这正是我要启发你的第二个问题，苏格拉底。爱神的本质和出身既然像我所说过的，而他的对象是美的事物，你也承认了。假如有人这样问我们："苏格拉底和第俄提玛，对于美的事物的爱究竟是什么呢？或是说得更明白一点，'凡是爱美者所爱的究竟是什么？'"

苏格拉底：他爱那些美的事物终于归他所有。

第俄提玛：但是你的答案引起了另一问题："那些美的事物既然归他所有之后，他又怎么样呢？"

苏格拉底：这问题我还不能立刻回答。

第俄提玛：好，假如换个题目，问的不是美而是善："请问，苏格拉底，凡是爱善者所爱的究竟是什么？"

苏格拉底：他爱那些善的事物终于归他所有。

第俄提玛：那些善的事物既然归他所有之后，他又怎么样呢？

苏格拉底：这个问题倒比较容易回答，我可以说：他就会快乐。

第俄提玛：对，快乐人之所以快乐，就由于有了善的事物。我们不必再追问他为什么希望快乐，你的答案似乎达到终点了。

苏格拉底：你说得很对。

第俄提玛：依你看，这种欲望或爱是不是全人类所公有的呢？是否人人都希望善的事物常归他所有呢？你怎样说？

苏格拉底：是这样，它是全人类所公有的。

第俄提玛：那么，既然一切人都永远一律爱同样的事物，我们为什么不说一切人都在爱，而说某些人在爱，某些人不在爱呢？

苏格拉底：我也觉得奇怪。

第俄提玛：并没有什么奇怪。因为我们把某一种爱单提出来，把全体的名称加在它上面，把它叫做爱。旁的名称也有这样误用的。

苏格拉底：请举一个例。

第俄提玛：就拿这个例子来说，你知道创作①的意义是极广泛的。无论什么东西从无到有中间所经过的手续都是创作。所以一切技艺的制造都是创作，一切手艺人都是创作家。

苏格拉底：你说得不错。

第俄提玛：可是你知道，我们并不把一切手艺人都叫做创作家，却给他们各种不同的名称，我们在全体创作范围之中，单提有关音律的一种出来，把它叫做"创作"或"诗"。只有诗这一种创作才叫做"创作"，从事于这种创作的人才叫做"创作家"或"诗人"。

苏格拉底：你说得对。

第俄提玛：爱这个字也是如此。就它的最广义来说，凡是对于善的事物的希冀，凡是对于快乐的向往，都是爱，强大而普遍的爱。但是在其他方面企图满足这种欲望的人们，无论是求财谋利，好运动，或是爱哲学，都不叫做"情人们"或"钟爱者们"，我们也不说他们在恋爱。只有追求某一种爱的人们才独占全体的名称，我们说他们在恋爱，把他们叫做"情人"或"钟爱者"。

苏格拉底：你这番话也许有些道理。

第俄提玛：我知道有一种学说，以为凡是恋爱的人们追求自己的另一半。②不过依我的看法，爱情的对象既不是什么一半，也不是什么全体，除非这一半或全体是好的。因为人们宁愿砍去手足，如果他们觉得这些部分是坏的。我以为人所爱的并不是属于他自己的某一部分，除非他把凡是好的都看做属于自己的，凡是坏的都看做不属于自己的。人只爱凡是好的东西。你有不同的看法吗?

苏格拉底：凭宙斯，我没有什么不同的看法。

---

① 原文是 poĕsie，其实就是"诗"，"诗"在希腊文中的意义就是"创作"。有些译本就用"诗"字来译。下文"一切手艺人都是创作家"就译成"一切手艺人都是诗人"。这里从罗本的法译。
② 暗指阿里斯托芬的看法。

　　第俄提玛：那么，我们可否干脆地说，凡是好的人们就爱？

　　苏格拉底：可以这么说。

　　第俄提玛：还要不要作这样一个补充：人们爱把凡是好的归自己所有？

　　苏格拉底：应该作这样的补充。

　　第俄提玛：不仅想把凡是好的归自己所有，而且永远归自己所有。

　　苏格拉底：这也是应该补充的。

　　第俄提玛：总结起来说，爱情就是一种欲望，想把凡是好的永远归自己所有。

　　苏格拉底：这是千真万确的。

　　第俄提玛：爱情既然常如此，现在请问你：人们追求这样目的，通常是怎样办？有爱情热狂的人发出怎样行为？这行为的方式怎样？你说得出吗？

　　苏格拉底：如果我说得出，第俄提玛，我就不用钦佩你的智慧，也不用拜你的门了。我来向你请教的正是这类问题。

　　第俄提玛：好，我告诉你吧，这种行为的方式就是在美中孕育，或是凭身体，或是凭心灵。

　　苏格拉底：你这句话要请占卜家来解释，我不懂。

　　第俄提玛：待我说明。一切人都有生殖力，苏格拉底，都有身体的生殖力和心灵的生殖力。到了一定的年龄，他们本性中就起一种迫不及待的欲望，要生殖。这种生殖不能播种于丑，只能播种于美。男女的结合其实就是生殖。这孕育和生殖是一件神圣的事，可朽的人具有不朽的性质，就是靠着孕育和生殖。但是生育不能在不相调和的事物中实现。凡是丑的事物都和凡是神圣的不相调和，只有美的事物才和神圣的相调和。所以美就是主宰生育的定命神和送子娘娘。就是因为这个道理，凡是有生殖力的人一旦遇到一个美的对象，马上就感到欢欣鼓舞，精神焕发起来，于是就凭这对象生殖。如果遇到丑的对象，他就索然寡兴，蜷身退避，不肯生殖，宁可忍痛怀着沉重的种子。所以一个人孕育种子到快要生殖的时候，遇到美的对象，就欣喜若狂，因为得到了它，才可解除自己生产的痛苦。照这样看来，爱情的目的并不在美，如你所想象的。

苏格拉底： 然则它在什么呢？

第俄提玛： 爱情的目的在凭美来孕育生殖。

苏格拉底： 就依你那么说吧。

第俄提玛： 这是不容置疑的。为什么要生殖呢？因为通过生殖，凡人的生命才能绵延不朽。根据我们已经断定的话来看，我们所迫切希求的不仅是好的东西，而且还要加上不朽，因为我们说过，爱情就是想凡是好的东西永远归自己所有那一个欲望。所以追求不朽也必然是爱情的一个目的。

苏格拉底说： "我多次听她谈爱情问题，所听到的教义大体如此。还有一次，她向我提出以下这样的问题。"

第俄提玛： 依你看，苏格拉底，这爱情和这欲望的原因在哪里？你注意到一切动物在想生殖的时候那种奇怪的心情没有？无论是在地上走的，还是在空中飞的，在那时候都害着恋爱的病，第一步要互相配合，第二步要哺育婴儿。为着保卫婴儿，它们不怕以最弱者和最强者搏斗，甚至不惜牺牲生命；只要能养活婴儿，自己挨饥饿，受各种痛苦，都在所不辞。人这样做，我们还可以说是因为他受理性的指使。但是动物也都有这种现象，那是什么原因呢？你能不能告诉我？

苏格拉底： 我不知道那是什么原因。

第俄提玛： 连这道理都不知道，你还想精通爱情的学问吗？

苏格拉底： 我老早就向你说过，正因为不知道，我才来向你求教。请你告诉我，这些结果以及有关爱情的其他结果，都是由于什么原因。

第俄提玛： 如果你相信爱情在本质上确如我们屡次所断定的那样，你就不会再惊疑了。现在这个事例在原则上还是和我们从前所谈过的一样，就是可朽者尽量设法追求不朽。怎样才能达到不朽呢？那就全凭生殖，继续不断地以后一代接替前一代，以新的接替旧的。就拿个体生命来说，道理也是一样。我们通常以为每一个动物在它的一生中前后只是同一个东西，比如说，一个人从小到老，都只是他那一个人。可是他虽然始终用同一个名字，在性格上他在任何一个时刻里都不是他原来那个人。他继续不断地在变成新人，也继续不断地在让原来那个人死灭，比如他的发肉骨血乃至于全身都在变化中。不仅是身体，心灵也是如此。他的心情、性格、见解、欲望、快乐、苦痛和恐惧也都不是常住不变的，有些在生，有些在灭。还有一个更奇怪的事实，就是我们的知识全部也不但有些在生，有些在灭，使我们在知识方面前后从来不是同样的人，而且其中每一种知识也常在生灭流转中。我们所谓"回忆"就假定知识可以离去；遗忘就是知识的离去，回忆就是唤起一个新的观念来代替那个离去的观念，这样就把前后的知识维系住，使它看来好像始终如一。凡是可朽者都是依这个方式去绵延他们的生命，他们不能像神灵的东西那样永久前后如一不变，而是老朽者消逝之后都留下新的个体，与原有者相类似。苏格拉底，凡是可朽者在身体方面或其他方面之所以能分享不朽，就是依这个方式，依旁的方式都不可能。因此，一切生物都有珍视自己后裔的本性，并无足怪，一切人和物之所以有这种热忱和爱情，都由于有追求不朽的欲望。

苏格拉底说："听到她的这番话之后，我非常惊怪，就问她：'真的就是这样吗，最渊博的第俄提玛？'于是她以一个十足的诡辩大师的气派回答我。"

第俄提玛：不用怀疑，苏格拉底，你只需放眼看一看世间人的雄心大志。你会觉得它毫无理性，除非你彻底了解我所说过的话，想通了他们那样奇怪地欲望熏心，是为着要成名，要"流芳百世"。为着名声，还有甚于为着儿女，他们不怕冒尽危险，倾家荡产，忍痛受苦，甚至不惜牺牲性命。你以为阿尔刻提斯会做她丈夫阿德墨托斯的替死鬼，阿喀琉斯会跟着帕特洛克罗斯死，或是你们自己的科德洛斯会舍身救国，为后人建立忠义的模范吗①？如果他们不想博得"不朽的英名"，现在我们

---

① 科德洛斯是雅典国王。雅典和多里斯战争，德尔斐预言告诉他们，如果雅典国王战死，雅典就会胜利。多里斯人下令要保全科德洛斯的生命。他乔装樵夫和多里斯人挑战，故意送死，因此使雅典得到胜利。

还在纪念的英名？没有那回事！我相信凡是肯这样特立独行的人都在想以不朽的功绩来博取不朽的荣誉。他们品格愈高，也就愈要这样做。他们所爱的都是不朽。

凡是在身体方面生殖力旺盛的人都宁愿接近女人，他们的爱的方式是求生育子女，因此使自己得到不朽，得到名字的久传，而且依他们自己想，得到后世无穷的福气。但是凡是在心灵方面生殖力旺盛的人却不然。世间有些人在心灵方面比在身体方面还更富于生殖力，长于孕育心灵所特宜孕育的东西。这是什么呢？它就是思想智慧以及其他心灵的美质。一切诗人以及各行技艺中的发明人都属于这类生殖者。但是最高最美的思想智慧是用于齐家治国的，它的品质通常叫做中和与正义。这类生殖者是近于神明的，从幼小的时期起，心灵就孕育着这些美质，到了成年时期，也就起了要生殖的欲望。这时候，我想，他也要四处寻访，找一个美的对象来寄托生殖的种子，因为他永不会借丑的对象来生殖。美本来是他所孕育的一个品质，因此，他对于身体美的对象比对于身体丑的对象较易钟情。如果他碰见一个美好高尚而资禀优异的心灵，他对于这样一个身心调和的整体就会五体投地去爱慕。对着这样一个对象，他就会马上有丰富的思想源源而来，可以津津谈论品德以及善人所应有的性格和所应做的事业。总之，他就对他的爱人进行教育。常和这美的对象交往接触，他就把孕育许久的东西种下种子，让它生育出来。无论是住得近或隔得远，他随时随地都一心一意地念着他的爱人。到了婴儿出世之后，他们就同心协力，抚养他们的公共果实。这样两个人的恩爱情分比起一般夫妻中的还要深厚得多，因为他们所生育的子女比寻常肉体子女更美更长寿。每个人都宁愿与其生育寻常肉体子女，倒不如生育这样心灵子女，如果他放眼看一看荷马、赫西俄德以及其他大诗人，欣羡他们所留下的一群子女，自身既不朽，又替他们的父母留下不朽的荣名。再看莱科勾在斯巴达所留下的子女不仅替斯巴达造福，而且可以说，替全希腊造福。在你们雅典人中间，梭伦也备受崇敬，因为他生育了你们的法律。此外，还有许多例证，无论在希腊或在外夷，凡是产生伟大作品和孕育无穷功德的人们都永远受人爱戴。因为他们留下这样好的心灵子女，后人替他们建筑了许多庙宇供馨香祷祝，至于寻常肉体子女却从来不曾替父母博得这样大的荣誉。

以上这些关于爱情的教义，苏格拉底，你或许还可以领会。不过对于知道依正路前进的人，这些教义还只是达到最深密教的门径，我就不敢说你有能力参证了。[①]我尽力替你宣说，你须专心静听。

凡是想依正路达到这深密境界的人应从幼年起，就倾心向往美的形体。[②]如果他依向导引入正路，他第一步应从只爱某一个美形体开始，凭这一个美形体孕育美妙的道理。[③]第二步他就应学会了解此一形体或彼一形体的美与一切其他形体的美是贯通的。这就是要在许多个别美形体中见出形体美的形式。[④]假定是这样，那就只有大愚不解的人才会不明白一切形体的美都只是同一个美了。想通了这个道理，他就应该把他的爱推广到一切美的形体，而不再把过烈的热情专注于某一个美的形体，就要把它看得渺乎其小。再进一步，他应该学会把心灵的美看得比形体的美更可珍贵，如果遇见一个美的心灵，纵然他在形体上不甚美观，也应该对他起爱慕，凭他来孕育最适宜于使青年人得益的道理。从此再进一步，他应学会见到行为和制度的美，看出这种美也是到处贯通的，因此就把形体的美看得比较微末。从此再进一步，他应该受向导的指引，进到各种学问知识，看出它们的美。于是放眼一看这已经走过的广大的美的领域，他从此就不再像一个卑微的奴隶，把爱情专注于某一个个别的美的对象上，某一个孩子，某一个成年人，或是某一种行为上。这时他凭临美的汪洋大海，凝神观照，心中生起无限欣喜，于是孕

---

① 柏拉图把最高的爱情学问——哲学——看做一种玄秘的宗教，所以假托一个神秘的女巫来说，用的字常带有宗教术语的意味。所以译文借用了一些佛典中的术语。

② 原文只是"身体"，不过西文中"身体"常指一般物体，用"形体"译似较妥。形体是感觉的对象，与下文所说的那些理解的对象相对立。

③ 原文 logos 有"言辞"、"文章"、"道理"等义。

④ 这里所谓"形式"就是"理式"、"共相"或"概念"。

育无量数的优美崇高的道理，得到丰富的哲学收获。如此精力弥满之后，他终于一旦豁然贯通唯一的涵盖一切的学问，以美为对象的学问。

说到这里，你得尽力专心听了。一个人如果随着向导，学习爱情的深密教义，顺着正确次序，逐一观照个别的美的事物，直到对爱情学问登峰造极了，他就会突然看见一种奇妙无比的美。他的以往一切辛苦探求都是为着这个最终目的。这种美是永恒的，无始无终，不生不灭，不增不减的。它不是在此点美，在另一点丑；在此时美，在另一时不美；在此方面美，在另一方面丑；它也不是随人而异，对某些人美，对另一些人就丑。还不仅此，这种美并不是表现于某一个面孔，某一双手，或是身体的某一其他部分；它也不是存在于某一篇文章，某一种学问，或是任何某一个别物体，例如动物、大地或天空之类；它只是永恒地自存自在，以形式的整一永与它自身同一；①一切美的事物都以它为泉源，有了它那一切美的事物才成为美，但是那些美的事物时而生，时而灭，而它却毫不因之有所增，有所减。总之，一个人从人世间的个别事例出发，由于对于少年人的爱情有正确的观念，逐渐循阶上升，一直到观照我所说的这种美，他对于爱情的深密教义也就算近于登峰造极了。这就是参悟爱情道理的正确道路，自己走也好，由向导引着走也好。先从人世间个别的美的事物开始，逐渐提升到最高境界的美，好像升梯，逐步上进，从一个美形体到两个美形体，从两个美形体到全体的美形体；再从美的形体到美的行为制度，从美的行为制度到美的学问知识，最后再从各种美的学问知识一直到只以美本身为对象的那种学问，彻悟美的本体。

亲爱的苏格拉底，这种美本身的观照是一个人最值得过的生活境界，比其他一切都强。如果你将来有一天看到了这种境界，你就会知道比起它来，你们的黄金，华装艳服，娇童和美少年——这一切使你和许多人醉心迷眼，不惜废寝忘食，以求常看着而且常守着的心爱物——都微不足道。请想一想，如果一个人有运气看到那美本身，那如其本然、

———————————

① 这就是所谓“绝对美”，它涵盖一切，独一无对无待。

精纯不杂的美，不是凡人皮肉色泽之类凡俗的美，而是那神圣的纯然一体的美，你想这样一个人的心情会像什么样呢？朝这境界看，以适当的方法凝视它，和它契合无间，浑然一体，你想，这对于一个凡人是一种可怜的生活么？只有循这条路径，一个人才能通过可由视觉见到的东西窥见美本身，所产生的不是幻象而是真实本体，因为他所接触的不是幻象而是真实本体，你没有想到这个道理吗？只有这样生育真实功德的人才能邀神的宠爱，如果凡人能不朽，也只有像他这样才可以不朽。

苏格拉底说："斐多和在座诸位，这就是第俄提玛教我的一番话。我自己对它心悦诚服，我也在设法使旁人对它心悦诚服，使人人相信：要想找到一个人帮助我们凡人得到这样福分，再好不过的就是爱神。因此，我现在奉劝诸位，每个人都应该尊敬爱神。像我自己就特别热心以尊敬爱神为专业，而且还要激起旁人也有这样大的热忱。我现在歌颂爱神，而且要永远歌颂爱神，尽我所有的能力，来歌颂他的威灵。斐多，你把这番话叫做爱神的颂词也好，给它一个旁的名称也好，都随你的便。"①

（选自《朱光潜全集·会饮篇》，朱光潜译）

---

① 苏格拉底的颂词是全篇三大段的中段，也是全篇的精义所在，它本身分两部分：和阿伽通的对话以及和第俄提玛的对话。在和阿伽通的对话里，他说明了：（一）爱情必有对象；（二）钟爱者还没有得到所爱的对象；（三）爱情就是想占有所爱对象那一个欲望；（四）爱情的对象既然是美，如阿伽通所说的，它就还缺乏美，"爱神是美的"一说不能成立；（五）美善同一，所以爱神也不是善。这样苏格拉底就把阿伽通的一篇大文章完全推翻了。接着他说他的爱情学问是从女巫第俄提玛领教来的。他原来和阿伽通一般见解，她纠正了他。她使他明白：（一）爱神是介乎美丑、善恶、有知与无知、神与人之间的一种精灵，是丰富和贫乏的统一，总之，就是一个哲学家；（二）爱情就是想凡是美的善的永远归自己所有那一个欲望；（三）爱情的目的是在美的对象中传播种子，凭它孕育生殖，达到凡人所能享有的不朽；生殖是以新替旧，种族与个体都时时刻刻在生灭流转中。这种生殖可以是身体的，也可以是心灵的。诗人、立法者、教育者以及一切创造者都是心灵方面的生殖者；（四）爱情的深密教，也就是达到哲学极境的四大步骤。

论婚姻、婚礼及人的三种欲望

[古希腊] 柏拉图

【编者按：这是柏拉图晚年的《法律篇》中的内容，在涉及爱情婚姻的问题上，柏拉图更多从具体制度入手，详细谈论怎样的婚姻是美满的——既有利于自身、家族，又利及城邦，举凡结婚年龄、财产状况、人的品质、婚宴安排、生育，都在讨论之列，因此其讨论内容已经不是单纯的个人幸福，还涉及公民精神。显然，柏拉图的这些思想依然还遗留着早年受苏格拉底影响的痕迹，但晚年的想法更为中庸，少了专横的唯一论倾向，然而他依然强调整个城邦对于婚姻的理性管理。】

雅典人：所以，每当 25 岁或 25 岁以上的男子在其他部落找到了适合自己的配偶，可以与之共同生儿育女，那么他无论如何都要在 35 岁以前结婚。但首先要让他知道寻求适当配偶的正确方式，因为如克利尼亚所说，每一法律都必须从它自己的绪言开始进入正文。

克利尼亚：先生，谢谢你提到我。我发现最适宜引进这种法律的时机，你已经用了。

雅典人：你真是个好人。那么下面这番话是我们将要对一位出生在某个高尚之家的儿子说的。我的孩子，聪明人会对你已经订下的婚约表示赞同，他们给你提的建议不是要让你过分关注对方的贫富，而是要你在其他条件基本相等的情况下，尽可能与家境比较贫寒的人结婚。这样做实际上对双方所处的社会和家庭都有益，因为从差别中求得平衡和保持特定的比例比无限制的极端要好。知道自己脾气过于急躁、行事过于鲁莽的人应当尽可能选一个安宁的家庭结亲，而脾气和行事方式与此相反的人应当找一个与此相反的家庭结亲。我们可以为所有婚约制定一条唯一的规矩：一个人应当为了城邦的利益而求婚，而不是主要根据自己的想象。然而存在着这样一种天然的本能，我们每个人都会接近与自己最相似的人，这就使得整个社会上的人品性和道德不一，这也就给大部分国家带来不可避免的结果，而我们的国家不希望有这种情况发生。假如用法律禁止富人与富裕家庭结亲，或禁止一个能干的人与能干的家庭结亲，强迫脾气急躁者找一个脾气温和的人做伴侣，或强迫一个脾气冷淡的人找一个热情洋溢的人做伴侣，那么要制定这样的法律确实是可笑的，更有甚者，会引起人们的普遍怨恨。要看到一个国家像一只倒满热气腾腾的美酒的好碗确实不容易，但通过其他人或清醒的神灵的矫正，美好的婚姻还是能够给我们提供健康的、美好的配偶。我要说没有人，或几乎没有人，能够察觉到子女的婚配也是这样的。正是这个原因，所以我们在立法时省略了婚姻问题，努力让每个人在其子女的婚姻中建立一种平衡，要追求婚姻状况的平等，而非无止境地追求富裕的婚姻，要用不具有法律强制力的批评来指点那些追求富裕配偶的人。

当然了，如前所述，这番话是我们对婚姻的告诫，也是一个追求永恒者的义务，其方法就是让自己的子女和子女的子女在他死后仍旧侍奉神。所有这些话，以及更多的话，可以在论及婚姻义务的序言中说。但若有任何人拒绝自愿地服从城邦的要求，疏离城邦，到了35岁还不结婚，那么如果他属于最富裕的等级，他每年要交纳100德拉克马的罚金，第二等级的交70德拉克马，第三等级的交60德拉克马，第四等级的交30德拉克马，这种罚金将会献给赫拉。拒绝或拖延交纳罚金的人要负上10倍于罚金的债务。收缴罚金的事务由这位女神的司库负责，他在非强制的情况下收缴，所有违法者都要当众交纳。这就是拒绝结婚者在金钱方面受到的惩罚。至于来自晚辈的荣誉，违法者一样也得不到，没有一个比他晚出生的人会对他表示任何尊敬，这是不可避免的。如果他要责打对他不尊敬的人，那么所有人都会支持和保护受伤害的一方，任何在场的人要是不这样做将会被法律宣布为懦夫和叛徒。

我们已经讨论过嫁妆问题，但我们可以再次强调，尽管在我们的社会里，所有公民的生活必需品都可以确保，但假定仍旧有穷人到老不能娶妻是合理的，因为他们付不起嫁妆；再说，女方十分傲慢或者男方试图卑鄙地控制女方的钱袋，也都会引起不能结婚的现象。所以，服从我们建议的人会有一个良好的记录，不服从我们建议的人就要向公共金库交纳罚金。接受或者提供嫁妆不得超过 50 德拉克马的价值，或者不超过 1 个明那，或者不超过半个明那，最富裕的阶层不超过这个数目的 2 倍，如果超过这个标准提供或接受嫁妆，那么超过标准的部分应当献给赫拉和宙斯，这些神祇的司库要像我们说过的那位赫拉的司库那样强制收取罚金，或在不强制的情况下让独身者从自己的私人钱袋把罚金交出来。

同意订婚的权力首先应当属于当事人的父亲，如果当事人没有父亲，则属于他的祖父，如果他也没有祖父，那么属于他父亲的兄弟，如果他也没有这样的亲戚，那么这个权力就从父亲转向母系。如果父母两系的近亲都没有了，那么就由当事人最近的远亲，无论是什么亲戚，与监护人一道行使这个权力。

关于订婚仪式以及正式结婚前后要举行的神圣仪式，当事的公民都应当向宗教法律的解释者咨询，按照他们的指点恰当地举行这些仪式，使各方满意。

关于结婚喜宴，男女双方家庭邀请的朋友不能超过 5 人，亲戚也不能超过 5 人，喜宴开支要与家庭情况相称，最富裕等级的不能超过每人 1 明那，第二等级的是第一等级的一半，其他等级按照这个比例递减。服从这条法规将受到所有人的赞扬，不遵守这条法规的将由执法官给予惩处，把他们当做从来没有听到过缪斯婚礼之歌的乡巴佬。至于酗酒问题，这种情况除了在庆祝酒神节的宴会上会发生，其他场合不太会有，但对婚宴来说，酗酒毕竟是危险的，尤其是对要结婚的人。新郎和新娘最好是在头脑清醒的时候相见，因为他们此刻面临着人生道路的重大转折，必须十分谨慎。再说夫妻应当在头脑清醒时同房，怀孕是件不确定的事，不知道会在什么时候发生，这全在神的把握之中。此外，这种事情绝不能在狂欢时进行，新生命的孕育必须安静有序地进行。而一个喝醉了酒的男人只会乱爬乱摸，他的身体就像他的心灵一样疯狂。喝醉酒的人在播种时是笨拙的、鲁莽的，所以毫不奇怪，他通常会生出呆滞的婴儿，其灵魂就像身体一样扭曲。因此，男子一定要终年谨慎，终生谨慎，尤其是在生育后代时，他一定要尽可能避免各种有损健康的行为，或错误的接触，或使用暴力——如果有这些情况发生，就会给那未出生的生命的灵魂和身体留下印记，造成后代的退化——总之，这类行为日夜都要避免。因为神本身掌握着人的生命的第一步，并且在生命成长的各个阶段给予矫正，所有当事人都必须抱着适当的敬畏之情来做这件事。

已经要结婚的人必须考虑建立一个属于他自己的家，他必须离开父母，与他的妻子住在新家中，在那里生儿育女。在人生的所有想法中，总会有某些事情无法实现，当希望破灭时人的心思会集中在这一点上，久久不能忘怀，而永久的伴侣会给你带来温暖，使你很快忘掉不愉快的事。正是这个原因，我们的年轻夫妇应当离开父母，离开新娘的亲戚，去他们的老宅居住，就像去一个殖民地定居。他们会回父母家探视，父母、亲戚也会来探望他们。他们在自己的家中生育和抚养子女，由此把生命的火炬一代代传递下去，按照我们法律的要求，永远侍奉神。

下面要谈到个人物品与财产。如果所有权能使人真正感到满足，那么一个人应当拥有哪些东西？有许多物品很容易得到，就像我们很容易指出它们的名字一样，但奴仆有很多种，很难说清楚。为什么会这样？因为我们对奴仆的看法半对半错，我们关于奴隶的用语和实际经验是矛盾的，对此我们可以马上证明。

麦吉卢：请你告诉我们，你的话该如何理解？先生，我的朋友和我对你的意思困惑不解。

雅典人：但你们没有感到惊讶，麦吉卢。拉科尼亚的"希洛人"①可能是希腊生活中最令人困惑的问题，人们的争论涉及希洛人的功过。关于玛里安迪尼人在赫拉克利亚实行的奴隶制，以及帖撒利的农奴地位问题，也有相类似的争论，尽管不那么尖锐。如果考虑到这些情况以及其他类似的情况，我们该如何确定对奴仆的所有权？我在论证过程中涉及的那个要点，也就是你很自然地问我在想什么的地方，就是这个问题。当然了，我们全都明白，我们应该说一个人要拥有最优秀的、最可信赖的奴隶。但是，奴隶经常证明在各方面比我们的兄弟或儿子要优秀得多，他们经常保护主人的生命、财产和家庭。你们无疑知道这些关于奴隶的看法是很普遍的。

麦吉卢：是的，确实如此。

雅典人：对奴隶的相反看法同样也很普遍，比如说奴隶心灵腐败，聪明人绝不能信赖所有奴隶。我们诗人中最伟大的天才在谈到宙斯时做出了精湛的解释："使一个人陷入奴籍，便会使他失去一半良好的德行。"②所以一个人在争论中可以持一种观点，也可以持另一种观点。有些人不信赖所有奴隶，在心中一遍又一遍地反复鞭笞他们的奴隶，就好像他们在与许多野兽打交道，而另一些人则正好相反。

麦吉卢：非常正确。

克利尼亚：那么，先生，既然这个问题有那么多分歧意见，在我们的国家里该怎么办呢？我们该如何处理奴隶所有权，如何管教奴隶？

雅典人：呃，克利尼亚，人这种动物是变化无常的，所以很清楚，真正的奴隶与真正的自由人和主人之间，不像是存在着或将会产生一

---

① 希洛人（Helots）是被斯巴达人征服的麦西尼亚人，音译"黑劳士"。他们是斯巴达的国有奴隶，不属于奴隶主个人，而属于奴隶主全体。他们平时被束缚在土地上从事农业劳动，战时被征为轻铠兵，担任军中杂役和运输工作。

② 荷马的《奥德赛》第17卷，第322行。

种经得起考验的、必不可少的区别，所以如何对待这种形式的财产给我们带来了困难。在麦西尼亚普遍而又反复产生的大量事实，还有拥有大量讲一种方言的农奴的那些共同体的经验，提供了大量的证据，表明这种制度是邪恶的，更不必提意大利的海盗船所进行的各种掠夺和冒险了。而对所有这些事实，我们确实会感到困惑，不知该如何处理整个问题。我明白，我们确实只有两个对待奴隶的方法：一是不让那些安分守己的、驯服的奴隶聚在一起，也尽可能不要让他们全都讲一种语言；二是恰当地对待他们，为他们多作些考虑，这样做确实是为了他们，但更多地仍旧是为了我们自己。对待处在这种地位上的人不使用暴力是恰当的，在加害他们时——如果这种事有可能——要比加害和自己地位平等的人更加踌躇再三。因为正是这些很容易被伤害的事情最能表现一个人对正义的真正的、不伪装的敬畏和对错误的憎恶，因此一个人的性格和行为不能在他与奴隶的关系中犯下错误和受到邪恶的玷污，胜过他与其他人的关系，由此可为善的丰收播下种子，对每一位主人、每一位独裁者、每一位有权对较弱的一方行使权力的人，我们都可以真诚地说同样的话。当然了，我们这样说并不是认为当奴隶该受惩罚时而不惩罚他们，也不是认为可以娇纵他们，而是不需要用我们对自由人使用的那种办法来告诫他们。我们对奴仆使用的语言应当是简洁的命令，而不应当是男女之间使用的那些熟悉的开玩笑的话，然而有许多主人在对待他们的奴隶时使用这种方式，表现得极为愚蠢，因为对奴隶的娇宠会马上使得双方的关系变得很难受，对顺从的奴隶来说是这样，对下命令的主人来说也是这样。

克利尼亚： 你说得很对。

雅典人： 好吧，我们已经尽力为公民提供了足够数量的有能力帮助他做各种事情的奴仆，我想，我们的下一步应当是规划我们的建筑。

克利尼亚： 是的，当然是这样的。

雅典人： 我们的城市实际上是新建的，原先没有居民，所以我们必须关注它的建筑及其所有细节，也不要忘了神庙和城墙。克利尼亚，这个主题实际上应当在婚姻问题之前讨论，但由于我们整个建构都是在想象中进行的，所以要搁置这个主题，现在是个极好的机会。等我们的规划付诸实践时，如果情况允许，我们将首先处理城市建筑，然后把制定婚姻法当做我们这类工作的最终圆满完成。而当前我们要做的无非是提出一个简要的提纲。

克利尼亚：是这么回事。

雅典人：那么神庙应当建在市场周围，实际上是围绕整个城市，着眼于安全和清洁，要把神庙建在高地上。执政官的衙门和法庭应当建在神庙附近，在神圣的高地上接受诉讼和进行判决，这样做的原因部分在于法律事务本身是庄严的，部分在于这里是可敬畏的神祇的住地，法庭在这里审理那些谋杀案或其他要处以死刑的罪行是适当的。至于城墙，麦吉卢，我的想法和你们斯巴达人一样，就让它们安宁地睡在大地上，不要去吵醒它们。我之所以这样说，理由如下。经常被人引用的那位诗人幸福地提到过城墙，他说一座城市的城墙应当是铜的和铁的，而不是石头的，但若我们已经带领年轻人在每年的巡查中挖战壕、修堡垒，想要以此御敌于国门之外，而在这样做了以后我们还是把自己关在城墙之内，那就会贻笑大方。首先，城墙绝不会带来城市生活的健康，反而会普遍地使城里人的灵魂变得软弱无力。城墙诱使居民在城内寻找庇护所，而置进犯的敌人于不顾，城墙也诱惑居民放松日夜不停的警戒，使他们认为自己找到了一种真正安全的办法，也就是把自己关在城墙内，躲在城墙垛子后面睡觉，就好像他们生来就是为了躲避辛苦似的，他们不知道真正的安宁必定来自辛劳，而不光荣的安宁和懒惰会带来更大的辛苦和麻烦。或者说，是我大错特错了。不，如果人们必须要有城墙，那么他们应当从一开始就把他们的住处建成一道城墙，用整个城市的房屋连成一道连续不断的城墙，在每一所房子里都可以防守，每条街道四面都是统一的，有规则的。这样的城市就像一所巨大的房屋，也不会很难看，它易于防守的特点给它带来无限的好处，在安全方面胜过其他任何城市。维护这些最初的建筑首先应当是拥有者的责任，而市政官应当担负起监督的责任，对维护不善者处以罚款。市政官的责任还包括维护城市清洁卫生，禁止私人乱建乱挖，以免影响市政规划。他们也要负责市区雨水的排泄，还要为城里城外的住宅制订建筑规则。我们的法律不可能处理城市生活的所有方面，有许多细节只好省略，执法官可以按照他们的实际经验发布补充性的法规。现在，这些建筑物和市场上的建筑物，包括体育场、学校、剧场，都已建成，在等着人们的到来，学校等候学生，剧场等候观众，按照恰当的立法顺序，我们现在可以开始为婚姻以后的事情立法了。

克利尼亚： 务必如此。

雅典人： 很好，克利尼亚，让我们假订婚礼已经结束。在婴儿诞生之前，新婚夫妻有不少于一年时间的间隙。新娘和新郎在一个高于一般水平的社会中该如何度过他们的时光——这正是我说"按照恰当的立法顺序"的意思——这个问题并不是最容易回答的。我们已经碰到过一些可以这样理解的问题，但没有一个会像这个问题令民众大倒胃口。还有，克利尼亚，我认为，对于我们确实相信是正确的东西，必须不惜一切代价地把它说出来。

克利尼亚： 当然，我们必须这样做。

雅典人： 如果有人建议给社会提供一套关于公共行为和共同生活的法律，然而却又在这些法律对私人事务形成压力时认为这些法律是肤浅的，认为想要规范一切是不恰当的，个人的私生活应当享有自由，可以按照自己的意愿为所欲为——如果他一方面认为个人行为不受法律控制，而另一方面又骄傲地认为他的公民准备依据法律来指导他们的相互关系和公共行为——那么他就大错特错了。为什么我要这样说？因为我将要指出我们的新婚男子将频繁地出现在公餐桌上，不会多于也不会少于他结婚之前。我想，当公餐制一开始在你们国家出现时，这种制度曾引起人们的惊讶，但在战争时期或其他某些同样紧急的情况下，对于处在极度危险之中的某些小团体来说，这种制度是必要的，当你们有了这种尝试，并且普遍地适应了公餐制以后，你们认为这种做法对于国家的安全有很重要的作用。事实上，以这样的方式，公餐制成了你们的习俗之一。

克利尼亚： 极为可能。

雅典人： 这就是我们要说的要点。尽管曾经有人认为这种做法太奇特，强制推行这种制度是危险的，但是希望推行这一制度的立法者会说现在不会有这样的困难。然而，尽管采用这种制度会取得各方面的成功，但会有一个天然的后果，而且当前也没有其他什么地方采用这种制度，所有这些都会驱使立法者像谚语所说的那样，"在火堆里梳理羊毛"，在大量的诸如此类的工作中白白浪费他的精力，无论是提议还是实施这种制度，这个后果都不可低估。

克利尼亚： 先生，你显然是在犹豫不决，你想说明什么问题？

雅典人： 为了避免对这个主题作冗长无用的讨论，请你们精力集中一点。社会生活凡是有确定的秩序和法律，其结果就是幸福，但是抗拒法律或制定错误的法律比正确立法出现得更加频繁。我们当前的论证就是在这个地方停了下来。事实上，我的朋友，你们的男子公餐制是一种值得敬佩的制度，有着神奇的起源，如我所说，它确实出于一种真正的、必然的天意，但你们的法律没有规定妇女的地位，在你们国家里看不到任何妇女公餐制的遗迹，这是一个巨大的错误。不，由于女性秘密和灵巧的特点，你们对女性这半个种族事先所作的安排已经留下了无序的状态，这是立法者的错误让步造成的。由于对女性的疏忽，你们已经让许多事情失控，而实际上只要将它们置于法律之下就能够做到井然有序。未加任何约束的女性，并非如你所想象的那样，是问题的一半，不，她是问题的两倍，甚至超过两倍，因为女性的天赋禀性比男性低劣。因此，我们最好能从国家的善着眼，把这个问题提交修改和矫正，设计一套同时适用于两种性别的制度。事情就是这样，人们在这样的消费中是不会快乐的，在一个不知公餐制为何物的国家或社会里，一个谨慎的人不会提出这样的建议。所以，实际上该如何迫使妇女参加公餐而又不被嗤笑呢？没有别的什么事比强迫已经习惯于在阴暗的角落里生活的女性出现在大庭广众之下更难了，如果这样做了的话，那么女性表现出来的愤怒抵抗会比立法者强大得多。我曾经说过，在其他社会里，女性可能不会因为受到正确的统治而大喊大叫，而在我们自己的社会里她们可能会这样做。所以，如果你们希望我们关于整个体制的讨论能抵达终点——这在理论上是可能的——我打算捍卫我的建议，把公餐制当做健全的、可行的，只要你们俩都喜欢听我的论证，否则我们可以放弃这个主题。

克利尼亚：先生，我向你保证，我们俩都喜欢听你的论证。

雅典人：呃，那么你们会听到的。但若发现我走了很长一段路以后又回到了起点上来，那么你们一定不要感到奇怪。你们知道我们有足够的时间，也没有什么急事，所以我们可以很从容地从各个方面考察我们的主题，这个主题就是法律。

克利尼亚：非常正确。

雅典人：好，现在让我们回到开头那个话题上来。任何人确实应当完全明白一件事。人类要么根本就没有开端，也不会有终结，但总有过去和将来，否则的话从有人类起到现在为止必定已经有无数个世代了。

克利尼亚：无疑如此。

雅典人：很好。那么我们能不能假设，有无数各种各样的国家在全世界兴起和灭亡，也有各种各样合理的和不合理的制度，以及各种各样的饮食习惯和气候变化，在引起生命有机体的许多变化？

克利尼亚：可以，当然可以。

雅典人：呃，我们相信曾经有过这样一个时期，葡萄、橄榄树、得墨忒耳和她女儿珀耳塞福涅馈赠的礼物、特里普托勒摩斯①馈赠的礼物，还有其他人的发明，这些东西不都是引起变化的工具吗？所以，我们必须假定在这些事物出现之前，动物像今天一样互相为食，不是吗？

克利尼亚：确定无疑。

---

① 特里普托勒摩斯（Triptolemus）是半神，在得墨忒耳指导下学会制造犁与种植小麦和大麦，并传授给人们。

雅典人：此外，我们注意到现在仍旧有许多地方用人来祭献，而另一方面有报道说，有些民族连牛肉都不吃，祭献也不用动物作牺牲。他们用糕饼、蜂蜜浸泡的食物，还有其他"纯洁"的供品，来荣耀他们的神祇。他们禁食肉类，认为吃肉是有罪的，或者用血玷污诸神的祭坛是有罪的。那个时代人类的生活完全遵守所谓的奥菲斯教教义，普遍实行素食，完全禁止食用一切动物。

克利尼亚：这个传说广泛流传，极为可信。

雅典人：当然了，你们会问我，你现在提这些事情用意何在?

克利尼亚：先生，你说得一点没错。

雅典人：所以，克利尼亚，我要试着进行解释，我的用意出于下述考虑。

克利尼亚：请你开始吧。

雅典人：我注意到，人类普遍受到三种欲望的驱使，如果一个人受过良好的训练，那么会产生美德，如果一个人受到不良的训练，那么会产生相反的结果。从人出生那一刻起，他们的需要首先是食物和饮水。一切动物均有求食的本能，也有避免一切不适的本能，这方面的要求若不能充分满足，它们就会发出愤怒的嚎叫。我们第三种最紧迫的需要和最强烈的欲望产生较迟，但最能使人疯狂——我指的是那种不可压抑的淫荡的性欲。我们必须把这一种不健康的欲望从追求所谓的快乐转向追求善，我们必须试着用一种最高的事物——畏惧心、法律、真正的谈话——来检查和制裁它们，在缪斯和体育诸神的帮助下，克制这些欲望的生长和盲动。

这样，我们才能按照我们关于婚姻、抚养、教育子女的法规去生儿育女。我们的讨论按照这些线索展开，我们的几项法律也有可能完成，就像我们前面提到的公餐制的例子一样——至于最终要不要让妇女参加公餐，或者说只有男子才参加公餐，等我们弄清了相关问题后，我们也许就能看得更加清楚了——我们将尽量减少这些必要的预备性的事情，因为我们对这些用来规范和保护我们自己的预备性的事情还没有立法。这样，如我所说，除了使我们的立法更加恰当、更加合理外，我们将对这些预备性的事情本身有更加准确的认识。

克利尼亚： 非常正确。

雅典人： 那就牢记我们刚才提到过的要点，我们很有可能会再提到它们。

克利尼亚： 你要我们牢记的要点到底是什么呢？

雅典人： 就是我们用三个分句来表达的要点，你可能记得，我们首先提到食物，然后提到饮水，第三就是性的冲动。

克利尼亚： 呃，先生，我知道了，我们肯定能记住你现在强调的这些要点。

雅典人： 很好。现在让我们来为结了婚的夫妇立法，目的是指导他们如何和以什么方式对待生育，或者说，如果他们不服从，那么就诉诸法律处罚。

克利尼亚： 以什么方式？

雅典人： 新娘和新郎都要以尽力为城邦提供最优秀的后代为目的。当你们与别人联合做事的时候，如果合作者都能用心理解自己在做什么，事情就能做得很漂亮，但若当事人一点儿也不用心，那么结果就完全相反了。所以，让新娘把心思放在她的新郎身上，和他同房，新郎这一方也一样，只要他们的孩子还没有出生，他们就应当这样做。将要做母亲的人要接受我们已经任命了的妇女监理的监督——由执政官来决定有多少人担任这个职务，由执政官选择一个适当的时间进行妇女监理的选举和任命——她们每天都要在伊利绪雅的神庙里集合，时间不少于三分之一小时。开会的时候，每个成员都要向这个委员会的所有成员，男的或女的，报告她看到在这些生育者中间有谁注意了这些法规的细节，我们规定了婚姻的祭献和仪式。如果一对夫妇多产多育，那么这个生育和监督生育的时期将延续十年，但不能再长；如果一对夫妇在这个时期结束时仍无子嗣，那么就要由这个管理妇女的委员会与夫妇双方的亲属共同商议安排一个兼顾双方利益的分居。如果为了双方的某种利益而发生争执不下的情况，那么他们应当挑选十名执法官来仲裁，哪些执法官可以参加仲裁由他们决定的。女监理可以进入年轻夫妇的家，用警告和恐吓制止他们有罪的愚蠢行为，如果他们仍旧犯错误，那么就向执法官报告，让执法官来制止这种冒犯。如果他们采取的行动也证明是无效的，那么这件事情就要公布于众，冒犯者的名字下会有这样一句话："屡教不改者"。一名犯有这种错误的男子将被判定为无能者，除非他能在法庭上成功地驳斥起诉者。他将被排除在婚宴和生日宴会之外，如果他出现在这些场合，任何人只要愿意都可以揍他而不受惩罚。同样的法律也适用于女性冒犯者，如果她的名字被公布于众而又不能成功地为自己辩护，那么她将被排除在妇女游行和其他高尚活动之外，禁止参加婚礼和儿童的生日宴会。当一对夫妇已经按照法律的要求生育了自己的子女，此时男方若是与一名不是他的妻子的妇女苟合，或者女方与一个不是她的丈夫的男子有苟合之事，而对方仍旧在生育者之列，那么他们要交纳由那些生育者规定数量的罚金。在此生育规定之外，那些节欲的男女应当受到各种尊敬，而那些不节欲的人则会名声扫地。当有较多的人在这些事情上表现出合理的节制时，法律应当对此保持沉默；但若有许多人不节制，那么就要像前面说过的那样制定法规来强制人们实行节制，要使他们的行为与现在规定的法律相一致。

一个人的第一年是他整个生命的开始，应当在相关神庙中注册为"生命的开端"。对每个支族的男孩或女孩来说，还必须要有进一步的记录，记在一堵刻有执政官年号的白墙上，我们的纪年是用执政官的名字命名的。旁边还必须要有这个支族的成员名单，死者的名字被删去，由此可以看出每天有多少人活着。对女孩来说，结婚的年龄——要具体说明最长的年龄跨度——是在 16 岁到 20 岁之间，而男子的结婚年龄是在 30 岁到 35 岁之间。担任公职的最低年龄限制，妇女 40 岁，男子 30 岁。服兵役的年龄规定，男子是从 26 岁到 60 岁，对女子来说——无论何种适宜于妇女担任的军事工作——是在生育子女之后，在需要并适宜的情况下服役，不超过 50 岁。

（选自《柏拉图全集》，王晓朝译）

第二讲　婚姻的智慧

[古希腊]亚里士多德

亚里士多德（Aristotelēs，前384—前322），古希腊哲学的集大成者，柏拉图最有成就的学生，一位百科全书式的伟大哲人。他的经典名言是："吾爱吾师，吾尤爱真理。"他的著作主要有《形而上学》、《尼各马可伦理学》《政治学》《物理学》《诗学》《工具论》等。

论男女结合

[古希腊] 亚里士多德

【编者按：亚里士多德对婚姻的看法，倾向于务实的日常需求——虽然《家政学》被视为伪书，但人们依然以它作为亚里士多德婚姻以及经济思想的主要依据。《家政学》指出了婚姻的两大基本目的就是共同生存和幸福生活，该书第 3 卷以十分详尽的阐述，分析了婚姻中男女之间和谐的方法，其与女子的理家、守则以及男子的忠诚、温和并且尊重女人在家中的作为息息相关。】

至于家庭中人的因素，首先应该关注的是女人，因为对于雄性和雌性来说，共同生活乃是最为根本的事情。我们在其他地方已经提到，自然意于产生许多这类结合的形式，每种动物雌雄之间的结合就是一例，如果没有雄性，雌性不可能完成这种结合，如果没有雌性，雄性也无法完成这种结合，因此两性结合的产生是必然的。

在其他动物中，这种结合是非理性的，依赖于它们所具有的大量的自然本能，并仅仅出于生育的目的，然而，在受过教化的和较有理性的动物中，这种结合就比较复杂（因为从中表现出更多的相互帮助、良好意愿和携手合作）。对于人类来说，情况最为复杂，因为男女之间的结合不仅意于生存，而且意于幸福的生存。生男育女不只是在履行自然赋予的义务，而且自身也能得到好处；因为如果父母在年富力强时对没有劳动能力的孩子们付出了艰辛劳作，那么这种付出将会在他们年老体衰时，得到正当鼎盛之年的孩子们的报答。

同时，自然周而复始地完成其永恒存在的目的，以持续作为属的人类的永存，但不能保存个体的永存。因此，男女共同生活的本性是由神明所预先决定了的。男女有别，因为他们各自具有的能力不适合于同一种工作，而适合相反种类的工作，尽管相反种类的工作趋于同一目的。自然造化出一种性别比较强健，另一性别较为孱弱，后者由于柔弱的本性而比较适合于看管工作，前者由于刚猛的本性而比较适合于保卫工作；一方从户外获取生活资料，一方在家内照料家务。在劳作方面，一能够静坐室内，但无力于户外劳动，另一方尽管不太适合静坐室内，但具备健壮的体魄以参加户外活动。至于生男育女，两性承担相同的生育责任，但各自分享不同的抚养义务，一方哺育子女，另一方教育子女。

现在谈谈男人对待妻子的原则，第一条就是不能不公正。因为如果遵循了这条原则，他自己也就不会受到不公正的待遇。这一点为公众习俗所倡导，正如毕达哥拉斯学派的人所声称的那样，如果把妻子视为远离娘家的乞讨者，这是不公正的。丈夫有外遇，就是他给妻子带来的不公正。

在夫妻共同生活方面，妻子不应强求丈夫，也不必在丈夫外出时如坐针毡。无论丈夫在不在家，都应习惯于忍受。赫西俄德说得好：

娶少女为妻，教她养成谨慎的习惯。

因为习惯上不同就不会有感情。

对于夫妻之间的虚饰问题。我们的观点是：夫妻之间不应借助于容颜举止上的或肉体上的虚假做作来相互亲近。依赖于这种虚饰的夫妻生活无异于粉墨登场的演员的表演。

论家政

　　一个好的女人应该在家中主持家政，按照制定好的规则关照一切；如果她的丈夫不知道，她就不让任何人进入家中；她应该特别畏惧那些使游手好闲的女人们的灵魂堕落的流言蜚语。至于家中发生的事情，只要她自己知道就行了，但倘若由外来者造成了什么损害，则应由她的丈夫负责。她必须学会掌管丈夫所允许的用于节庆上的开支，服装、家具所使用的经费也应低于国家法令所规定的水准；并且应考虑到，无论是服装的花样翻新还是金钱的众多，都不像在任何事情上都保持节制和对高尚而有条理的生活的追求那样对一个女人的德行有所增益。事实上，每一种这样的事情都是她灵魂的装饰和升华，由于这将给她自己和她的子女带来应有的荣耀，从而对她的老年来说是更为可靠的保障。

　　因此在这些事情上，女人要使自己学会有条理地主持家政（要一个男人了解家中发生的事情，显然是不适宜的），但是，在所有其他事情上，她应当力求服从自己的丈夫，既不打听任何公共事务，也不要打算去做某件显然与婚嫁有关的事情。即使到了为自己的子女安排婚嫁的时候，她也应该在所有事情上服从自己的丈夫，征询他的意见，一旦他有所吩咐就顺从他。她应该知道，男人在家中无论做些什么都不像女人打听外面的事务那样不成体统。但是，一个贤淑的妇女必须认识到，丈夫那由神确立的品格通过婚姻和命运与她联结起来，为她的生活建立了规范。如果她能够耐心地、谦恭地承受这些品格，她治理家庭就会很容易，若不然就会很困难。因此，她不仅必须在她的丈夫遇到好运和其他荣耀时与他一心一德，在他身边心甘情愿地为他服务，而且即使在他身陷逆境时也要如此。甚至在她的丈夫失去好运，或者身染疾病，或者神智昏迷时，她也应该始终好言慰藉，保持体面，不做任何卑贱的或者与她身份不相称的事情。她必须注意，如果丈夫由于神智的这种状态而对她犯了什么过错，她不应有任何抱怨，好像这事是丈夫自己做出似的，而应把这一切归咎于他的疾病、昏迷和偶然的过失。她愈是在这种情况下小心顺从，受到精心照料的丈夫一旦摆脱了厄运和疾病，对她表示的赏识也就会愈大；如果女人不顺从丈夫在状态不佳时所吩咐的事情，丈夫在病愈后对她的认识也就会更深。因此，女人必须避免这种不适当的顺从，在另一方面她也要比被卖到这个家里来的女仆更谨慎得多地服侍丈夫：她确是以昂贵的代价买来的。这就是共同生活和生育子女，再也没有比这些事情更重要、更神圣的了。此外，纵然她与一个富有的男人一起生活，她也不能同样地闻名遐迩。适度地、正当地享受好运固然绝非低下的事情，但恰恰是安贫乐道才更值得尊敬，因为处在众多不公正和痛苦之中而又不做任何卑贱的事情，需要一个坚强的灵魂。因此，女人必须祈求丈夫不要陷入厄运，但如果他真的遇上了什么不幸，她应该相信这是一个明理女人的最高荣誉。因为她应该考虑到，倘若是与一个富有的男人一起生活，那么，阿尔刻提斯就不能获得那么大的声望，珀涅罗珀也不能赢得如此多的荣耀，然而，阿德墨托斯和尤利西斯[1]的厄运使她们赢得了不朽的怀念。由于她们在逆境中对自己的丈夫保持忠诚和公正，她们当之无愧地受到诸神的尊敬。寻求幸运的共享者并不困难，但只有最好的女人才会愿意分担厄运。由于这一切，女人必须更多得多地尊敬自己的丈夫，不可为他感到羞愧，即使像赫拉克勒斯[2]所说的那样，勇敢精神的产物、神圣的羞怯和富强不再伴随着他。

因此，女人必须遵守这种类型的法则和风俗，但男人也可以在类似的东西中发现指导自己妻子的法则。因为妻子是作为他的子女和他自己的生活伴侣走进他的家，并给他留下将继承他的祖先和他自己的名字的子嗣。还有什么事情比由一个最好、最高贵的妇人所生的，作为父母最好的、最纯洁的保障和整个家庭的维系者的子女更神圣，更让有健康理智的男人向往呢？因为子女在父母的正确培养下成为能笃敬地、公正地对待父母的人，这就好像是对父母的美好酬报，但是，不坚持这样做

---

[1] 希腊文作 Odusseus（奥德赛）。

[2] 或作 Orpheus（俄耳甫斯）。

的父母就要遭受一种背弃了。如果父母不能给子女的生活树立榜样，那么，子女也就可以找到这样做的正确无误、情有可原的理由，父母将会终生担心由于自己的生活不高尚而受到子女的轻视。

因此，男人在教导妻子方面不可有任何疏忽，以便尽可能由最好的血统繁衍后代，就连农民也力求没有任何疏忽，以便在最好的、最精心地耕耘的土地上播下种子，因为他期望以这样的方式获得最大的丰收；他决心使土地不致受到任何破坏，如果发生了这样的事情，他不惜死于同敌人的战斗，这样的死将会受到极大的尊敬。但是，如果这样的执着是为了灵魂的种子播种于其上的身体的食粮，那么，为什么不把这所有的执着用于其子女的母亲和乳母呢？因为只有这样，一切不断产生出来的凡人才会不死，而所有的祈祷和企求都是对着祖先的神灵而发出。谁忽视了这一点，显然他也就是蔑视了神灵。男人把祭品供奉在诸神灵面前，把妻子带到家中，为了诸神灵，他在父母之外给予妻子以更大的尊敬。

但是，对一个贤惠的女人的最大尊敬就是让她看到自己的丈夫对自己保持忠诚。他不与其他任何女子有更多的牵连，而是认定自己的妻子与其他所有女人相比是对自己既热爱又忠诚的。这样，妻子就会更加努力这样做了：如果她认识到自己亲爱的丈夫对自己既忠诚又公正，那么她也会对丈夫报以应有的忠诚。因此，一个聪明人既不能不知道对父母保持应有的尊敬，也不能不知道对自己的妻子和儿女保持应有的尊敬，以便使自己得到应有的东西，并成为公正的、受人敬重的人。因为每一个被剥夺了自己尊严的人都会感到极度的不快，一个人在自己的东西被剥夺时，即使被给予更多的原属别人的东西，他也不会乐意接受。同样，对于一个妻子来说，没有比和自己丈夫的值得尊敬的、忠诚的共同生活更重要、更切身的东西了。因此，一个具有健康理智的男人不应该为了有机会在无论什么地方播下自己的种子就接近不管什么样的女人，以免由卑贱的、不适宜的女人产生出与合法子女等权的孩子，并由此使他的妻子蒙受耻辱，给他的孩子招来骂名。

因此，男子对所有这些事情都应该给予重视：他应该带着敬意、带着更多的谦虚和敬畏①接近自己的妻子；倘若她做得对，应该对她说一些亲近的话；对于他所允许的和赞扬的举动应表示更多的尊重和信任；应该宽恕她那些微不足道的不自觉的过失；如果她由于无知而犯了什么过错，他应该提醒她，不能毫不尊重、毫不恭敬地恫吓她；他既不应该漫不经心，也不应该严酷无情。一个淫妇与其奸夫之间的情感就是如此，而带着尊重和恭敬相亲相爱，相互敬畏，则是一个自由的女人与其丈夫之间的情感。事实上有两种敬畏：一种产生自明理的、值得赞扬的子女对父母以及守法的公民对仁慈的统治者所表现出的尊重和恭敬；另一种则产生自敌意和仇恨，就像奴隶对主人以及公民对不公正的、喜怒无常的暴君所表现出的那样。

一个男人必须从所有这一切中选出较适用的，使自己的妻子与自己和睦一致，对自己忠诚，与自己一心一德的，以便无论丈夫是否在场，妻子的表现始终如一：当丈夫在场时，他们仿佛都是共同事务的管理者；当丈夫不在场时，妻子应该感到再也没有人比自己的丈夫更好、更谦虚、更与自己一心一德的了。她应该表现出这一点，从一开始就以共同的幸福作为自己的使命，尽管她在这些事情上是新手。如果男子能够在最大限度上统治自己，他就会成为自己全部生活的最佳管理者，并教会妻子做同样的事情。荷马绝没有赞扬没有谦恭的友谊和敬畏，但他到处提倡带着谦虚和恭敬的爱，提倡像海伦对普里阿摩斯所表达的那种敬畏。海伦说："最亲爱的公爹，你对我来说是既可畏，又可敬，又可怖的。"她这样说的意思无非是说她带着敬畏和恭敬热爱自己的公爹。此外，尤利西斯也对瑙西卡说过这样的话："夫人，我非常欣赏和敬畏你。"荷马的确认为丈夫和妻子应该相互如此，他相信，如果夫妻双方都这样做，那么对双方都有好处，因为从来没有一个男人会热爱一个比她更差劲的妇人，也不会欣赏她，更不会恭敬地敬畏她。这样的情感只

---

① timor，宗教性的、尊敬的惧怕。

会对更高尚且天资高的人产生，知识较贫乏的人对知识更丰富的人产生。尤利西斯就对珀涅罗珀怀有这种情感，在他离家外出期间没有犯过任何过错。但阿伽门农就由于克律泰伊斯而做了对不起自己妻子的事，他在集会上说这个没有高贵出身，甚至可说是野蛮人的女俘在妇女德行上并不比克吕泰涅斯特拉差：他如此对待那个为他生育了子女的女人是不高尚的，和另一个人的同居也是不公正的；既然他在知道这个女人会如何对待他之前很久就用暴力劫持了她，这怎么能是公正的呢？但尤利西斯在阿特拉斯的女儿请求他与她一起生活并许诺让他得到永生时，并不愿为了得到永生而出卖自己妻子的温柔、爱情和忠诚，他相信，如果他作为一个坏男人得到了永生，将会遭到最严厉的惩罚。即使是同喀耳刻，他也只是为了自己朋友们的安全才留下；他对喀耳刻说，再也没有比能够重见他的故乡更美妙的事情了，尽管这是非常艰难的；他祈求能够重见其作为凡人的妻子和儿子，更甚于祈求自己的生命，就像他坚定地保持对自己妻子的忠诚一样，他也由此从自己的妻子那里得到了同样的东西。

显然，诗人在尤利西斯对瑙西卡所说的话中极大地赞扬了男人与其妻子通过婚姻形式缔结的纯洁的结合。他祈求诸神赐予瑙西卡一个丈夫和一个家，赐予她所渴望的与丈夫的和谐，但不是任意一种和谐，而是一种高尚的和谐。他说，对于人们来说，再也没有比丈夫和妻子志同道合地治理家庭更美好的事情了。由此又可以看出，诗人所赞扬的并不是一种几乎是恶劣的奴役性的和谐，而是以灵魂和智慧正确地结合起来的彼此和谐，因为它也意味着以这样的意志治理家庭。而这又说明，由于以这样的方式产生了爱慕，使仇者痛，亲者快，人们也就最赞成他说的话，因为他说出了真理，如果丈夫和妻子能够达到最大程度的和谐一致，他们双方的朋友就必然也能够和睦相处，这样，他们作为强者对敌人来说是可怕的，面对他们自己人来说是有益的。如果他们不能和睦相处，他们的朋友也会如此，那么，他们将会以上述方式最强烈地感到自己是弱者。

在这里，诗人明确地劝谕夫妻双方要在坏事和不道德的事情上相互抑制，同时尽可能地在道德的和正确的事情上相互支持。首先就是必须尽力关怀父母。丈夫对妻子父母的关怀不得少于对自己父母的关怀，妻子也应该同样地关怀丈夫的父母。其次，他们必须把子女、朋友、财产和整个家庭当做共同的事情来关怀，相互比赛，看谁为共同的幸福做出更大的贡献，表现得更高尚、更公正；他们应该戒绝傲慢，以一种谦让的、仁和的方式正确地治理家庭，以便能够在老年时，当他们摆脱了职责和繁重的操劳以及年轻时代偶尔出现的贪欲和享乐之后，相互之间并对子女们作出回答，看二人中谁对家庭的幸福做出的贡献更大，并且当即知道，究竟是命运造成了苦难，还是德行带来了幸福。谁在这些方面取得了胜利，谁就从诸神那里得到了极大的报酬，就像品达所说，美好的心灵和希望支配着凡人们多变的意志，其次就是幸福地被子女赡养到老年。因此，在私人和公共事务中必须对所有的神和神所赋予生命的人有一个正确的态度，尤其是对自己的妻子、儿女和父母。

（选自《亚里士多德全集》，崔延强、李秋零译）

第三讲　论爱欲

[古罗马] 卢克莱修

　　卢克莱修（Titus Lucretius Carus，约前99—约前55），古罗马哲学家。他继承古代原子学说，特别是阐述并发展了伊壁鸠鲁的哲学观点。认为物质的存在是永恒的，提出了"无物能由无中生，无物能归于无"的观点。著有哲学长诗《物性论》。

论爱欲

[古罗马] 卢克莱修

【编者按：作者从对美爱之神维纳斯的歌颂中，以及对情欲所作的全方面立体阐释中，表达了比较健康自然的爱欲观念，从中可以看到基督教诞生之前古罗马的主流情爱观。】

这个欲望就是我们的维纳斯：
从这个就生出了一切的爱情的蛊惑①，
从这个，啊，才第一次在人的心中
滴进了那种欢乐的露水，而它不久
又为冰冷的忧苦所代替。因为，
虽则你所爱者现在实在是在远处，
但是她的肖像却是在你近旁，
而那甜蜜的名字正在你耳中荡漾；
可是你最好还是避开那些肖像，

————————————

① 原文 "hinc autemst nomen amoris"：里奥纳德和克里奇（Creech）一样，把 "nomen" 读为 "numen"，故译成 "蛊惑"（或魅力）。贝里、鲁斯和拉格朗日（Lagrange）等人认为应维持 "nomen" 的原文原义，即 "名称"，因为爱神的名称是 "Cupido"（欲望）那个词。这样，这一句就应译成 "丘比特，我们的爱神的名称，就是起源于此"，或者 "这就是被我们称为爱情的东西的起源"。

把养育你的爱情的东西赶走，
把你心灵转向别处，把那在你体内
收集了的精子射给不同的肉体，
也不要把全部心思集中于一个情人，
把精子保留给一个欢乐，因而给自己
收藏起忧愁和不可避免的痛苦。
因为，看，溃伤正是由于获得营养
而变得更厉害，而成为不治的宿疾，
疯狂的欲火一天一天地旺盛起来，
而灾难也就一天比一天地增重——
除非你用一些新的打击来消灭最初的
爱情的创伤，当它们还新鲜的时候
就对它们施以治疗：到处去猎色
那无所不可到处游荡的维纳斯；
或者能把你心灵的骚动引导到别处。
避开爱情的人也并不就缺乏
维纳斯的果实①；他反而会
获得那些没有后患的快乐。
维纳斯所给予的欢乐，
对于灵魂健康的人们，
比对于那些为爱情而神魂颠倒者，
实在会是更纯净。是的，
就是在紧紧搂抱着的时候，
情人们的热浪还是起落不定，
他们不能确定该在对方的什么地方
最先用自己的眼睛和双手来享受。

---

① 原文"Veneris fructu"：此处指性交的快感。

他们所找寻的，他们摸得那么紧，
把对方的身体都弄痛了，还常常
把他们的牙齿，迫紧对方的口唇，
他们嘴碰着嘴，使劲地狂吻，
正因为这种欢乐并不是纯净的；
底子里，有些针刺正在刺激一个人去伤害
那引起他那些疯狂的种子的东西，
不管它是什么。但是在如胶似漆的时候
维纳斯①用温柔的触抚使剧痛减轻，
这种爱抚的快乐的调剂止住了
情欲的啮咬。因为他们希望：
用那引起他们欲火的同一个肉体，
他们能够熄灭他们的情欲的烈焰。
但自然抗议说情形完全是反面。
因为这种情欲正是那唯一的东西，
这种东西我们所得到的越多，
我们胸中就燃烧着越猛烈的欲焰。
食物和饮料能被我们的肢体收进去，
并且既然它们能充满某些部位，
所以我们对于水和面包的欲望
很容易就得到满足。但是，
从人的脸庞和动人的艳色那里
没有什么能渗进我们来被我们享受，
除了那些薄薄的肖像，而这种肖像

---

① 原文"Venus"：此处维纳斯指实际的性交。

相思病的希望常常把它抛撒在风中①。

正如口渴的人在睡梦中找水喝，

而却没有获得半滴的水

来消除他体内的那种渴热，

他竭力追逐那些液体的肖像，

但白费精力：即使当他在河流中间

鲸吞虎饮的时候，也仍然感到口渴——

同样地在爱情上面维纳斯也用肖像

愚弄情人们。他们既不能借着

用眼睛看所爱的肉体来满足自己的肉体②，

他们也不能用他们的手从柔软的腿臂

撕取什么东西，当它们无目的地

在她整个身体上摸来摸去的时候。

最后，当他们互相搂抱着

享受着青春年华的果实，

当现在他们的肉体甜蜜地预感到

即将到来的强烈的快乐，而爱情

即将在女体的田地播下种子的时候，

他们就贪馋地搂抱，口涎混着口涎，

彼此喘着气，牙齿压紧对方的口唇——

但是这一切都毫无用处，

既然他们不能从那里撕取什么东西，

---

① 原文"quae vento spes raptat saepe misella"：对此句中的"vento"，许多人的解释不一致。
兹据贝里的解释译出。里奥纳德跟随着芒洛把"raptat"读为"raptast"。因此他译成"（这
些徒然的肖像是）一种常常为风所驱散的可怜的希望"。
　　鲁斯按原读，但他的解释与贝里不同，他译成"相思病的希望常常在空虚的空气中来
攫取这些肖像"。
② 原文"nec satiare queunt spectando corpora coram"：此处"corpora"是"satiare"和"spectando"
两者的受词，但所指不同。

也不能使自己全身都渗入对方的肉体——
因为有时他们使劲想做的好像就是这个；
他们如此饥饿地在爱的锁链中互相搂抱
同时他们的肢体在溶化着，
为强烈的快感所征服。最后
当那在体肌中所积集的欲火已耗尽，
在那狂暴的热浪中
就到来一个短暂的停顿——
但不久同样的疯狂就回来，
那原来的急暴又攫住他们，
他们又再一次找寻着渴望着
去获取那些他们不知是什么的东西，
完全无能为力去找到
那征服这恶疾的手段。
在这样无目的的状态中，
他们就因那不可见的创伤而憔悴。
此外他们还浪费了他们的精力，
因过度用力而亏耗了身体；
还有，他们虚度自己的岁月，
看另一个人的眼色来生活；
他们疏忽了自己的职务，
他们的名誉摇动了，发臭了，
同时他们的财产则化为巴比伦的花毡；
柔软而精巧的西西翁①出产的鞋子
在她脚上发亮；并且可以向你保证

---

① 里奥纳德按原读"unguenta"，把此行译作"香胶和精巧的西西翁的鞋子"。原读"unguenta"
恐有误，因为"香胶"似乎不能"发亮"。

亮晶晶的大块绿宝石会被嵌在黄金上；
而富丽的紫色的束腰袍子一定会由于
经常穿着而变旧，并且吸饱了爱的香汗；
而祖先艰难挣得的那份财产则变成
发带和头饰，有时或者变成束腰的
宽袍子，亚里达或西奥斯的服装。
盛大的宴会，高级餐巾，珍馐美味——
还有助兴的玩意和无数的酒杯，
香露，花冠，彩环。但全都徒然，
因为从欢乐的喷泉中间涌出了
一些苦涩的水滴，它带来苦恼，
即使在花香鬓影中间——也许是因为
心灵啮咬自己，现在悔恨地想起了
虚度的岁月和因荒淫而来的伤身败名；
或者因为她曾吐出半句狡谲的话，
他完全不懂得它是什么意思，
而它留在他焦灼的心中
像火焰一样狂野地活着；
或者因为他以为她过多地向四周
投射她的秋波，注视另一个男人，
并且在她的脸上看见了嘲笑的痕迹。
这些灾祸是顺利成功的爱情所有的，
在受挫折和无希望的爱情方面，
还有那种你闭起眼睛也能想象的
无数的灾祸；所以，你最好还是
像我上面所说那样，事先小心点，
提防不要被迷蛊。因为一个人
避免陷入爱情的罗网还较容易，

不像要再脱离它时那样困难——

当你一旦已被罗网所擒

而却想冲破爱神牢固的绳索的时候。

但即使当你已手足被紧缠，

陷身于其中的时候，你还是能够

从那种危险逃开——除非实在是

你挡阻了自己的安全的道路，

并且先就没有看见那位被你

选中了的意中人的所有的缺点。

因为这正是许多人所常常做的，

当他们被情欲弄成有眼无珠的时候，

他们就把实际没有的优点归给她们。

因此我们看见在许多方面畸形丑陋的人，

却那样地为人所心爱，被估价极高；

人们彼此嘲笑，劝别人去恳求

维纳斯息怒，因为这些朋友

是一种低级的情欲的牺牲品——

这些可怜的受骗者，很少看见，

自己的灾祸比任何人都更坏。

皮肤乌黑的女孩子是"蜜样的褐色"；

污秽而有臭味的，是"惺忪可喜"，

眼绿如猫的，那就是"巴拉斯①的肖像"；

肥胖而胸脯隆起的妇人则是好像

"哺育幼年酒神时的丝利斯②女神"；

塌鼻子的情人是"一个沙脱尔，

---

① 巴拉斯，或巴拉斯·雅典娜，是希腊神话中司智慧的女神。

② 丝利斯，是司农业的女神。

一个赛里拿斯①的姊妹"；

厚嘴唇的是"道地甘甜的吻"——

要把全部数完，得花你老半天。

但就算她的脸庞是你所希望的那样动人，

就算她的身体放射出维纳斯的全部艳丽，

难道说此外就没有其他的人？

难道我们以前不是没有她也能过活？

难道她不是也做同样的事（瞒不过我们），

完全像一个丑女人所做的那样？

是的，她自己，这可怜的人，

也从自己身上发出那种难堪的气味，

就是她的女仆们也避开她，

在她背后吃吃地偷笑。

而那享了闭门羹而泪痕满面的情人，

却常常把鲜花和花环堆满她的门槛，

用茉沃刺娜香胶涂在她骄傲的门柱上，

这可怜的人还在门上留下了许多吻痕——

但是，如果他终于被允许进屋子，

那么只要偶尔有一丝气味

飘进那走近来的他的鼻子，

他就必定会竭力去找寻

一个适当的借口以便马上离开；

他那准备很久从心的深处吸取的

一篇怨诉，就会跑个干干净净；

他当场就会诅咒自己竟是那样痴愚，

因为他发觉自己曾经把任何一个凡人

---

① "沙脱尔"是希腊神话中半山羊半人的神，赛里拿斯是他们的领袖。

所不能有的东西硬加在这位女士身上。
这一点我们的维纳斯们也全都知道，
因此她们就更辛勤地尽力把所有的
生活上的幕后进行的东西隐藏起来，
以免被那些她们想缚在裙带上的
男人们所瞧见——但是全都徒然，
因为无论如何你总能够在想象中
把一切都拉出来摆在光天化日之下，
并且搜寻出所有这些微笑①的原因；
而如果她是心地纯良的一个人，
那么，在你方面也就应该闭眼不看
这些东西，并且原谅人类的这些缺点。
也不要以为一个女人的叹息
都是出自假装的爱情，当这个女人
把自己的身体紧贴着男人的身体，
牢牢地拥抱着他，用湿润的嘴唇
狂吻着吮吸着他的嘴唇的时候；
因为她的动作常常也是情欲引起的，
而她在找寻共同的快感的时候
就挑动他去奔达爱情的终点。
要不是这样，雌性的禽畜野兽
牝羊牝马等等怎肯听从对方？
要不是它们自己的本性也在火热中
自己正强烈地燃烧着，所以乐于
接受骑在它们身上的对方的爱情？

---

① 原文 "atque omnis inguirere risus"：其中 "risus" 也可能是 "大笑"。不管是微笑或大笑，都是意味深长的。

你难道没有看见被共同的快乐
缚在一起的生物如何地
在它们共同的锁链中受着折磨？
多少次在街头渴想分开的两只狗，
用全身力量急切地向不同的方向挣扎，
这时它们却正被维纳斯坚固的锁链
牢牢扣住。它们绝不会这样做，
除非它们曾尝过那共同的快乐——
那种强烈到足以把它们投进罗网、
把它们索缚起来的快乐。由此可见
事实再次说明，正如我们所说的，
这里面存在着一种共同的快乐。
偶然地，在男女混精的时候，
如果女方的力量战胜男方的力量，
并一举而把对方的力量加以制伏，
那么孩子有着较多的母亲的种子，
就会更像他们的母亲；正如较多的
父亲的种子就会使他们更像父亲。
但那些看来具有双亲的样子、
父母两方的特征相等地
混合在身上的孩子，他们则是
由父亲的物体和母亲的血所产生——
因为共同的和谐的情欲
曾经把那些爱情的刺激
在他们体内激起的种子投在一起，
双方都不占上风也不被制伏。
也有这样的情形：有时生出的子女
会像他们的祖父母，也常常会

把祖父母的祖先的形状带回来，
因为他们的父母在自己身体里面
常常保留着许多隐藏的原初物体。
它们以许多方式混合在一起，
从该族的始祖开始，父亲传给儿子，
而后者本身就是一个父亲；
从这些始基维纳斯借不同的机缘
产生出各种样子，并且多样地带回来
祖先的相貌，以及声音和头发。
女孩子能够是出自父亲的种子，
正如从母亲的物质能作成男孩；
因为性别跟我们的面貌肢体一样
并非出自男的或女的单方面的种子：
因为每一个生命都是两方种子所构成；
而生出的孩子长得更像父母中哪一方，
那么他从该一方所得到的就是更多；
这一点，你能够觉察出来，
不论所生的孩子是女还是男。
也不是神圣的力量拒绝任何人
而不让他所播下的种子结出果实，
以致他永不能被可爱的孩子称为父亲，
而在不出子嗣的婚姻中度过他的生命，
像某些人所设想那样，这些人
愁眉苦脸用大量牲畜的血溅满圣坛，
奉献香火使高高的神坛充满气味，
祈求能用大量种子使自己的妻子怀孕——
徒然困恼神灵，骚扰那些神圣的地方。
因为这些人之所以没有子嗣，

有些是由于他们的精液太浓厚，
有些是由于他们的精液太稀薄。
因为太稀薄的精液既然不能够
牢固地粘贴在适当的地方上，
所以就立刻从它们流开来，
而一经被送回，就流产而撤退。
其次，既然有些人所射出的
是不适宜的过粗过浓厚的种子，
它就或者不能以足够长的射程跃进，
或者不能适当地进入适当的地方，
或者，虽然已经进入，那些种子
却只软弱地和女方的种子混合起来：
维纳斯的和谐在这方面有重要的关系；
有些女人从某些男人较之从其他男人
更容易受精而怀孕。有许多女人以前
结婚几次都不生子女，但是后来
却获得了能使她们生育的配偶，
使生活因可爱的孩子而丰富。
有些人的妻子虽然富于生殖力，
以前却不能为他们的家族添丁，
他们也常常能找到相合的配偶，
使他们能有孩子来支撑他们的老年。
为了使种子容易地和种子混合
而使女方怀孕，重要的事乃是：
浓厚的精子应该和稀薄的种子结合，
稀薄的精子应该和浓厚的种子结合。
生命是以什么食物来营养，
在这方面，也颇为重要：

因为有些食物能使我们体内的种子变浓，
另外一些食物则能使它们稀化和被消耗。
还有，那件愉快的乐事本身
是如何进行的——这也十分有关系。
因为一般都认为妻子们能更易怀孕，
如果所用的是野兽所用的那种方式，
如果按照四脚动物的习惯来进行，
因为用这种胸脯向下臀部高耸的姿势，
那么种子就能达到它们适当的地方。
妻子们也绝对不需要使劲扭动自己；
因为这样女方就阻碍并拒绝自己怀孕，
如果过度狂悦地来对待男人的情欲；
扭动她的腰和臀部，整个胸脯
像大海的浪涛那样起落不停——
她使犁沟偏离了犁头的笔直路径
使种子的喷射错过适当的地方。
娼妓为了自己的目的就惯于这样做，
——为了避免怀孕，避免卧床生育，
同时又可以使性交带给男人更多快乐，
看来这对于我们的妻子绝对无必要。
有时候也有这样的情形：
不是由于神恩或维纳斯的箭头，
一个相貌较差的女人会为人所爱；
因为有时她自己由于自己的举止，
由于她和善的态度和整洁的衣着，
会很容易使你习惯于和她一起生活——
此外，习惯能产生爱情，
正如一件东西反复被打击，

不管那打击是如何微小，
终于也会被制伏而投降。
难道你没有看见落在石头上的
水滴如何终于在石块上滴出窟窿？

（选自《物性论》，方书春译）

第四讲　论婚姻

[古罗马] 保罗

保罗（Saint Paul），基督教史上重要人物，原名扫罗。据《使徒行传》和《圣经》中保罗书信记载，他曾参与迫害基督徒，后得耶稣启示转而信奉基督，并改名保罗，他坚信福音不仅是为犹太人，也是为外邦人的，因而曾三次远途传教，足迹遍及小亚细亚、马其顿、希腊及地中海东部各岛。曾被关押两年，出狱后再次往各地传教。后被罗马皇帝尼禄处死。保罗是基督教初期教会的主要创始人，也是第一个去外邦传教的基督徒。基督教在希腊、罗马的迅速传播，与保罗的多次远行传道密切相关。据传《圣经·新约》中的《罗马书》《哥林多前书》《哥林多后书》《加拉太书》《腓立比书》《帖撒罗尼迦前书》《帖撒罗尼迦后书》《腓利门书》《歌罗西书》《以弗所书》《提摩太前书》《提摩太后书》《提多书》等为其所撰，被称为保罗书信，构成了《新约》的主要内容，是阐释基督教教义的重要文献，而保罗可称为基督教的第一个神学家。

论婚姻

[古罗马] 保罗

【编者按：保罗给教会的信中，指导教徒们的日常爱情婚姻生活的论述，这些婚姻思想至今依然在影响着人类。因此，这部分篇幅不长，但十分具体、丰富，而且一个最明显的观念，就是婚姻是为了信仰而存在才是有价值的。如果要从历史中曾经出现过的婚姻思想中，选择最具有影响力的一种思想，无疑当推保罗此书。】

7:1　论到你们信上所提的事，我说男不近女倒好。

7:2　但要免淫乱的事，男子当各有自己的妻子，女子也当各有自己的丈夫。

7:3　丈夫当用合宜之分待妻子，妻子待丈夫也要如此。

7:4　妻子没有权柄主张自己的身子，乃在丈夫；丈夫也没有权柄主张自己的身子，乃在妻子。

7:5　夫妻不可彼此亏负，除非两相情愿，暂时分房，为要专心祷告方可；以后仍要同房，免得撒旦趁着你们情不自禁引诱你们。

7:6　我说这话，原是准你们的，不是命你们的。

7:7　我愿意众人像我一样，只是各人领受神的恩赐，一个是这样，一个是那样。

7:8　我对着没有嫁娶的和寡妇说，若他们常像我就好。

7:9　倘若自己禁止不住，就可以嫁娶。与其欲火攻心，倒不如嫁娶为妙。

7:10　至于那已经嫁娶的，我吩咐他们，其实不是我吩咐，乃是主吩咐说："妻子不可离开丈夫。

7:11　若是离开了，不可再嫁，或是仍同丈夫和好。丈夫也不可离弃妻子。"

7:12　我对其余的人说，不是主说，倘若某弟兄有不信的妻子，妻子也情愿和他同住，他就不要离弃妻子。

7:13　妻子有不信的丈夫，丈夫也情愿和她同住，她就不要离弃丈夫。

7:14　因为不信的丈夫就因着妻子成了圣洁，并且不信的妻子就因着丈夫成了圣洁（注："丈夫"原文作"弟兄"）。不然，你们的儿女就不洁净，但如今他们是圣洁的了。

7:15　倘若那不信的人要离去，就由他离去吧！无论是弟兄，是姐妹，遇着这样的事都不必拘束。神召我们原是要我们和睦。

7:16　你这做妻子的，怎么知道不能救你的丈夫呢？你这做丈夫的，怎么知道不能救你的妻子呢？

7:17　只要照主所分给各人的，和神所召各人的而行。我吩咐各教会都是这样。

7:18　有人已受割礼蒙召呢，就不要废割礼；有人未受割礼蒙召呢，就不要受割礼。

7:19　受割礼算不得什么，不受割礼也算不得什么，只要守神的诫命就是了。

7:20　各人蒙召的时候是什么身份，仍要守住这身份。

7:21　你是做奴隶蒙召的吗？不要因此忧虑。若能以自由，就求自由更好。

7:22　因为做奴仆蒙召于主的，就是主所释放的人；作自由之人蒙召的，就是基督的奴仆。

7:23　你们是重价买来的，不要做人的奴仆。

7:24　弟兄们，你们各人蒙召的时候是什么身份，仍要在神面前守住这身份。

7:25　论到童身的人，我没有主的命令，但我既蒙主怜恤能做忠心的人，就把自己的意见告诉你们。

7:26　因现今的艰难，据我看来，人不如守素安常才好。

7:27　你有妻子缠着呢，就不要求脱离；你没有妻子缠着呢，就不要求妻子。

7:28　你若娶妻，并不是犯罪；处女若出嫁，也不是犯罪。然而这等人肉身必受苦难，我却愿意你们免这苦难。

7:29　弟兄们，我对你们说，时候减少了。从此以后，那有妻子的，要像没有妻子；

7:30　哀哭的，要像不哀哭；快乐的，要像不快乐；置买的，要像无有所得；

7:31　用世物的，要像不用世物；因为这世界的样子将要过去了。

7:32　我愿你们无所挂虑。没有娶妻的，是为主的事挂虑，想怎样叫主喜悦；

7:33　娶了妻的，是为世上的事挂虑，想怎样叫妻子喜悦。

7:34　妇人和处女也有分别。没有出嫁的，是为主的事挂虑，要身体、灵魂都圣洁；已经出嫁的，是为世上的事挂虑，想怎样叫丈夫喜悦。

7:35　我说这话是为你们的益处，不是要牢笼你们，乃是要叫你们行合宜的事，得以殷勤服侍主，没有分心的事。

7:36　若有人以为自己待他的女儿不合宜，女儿也过了年岁，事又当行，他就可随意办理，不算有罪，叫二人成亲就是了。

7:37　倘若人心里坚定，没有不得已的事，并且由得自己做主，心里又决定了留下女儿不出嫁，如此行也好。

7:38　这样看来，叫自己的女儿出嫁是好，不叫她出嫁更是好。

7:39　丈夫活着的时候，妻子是被约束的；丈夫若死了，妻子就可以自由，随意再嫁，只是要嫁这在主里面的人。

7:40　然而按我的意见，若常守节更有福气。我也想自己是被神的灵感动了。

（选自《新约·哥林多前书》）

第五讲 论婚姻与情欲

[古罗马] 奥古斯丁

奥古斯丁（Aurelius Augustinus, 354—430），古罗马帝国时期基督教思想家，欧洲中世纪基督教神学的重要代表。著有《论美与适合》，已佚。其思想主要体现在他的神学著作和《忏悔录》中。奥古斯丁在皈依基督教以前，爱好世俗文艺，对古希腊罗马文学有深刻的研究，曾担任文学、修辞学教师。386年之前奥古斯丁曾纵情声色，皈依基督教之后，奥古斯丁在神学、释经、伦理、证道、哲学领域写了100多部书和文章，其神秘主义和基要主义思想对基督教会产生巨大影响，成为最具代表性的基督教神学家之一。

论婚姻与情欲

[古罗马] 奥古斯丁

【编者按：皈依基督教之后，奥古斯丁对情欲作出了激烈的批判，他为自己受情欲的支配而羞愧，在祷告中渴望天主对他的婚姻作出启示，这篇文字节选自《忏悔录》，记述自己结婚前的一段灵魂煎熬。】

阿利比乌斯阻止我结婚，他一再对我说，我一结婚，我们就绝不能依照许久以来的心愿，在安定的时间，为爱好智慧而一起生活。阿利比乌斯在这方面真是一尘不染，而特别令人惊奇的是他进入青年时也曾一度体验过男女之爱，可是他绝不留恋，反而更觉悔恶，从此以后，便度着非常纯洁的生活。

我提出有些人结婚后服膺智慧、有功于天主，对朋友也始终不渝，作为例子来反驳他。其实这些人的伟大胸襟我是望尘莫及，我不过是肉欲的奴隶，我带着我的枷锁，还感到死亡的甜蜜，我害怕脱身，拒绝别人的忠告，好像解救我的手碰痛了我的创伤。

不仅如此，长虫还通过我对阿利比乌斯说话，笼络他，用我的唇舌在他的道路上撒下温柔的罗网，想绊住他正直而自由的双足。

他对我也非常诧异，他素来崇拜我，而我竟会陷在这种肉情的胶漆中，我们讨论这问题时，我竟然肯定我独身不娶，便不能生活。我见他不胜惊奇，为了替自己辩护，我甚至说他过去那一次抢来的、偷偷摸摸的体验，几乎已经忘怀，因此很容易对此表示轻蔑，丝毫无所系恋，这和我生活上的乐趣有很大区别。这种乐趣如果再挂上正大光明的婚姻美名，那么便不会诧异我为何不能轻视这种生活。最后他也开始想结婚了，当然不是被肉体的快乐所吸引，而是出于好奇心。他说他是欢喜目前的生活，而我却以为没有那种乐趣，生活便不成为生活，而是受罪，因此他愿意知道这乐趣究竟如何。他的精神本是自由而不受这种束缚，所以奇怪我甘愿被奴役，从奇怪进而也想尝试，这尝试可能会使他陷入他所奇怪的奴役中，因为他愿意"和死亡订约"，"谁爱危险，将跌入危险之中"。①

我们两人都很少注意到婚姻的光荣在乎夫妇和谐与养育子女的责任。对于我，主要是贪求情欲的满足，情欲俘虏我，磨折我；对于阿利比乌斯，则是好奇诱导他步我的后尘。

我们当时的情况是如此，直至你至尊天主不放弃我们这团泥土，怜悯我们的不幸，用奇妙而隐秘的方式来解救我们。

不断有人催促我结婚。我也向人提出婚姻的请求，对方也已经答应。我的母亲对这件事最热心，她希望我婚后能领受生命的"洗礼"，希望我从此天天向上，她看出我的信仰即是她的愿望和你的诺言的实现。

由于我的要求和她自己的愿望，她每天向你发出衷心热切的祷告，求你在梦中对于我的婚事作一些指示。你却始终没有答应她。她见到一些幻觉幻象：人们思想上对一事念兹在兹后，自会有一股力量产生这种现象；她讲给我听，可是不像受你指示那样有信心，对此也并不重视。她自称能在一种不知如何而无法形容的况味中辨别出什么是出于你的指示，什么是出于自己的梦想。

人们对我的婚事催得很紧，已经征得姑娘的同意。她大约两年后才能出嫁。既然我的母亲中意，只有等待着。

---

① 见《旧约·以赛亚书》28:18；《智慧书》1:16。

我们这一批朋友，不论思想上还是谈话中，都讨厌人生的扰攘不安，经过讨论后，几乎都已拿定主意要去过遁世无闷的生活，我们的计划是如此：把我们所有的都拿出来，作为共有的产业，凭我们真诚的友谊，不分彼此，将全体所有合而为一，全部产业既属于每一人也属于全体。我们认为这个团体大约有十人，其中有几人比较富裕，最富有的是我们的同乡和我自幼即非常投契的罗玛尼阿努斯，他由于严重的事故而来到朝中。他对这件事最热心，由于他雄厚的家产远远超过其余诸人，所以每有建议，余人很是重视。

我们都同意每年推举两人，和在职的官吏一样负责管理一切，其余都可安闲自在。但我们中间，有的已成婚，有的准备结婚，考虑到以后妇女们是否会容许如此办理，我们经过深思熟虑而订下的全部计划终于跳出我们的手掌而粉碎了。

我们重新回到叹息呻吟之中，重新踏上尘世的坦途；我们心中的思想千头万绪，而你的计划永远不变。根据你的永恒计划，你哂笑我们的计划，同时你为我们准备你的计划，将及时地给我们粮食，你将伸出你的手，使我们的灵魂满受你的祝福。

我的罪恶正在不断增长。经常和我同居的那个女子，视为我结婚的障碍，竟被迫和我分离了。我的心本来为她所占有，因此如受刀割。这创伤的血痕很久还存在着。她回到非洲，向你主立誓不再和任何男子交往。她把我们两人的私生子留在我身边。

但是不幸的我，还比不上一个女子，不能等待两年后才能娶妻，我何尝爱婚姻，不过是受肉情的驱使，我又去找寻另一个对象，一个情妇，好像在习惯的包庇下，继续保持、延长或增加我灵魂的疾疢，直至正式结婚。第一个女子和我分离时所留下的创伤尚未痊愈，在剧痛之后，继以溃烂，疼痛似乎稍减，可是创伤却更深陷了。

（选自《忏悔录》，周士良译）

第六讲　乌托邦里的婚姻

[英]托马斯·莫尔

托马斯·莫尔（Thomas More，1478—1535），英国思想家，欧洲早期空想社会主义的创始人，以其名著《乌托邦》名垂史册。早年的莫尔是一个卓越的律师，虔信宗教，生活简朴有序。他曾经从政，也做过翻译。1515—1516 年莫尔用拉丁文写成《关于最完美的国家制度和乌托邦新岛的既有利益又有趣的金书》，即著名的《乌托邦》。书中叙述了一个虚构的故事：一位航海家航行到一个奇乡异国乌托邦的旅行见闻。在那里，财产公有，人民平等，实行按需分配的原则，大家穿统一的工作服，在公共餐厅就餐，官吏由秘密投票产生。他认为，私有制是万恶之源，必须废除，第一次向人们提出公有制问题。1533年，莫尔因拒绝向英王表示忠诚的宣誓，而被关进伦敦塔。1535 年 7月 6 日被送上了断头台。

乌托邦里的婚姻

[英]托马斯·莫尔

【编者按：在这短短的 2000 字中，莫尔简要讲述了乌托邦的婚姻制度，在他眼里，乌托邦的婚姻生活重视美德，但不重视美貌，他们理性、贞洁、自律、允许离婚，但严厉惩罚破坏婚姻者。莫尔的这些理想显然带有浓重的基督教婚姻观念的色彩。】

女子到 18 岁才能结婚，男子要更大 4 岁。男女在婚前如证明犯了私通的罪，受到严重处罚，而且以后男不得娶，女不得嫁，除非总督宽恕其罪行。此外，一个家庭出现了这种犯法的事，有关的父母也由于未尽到责任而蒙受极大耻辱。乌托邦对这种罪行施以重罚，因为他们预见到，如对婚前乱搞男女关系不认真禁止，结成夫妇的人将很少，而夫妇同居是一辈子的，并且要忍受伴随这种生活的一切艰辛。

在选择配偶时，乌托邦人严肃不苟地遵守在我们看来是愚笨而极端可笑的习惯。女方不管是处女抑孀妇，须赤身裸体，由一位德高望重已婚老妇人带去求婚男子前亮相。同样，男方也一丝不挂，由一位小心谨慎的男子陪伴来到女方面前。我们非笑这样的风俗，斥为愚蠢。乌托邦人却对所有其他国家的极端愚蠢表示惊异。试看人们买一匹花钱本不太多的小马，尚且非常慎重，尽管这匹马差不多是光着身子，尚且不肯付值，除非摘下它的鞍子，取下全副挽具，唯恐下面隐藏着什么烂疮。可是在今后一生苦乐所系的选择妻子这件事上，他们却掉以轻心，对女方的全部评价只根据几乎是一手之宽的那部分，即露出的面庞，而身体其余部分全裹在衣服里，这样，和她结成伴侣，如果日后发现什么不满意之处，就很难融洽地共同生活下去。

并非一切男人都很明智，只重视女方的品德。即使明智的男人，在婚姻问题上，也会认为美貌大大地增加了美德。毫无疑问，衣服可能遮盖住丑恶的残疾，以致丈夫对妻子产生心理上的反感，而这时躯体上分居在法律上又不许可了。如果这种残疾是婚后偶然引起的，一个男人只有自认晦气，然而法律于婚前应该防止他被骗上当。

这种预防之所以更有必要，是因为在地球上这个地区，乌托邦人是唯一实行一妻制的民族，除非发生死亡，不致婚姻关系中断。但发生通奸行为或脾气坏到不能相处，则是例外。当男方或女方感到自己感情上受到这种伤害，议事会就准许其另行择配。被离异的一方从此终身蒙受耻辱并过孤独的生活。如果妻子无任何可非议之处，身体不幸罹病，乌托邦人不允许男子违反她的意志而强行和她分离。在一个人最需要安慰时而将其遗弃，或在容易生病而本身即是病的老年竟遭到违背信义的待遇，这些在乌托邦人看来都是残酷不仁的。

然而有时夫妇性情不十分融洽，双方又都有可望共同愉快生活的意中人，就可以在互愿的情况下离异并另行婚嫁，当然事先须经过议事会批准。只有当议事会成员及他们的夫人对案子作了深入的调查，离婚才得到批准。即使有了深入的调查，也不是那么轻易批准，因为议事会深知，如果轻易地可望重新婚嫁，这对于巩固夫妻之间的爱情将是不利的。

破坏夫妇关系的人罚充最苦的奴隶。如双方均系已婚，则一双受害者在自愿的情况下可离异犯有奸行的对方而彼此结合，或可以和自己喜爱的对象结婚。但如受害者之一对于不义的对方仍然依依不舍，并不禁止他们的婚姻继续生效，只要一方对罚充奴隶的一方愿意共同生活及劳动。有时一方有痛悔表示，而另一方则认真操作，为此两人得到总督的怜悯，又有自由。但重犯前罪者判处死刑。

对其他罪行，未制出有固定处分的法律，而是由议事会按个别罪行的凶恶程度或可恕性酌量惩处。凡严重的罪过则公开处分以利于促进社会道德，否则丈夫纠正妻子，父母纠正儿女。对于罪大恶极的人，一般罚令充当奴隶。乌托邦人认为这种处罚既使犯人害怕，又有利于国家，胜于匆匆处死犯人，使其立刻消灭掉。使他们劳动比处死他们更有益，他们作为反面教员可在一个较长的时间内阻止别人犯罪。如果他们闹事违抗，不服从这样的处理，那就视同野性难驯的想越槛脱链的兽一般被杀死。如他们忍受这样的处理，那么，他们并非断绝了一切希望。如他们经过长期艰苦的劳作而变成柔顺，从所表示的悔悟可以证明使得他们痛心的不是自己受惩罚，而是自己有罪过，于是他们可因总督运用特权或国民发表公意而减轻奴隶应服的苦役或获得全赦。

企图诱奸与实际奸污受同样处分。在每种罪行中，蓄意图谋与真正行为被视同一律，因为乌托邦人觉得，力求犯罪必遂的人不能因为终于未遂而取得解脱。

他们很欣赏扮演丑角的人。侮辱丑角是极不体面的事，但从丑角的说笑打诨中取乐是不禁止的。如此取乐被看做大有益于丑角们自己。倘有人一本正经、郁郁寡欢，对丑角的动作和言谈竟毫不感兴趣，就不会有丑角委托给这种人了。丑角的唯一职能是逗笑，而这种人觉得丑角对他无用，甚至没有什么可以逗笑的，那就唯恐他对丑角不够宽容了。

非笑某人外形毁损或肢体残缺，乌托邦人认为这对于被非笑者没有什么可耻，对于非笑者倒是卑鄙可耻的，因为这是愚蠢地责备一个人如何如何，好像有毛病，而其实那是他无力避免的。虽然不珍惜天然美被看做懒而愚的标志，可是涂脂抹粉的打扮据他们的意见是不光彩的装模作样。经验告诉乌托邦人，妻子无论怎样貌美总不及其贤淑虔诚更能获得丈夫的恩爱。有些男人所向往的仅仅是漂亮面孔，但唯一能永远保持丈夫的爱情的还是贞操和柔顺。

（选自《乌托邦》，戴镏龄译）

第七讲　论结婚与独身

[英]培根

　　弗兰西斯·培根（Francis Bacon，1561—1626），英国哲学家和科学家。1561 年 1 月 22 日出生于伦敦一个官宦世家。少年时期，他就开始独立思考，并且对传统观念和信仰产生了怀疑。由于非长子，培根没有继承权，其生活长期陷入贫困。但培根对科学真理不懈地探求，在学术研究上取得了巨大成果。培根推崇实验科学的方法论，以此推动社会进步。虽然他被马克思称为〝英国唯物主义和整个现代实验科学的真正始祖〞，但培根的哲学并非马克思所认为的那样〝唯物主义〞。他所倡导的〝读史使人明智，读诗使人聪慧，演算使人精密，哲理使人深刻，论理学使人有修养，逻辑修辞使人善辩〞概括了人文素养的基础。

　　著有《学术的进步》（1605）和《新工具》（1620），后者成为近代科学方法论之母。他在中国最著名的作品是《培根论说文集》。

论结婚与独身

[英] 培根

【编者按：在这篇短文里，培根提出婚姻与事业之间的关系，深刻地揭示出成就个人幸福过程中的内在冲突。同时，培根也指出婚姻对每个人的重要性，妻子（当然现在也可以是丈夫）"是年轻人底情人、中年人底伴侣、老年人底看护"，这句名言，在现在这个男女平等的时代，应该对两性都是适用的。】

　　有妻与子的人已经向命运之神交了抵押品了；[①] 因为妻与子是大事底阻挠物，无论是大善举或大恶行。无疑，最好、最有功于公众的事业是出自无妻或无子的人的，这些人在情感和金钱两方面都可说是娶了公众并给以奁资了。然而依理似乎有子嗣的人应当最关心将来，他们知道他们一定得把自己最贵重的保证交代给将来的。有些人虽然过的是独身生活，他们的思想却仅限于自身，把将来认为无关紧要。并且有些人把妻与子认为仅仅是几项开销。尤有甚者，有些愚而富的悭吝人竟以无子嗣自豪，以为如此则他们在别人眼中更显得富有了。也许他们听过这样的话：一人说，"某某人是个大富翁"，而另一人不同意地说，"是的，可是他有很大的儿女之累"，好像儿女是那人底财富底削减似的。然而独身生活底最普通的原因则

---

① 意谓有妻子之人必须顾虑家室，不敢冒险也。

是自由，尤其在某种自喜而且任性的人们方面为然，这些人对于各种的约束都很敏感，所以差不多连腰带袜带都觉得是锁链似的。独身的人是最好的朋友、最好的主人、最好的仆人，但是并非最好的臣民；因为他们很容易逃跑，差不多所有的逃人都是独身的。独身生活适于僧侣之流，因为慈善之举若先须注满一池，则难于灌溉地面也。独身于法官和知事则无甚关系，因为假如他们是易欺而贪污的，则一个仆人之恶将五倍于一位夫人之恶也。至于军人，窃见将帅激励士卒时，多使他们忆及他们底妻子儿女；又窃以为土耳其人之不尊重婚姻使一般士兵更为卑贱也。妻子和儿女对于人类确是一种训练，而独身的人，虽然他们往往很慷慨好施，因为他们底钱财不易消耗，然而在另一方面他们较为残酷狠心（做审问官甚好），因为他们不常有用仁慈之处也。庄重的人，常受风俗引导，因而心志不移，所以多是情爱甚笃的丈夫，如古人谓尤利西斯①："他宁要他底老妻而不要长生"者是也。贞节的妇人往往骄傲不逊，一若她们是自恃贞节也者。假如一个妇人相信她底丈夫是聪慧的，那就是最好的使她保持贞操及柔顺的维系；然而假如这妇人发现丈夫妒忌心重，她就永不会以为他是聪慧的了。妻子是青年人底情人，中年人底伴侣，老年人底看护。所以一个人只要他愿意，任何时候都有娶妻底理由。然而有一个人，人家问他，人应当在什么时候结婚？他答道："年轻的人还不应当，年老的人全不应当。"这位也被人称为智者之一②。常见不良的丈夫多有很好的妻子，其原因也许是因为这种丈夫底好处在偶尔出现的时候更显得可贵，也许是因为做妻子的以自己底耐心自豪。但是这一点是永远不错的，就是这些不良的丈夫必须是做妻子的不顾亲友之可否而自己选择的，因为如此她们就一定非补救自己底失策不可也。

（选自《培根论说文集》，水天同译）

———————————

① 尤利西斯（Ulysses）：希腊征特洛伊军中领袖之一，足智多谋。特洛伊破后，归途艰难，十年始抵家，途中曾被困于海岛上，为仙女喀立普索（Calypso）所爱，喀且曾许以长生不老，唯尤利西斯笃于夫妻之情，终与之脱离焉。
② 据云此语为希腊七贤之一，塞立斯（Thales，约生于公元前 7 世纪）所言。

第八讲　婚姻的权利

[德]康德

伊曼努尔·康德（Immanuel Kant, 1724—1804），德国古典哲学的旗手，近代西方哲学史上的"哥白尼式革命者"，"人为自然立法""人是目的"等是他的著名哲学信条。他终身未婚，一辈子待在家乡柯尼斯堡，生活极有规律，每天到一条后来被命名为"康德小道"的路上散步，据说当地人以他活动的时间为准来校表。他的主要著作有《纯粹理性批判》《实践理性批判》《判断力批判》《未来形而上学导论》《道德形而上学原理》等。

婚姻的权利

[德]康德

【编者按：康德认为婚姻是一种契约，认为婚姻的目的就是夫妻双方为了互相占有对方的性器官取乐，继而从法律意义上提出婚姻双方对对方产生物权性质的权利。生育只是性快乐的结果。康德认为只有一夫一妻制才能满足上述婚姻目的，因此需要双方的平等。】

婚姻的自然基础

家庭关系由婚姻产生，婚姻由两性间自然交往或自然的联系而产生。[①] 两性间的自然结合体的产生，或者仅仅依据动物的本性，或者依据法律。后一种就是婚姻，婚姻就是两个不同性别的人，为了终身互相占有对方的性官能而产生的结合体。他们生养和教育孩子的目的可以永久被认为是培植彼此欲望和性爱的自然结果，但是，并不一定要按此来规定婚姻的合理性，即在婚前不能规定务必生养孩子是他们成为结合体的目的，否则，万一不能生养孩子时，该婚姻便会自动瓦解。

---

① "两性关系"或者是自然的，通过这种关系，人类可以产生自己的种类；或者是不自然的，它又可以分为两种，或者是指和对方属于同一性别的，或者是非人的其他种类。不自然的两性关系是违背一切法则的，对这种违反天性的罪犯，真是"无以名之"。他们违反了作为人的一切人性，不可能通过任何界线与任何例外，把他们从彻底的堕落中挽救出来。——原注

尽管可以认为互相利用性官能的欢乐是婚姻的目的，但是，婚约并不能据此而成为一种专横意志的契约，它是依据人性法则产生其必要性的一种契约。换言之，如果一男一女愿意按照他们的性别特点相互地去享受欢乐，他们必须结婚，这种必须是依据纯粹理性的法律而规定的。[①]

婚姻的理性权利

这种自然的性关系——作为两性间互相利用对方的性官能——是一种享受。为此，他们每一方都要委身于对方。在这种关系中，单个的人把自己看成为一种"物"，这与他本人的人性权利相矛盾。可是，这种情况只有在一种条件下可以存在，即一个人被另一个人作为"物"来获得，而后一个人也同样对等地获得前一个人。这就恢复并重新建立了理性的人格。由于这种结合，获得人身的一部分器官，同时就是获得整个人。因为人是一个整体，这种获得发生在彼此性官能的交出和接受后；或者，一个性器官与另一性器官发生关系，在结婚的条件下，不仅仅是可以允许的，而且在此条件下，进而是唯一真正可能的。可是，这样获得的人权，同时又是"物权性质"的。这种权利的特殊性，可以由下述事例来确定：例如已结婚的双方，如有一方逃跑或为他人所占有，另一方有资格在任何时候，无须争辩地把此人带回到原来的关系中[②]，好像这个人是一件物。

一夫一妻制与婚姻的平等

根据同样理由，婚姻双方彼此的关系是平等的占有关系，无论在互

---

① 此节，德文版与英文版在文字上略有出入，但意思一样。如，德文版中说："性的结合是相互利用，一个人利用另一个人的性器官和能力，或者是自然的利用，或者是非自然的利用……"还有，德文版中无此节的第一句。

② 德文版为"带回到自己的权力之内"。

相占有他们的人身以及他们的财物方面都如此。因此，只有一夫一妻制的婚姻才真正实现这种平等关系，因为在一夫多妻或一妻多夫制中，一夫或一妻委身于对方，而他或她只能获得对方中的一人，即获得当时委身于他（她）的那一个人而已，因此也就变成一种纯粹的物了。至于他们的财物，他们各人都有放弃使用这些财物的任何一部分的权利，虽然这仅仅需要通过一项特殊的契约。

接着是纳妾的问题，①根据上述原则，纳妾很难被纳入权利的契约之中，因为纳妾是私通契约方式，如同偶然地雇用了一个人那样，一个女人才成为妾。由于考虑到雇佣关系也可能包括上述关系的契约，所以，人人必须承认，任何一个可能订立了这种契约的人，如果她们盼望脱离这种关系回复原来的身份，就不能合法地要求她们去实现她们的承诺。关于纳妾的契约也可以堕落成为一项肮脏的契约。因为作为雇用的契约规定身体的一部分为别人所使用，而这一部分又是和整个人不可分割的一部分，谁加入了这样的契约，谁就实际上要像一件物那样屈服于别人的专横意志。因此，任何人如果和别人订了这种契约，订约的任何一方可以废除这样的契约，只要此人愿意，在任何时间都可以这样做；而另一方在此情况下，没有任何理由埋怨别人损害了他的权利。这个原则同样适用于一个身份高的男子想和一个身份低的女子结婚的不相配的婚姻（或者"不自然"的婚姻）。他们的婚姻都是为了通过这种契约，利用双方不平等的社会身份，成为一方对另一方处于优越的社会地位而去控制对方，因而，事实上这样的关系和纳妾没有实质的区别。根据自然权利的原则，这种结合不能构成真正的婚姻。人们会质问，当法律以任何方式对待丈夫与妻子的关系时，总是说："他将是你的主人"，于是他便代表命令的一方，而她就成为服从的一方，在此情况下，是否违背了婚姻当事人平等的原则？如果这种法律上的优越地位仅仅是基于考虑

① "纳妾"，也可译为"非法同居"。

到丈夫与妻子的能力相比，在有效地完成家业的共同利益方面具有自然优势；此外，如果丈夫的命令权仅仅是根据这种事实来作出的，那么，不能认为这违背了人类结合成双的自然平等的原则。因为这种权利可以从二人结合与平等的义务以及有关的目的之间的关系推断出来。

婚姻契约的完成

婚姻的契约只有夫妻同居才算完成。两个不同性别的人的契约，如果附有秘密谅解，彼此避免同居，或者知道一方或双方没有性功能，这项婚姻契约就是冒充的契约，它不能构成婚姻，可以由任何一方决定解除。但是，如果在结婚之后才发生一方缺乏性功能，那么，这项契约的权利不能由于一件在法律上不能加以指摘的偶然事故而被宣告无效或认为没有约束力。

获得一个配偶（或者作为丈夫，或者作为妻子），不能根据二人同居的事实而不事前缔结婚约，便可以构成；也不能仅仅有了婚姻的契约而没有随后的同居，便可以构成。只有通过法律才能获得配偶：即作为一项法律上责任的后果。它是由两个人，仅仅根据彼此占有而结成一个性关系的联合体。这种相互占有，同时又仅仅是通过相互使用性器官，才能成为现实。

（选自《法的形而上学原理——权利的科学》，沈叔平译）

第九讲 论婚姻、家庭与子女

[德] 黑格尔

格奥尔格·威廉·弗里德里希·黑格尔（Georg Wilhelm Friedrich Hegel，1770—1831），与康德齐名的德国古典哲学的另一重镇，建立了一个庞大的无所不包的哲学体系。他的主要著作有《精神现象学》《逻辑学》《自然哲学》《历史哲学》《法哲学原理》《哲学史讲演录》等。

论婚姻、家庭与子女

[德] 黑格尔

【编者按：黑格尔对婚姻的看法，体现在下面这句话中："婚姻是
具有法的意义的伦理性的爱。"而本篇章的所有内容都是在论证这句
话。黑格尔认为康德对婚姻的看法是粗鲁的。】

作为精神的直接实体性的家庭，以爱为其规定，而爱是精神对自身
统一的感觉。因此，在家庭中，人们的情绪就是意识到自己是在这种统
一中、即在自在自为地存在的实质中的个体性，从而使自己在其中不是
一个独立的人，而成为一个成员。

补充（爱的概念） 所谓爱，一般说来，就是意识到我和别一个人
的统一，使我不专为自己而孤立起来；相反，我只有抛弃我独立的存
在，并且知道自己是同别一个人以及别一个人同自己之间的统一，才获
得我的自我意识。但爱是感觉，即具有自然形式的伦理。在国家中就不
再有这种感觉了，在其中人们所意识到的统一是法律，又在其中内容必
然是合乎理性的，而我也必须知道这种内容。爱的第一个环节，就是我
不欲成为独立的、孤单的人，我如果是这样的人，就会觉得自己残缺不
全。至于第二个环节是，我在别一个人身上找到了自己，即获得了他人
对自己的承认，而别一个人反过来对我亦同。因此，爱是一种最不可思
议的矛盾，绝非理智所能解决的，因为没有一种东西能比被否定了的、

而我却仍应作为肯定的东西而具有的这一种严格的自我意识更为顽强的了。爱制造矛盾并解决矛盾。作为矛盾的解决，爱就是伦理性的统一。

个人根据家庭统一体所享有的权利，首先是他在这统一体中的生活，只有在家庭开始解体，而原来的家庭成员在情绪上和实际上开始成为独立的人的时候，才以权利（作为特定单一性的抽象环节）的形式出现；从前他们在家庭中以之构成一个特定环节的东西，现在他们分别地只是从外部方面（财产、生活费、教育费等）来接受。

补充（家庭和主观性） 其实，家庭的权利严格说来在于家庭的实体性应具有定在，因此它是反对外在性和反对退出这一统一体的权利。但是，再说一遍，爱是感觉，是一种主观的东西，对于这种主观的东西，统一无能为力。如果要求统一的话，那只能对按本性说来是外在的而不是决定于感觉的东西提出这种要求。

家庭是在以下三个方面完成起来的：
（一）婚姻，即家庭的概念在其直接阶段中所采取的形态；
（二）家庭的财产和地产，即外在的定在，以及对这些财产的照料；
（三）子女的教育和家庭的解体。

婚姻

婚姻作为直接伦理关系首先包括自然生活的环节。因为伦理关系是实体性的关系，所以它包括生活的全部，亦即类及其生命过程的现实。但其次，自然性别的统一只是内在的或自在地存在的，正因为如此，它在它的实存中纯粹是外在的统一，这种统一在自我意识中就转变为精神的统一，自我意识的爱。

补充（婚姻的概念） 婚姻实质上是伦理关系。以前，特别是大多数关于自然法的著述，只是从肉体方面，从婚姻的自然属性方面来看待婚姻，因此，它只被看成一种性的关系，而通向婚姻的其他规定的每一条路，一直都被阻塞着。至于把婚姻理解为仅仅是民事契约，这种在康德那里也能看到的观念，同样是粗鲁的，因为根据这种观念，双方彼此任意地以个人为订约的对象，婚姻也就降格为按照契约而互相利用的形式。第三种同样应该受到唾弃的观念，认为婚姻仅仅建立在爱的基础上。爱既是感觉，所以在一切方面都容许偶然性，而这正是伦理性的东西所不应采取的形态。所以，应该对婚姻作更精确的规定如下：婚姻是具有法的意义的伦理性的爱，这样就可以消除爱中一切倏忽即逝的、反复无常的和赤裸裸主观的因素。

婚姻的主观出发点在很大程度上可能是缔结这种关系的当事人双方的特殊爱慕，或者由于父母的事先考虑和安排等；婚姻的客观出发点则是当事人双方自愿同意组成为一个人，同意为那个统一体而抛弃自己自然的和单个的人格。在这一意义上，这种统一乃是作茧自缚，其实这正是他们的解放，因为他们在其中获得了自己实体性的自我意识。

附释 因此，我们的客观使命和伦理上的义务就在于缔结婚姻。婚姻的外在出发点的性质，按事件本性说来，总是偶然的，而且特别以反思的发展水平为转移的。这里有两个极端，其中一个是，好心肠的父母为他们作好安排，作了一个开端，然后已被指定在彼此相爱中结合的人，由于他们知道自己的命运，相互熟悉起来，而产生了爱慕。另一个极端则是爱慕首先在当事人即在这两个无限特异化的人的心中出现。

可以认为以上第一个极端是一条更合乎伦理的道路，因为在这条道路上，结婚的决断发生在先，而爱慕产生在后，因而在实际结婚中，决断和爱慕这两个方面就合二为一。

在上述第二个极端中，无限特殊的独特性依照现代世界的主观原则提出了自己的要求。

但是在以性爱为主题的现代剧本和各种文艺作品中，可以见到彻骨严寒的原质被放到所描述的激情热流中去，因为它们把激情完全同偶然性结合起来，并且把作品的全部兴趣表述为似乎只是依存于这些个人；这对这些个人说来可能是无限重要，但就其本身说来完全不是这么一回事。

　　补充（婚姻和爱慕）　在不太尊重女性的那些民族中，父母从不征询子女的意见而任意安排他们的婚事。他们也听从安排，因为感觉的特殊性还没有提出任何要求。从少女看来，问题只是嫁个丈夫，从男子看来只是娶个妻子。在其他一些情况下，对财产、门第、政治目的等考虑可能成为决定性因素。这里，由于把婚姻当做图达其他目的的手段，所以可能发生巨大困难。相反，在现代，主观的出发点即恋爱被看做唯一重要因素。大家都理会到必须等待，以俟时机的到来，并且每个人只能把他的爱情用在一个特定人身上。

　　婚姻的伦理方面在于双方意识到这个统一是实体性的目的，从而也就在于恩爱、信任和个人整个实存的共同性。在这种情绪和现实中，本性冲动降为自然环节的方式，这个自然环节一旦得到满足就会消灭。至于精神的纽带则被提升为它作为实体性的东西应有的合法地位，从而超脱了激情和一时特殊偏好等的偶然性，其本身也就成为不可解散的了。

　　附释　上面已经指出，就其实质基础而言，婚姻不是契约关系，因为婚姻恰恰是这样的东西，即它从契约的观点、从当事人在他们单一性中是独立的人格这一观点出发来扬弃这个观点。由于双方人格的同一化，家庭成为一个人，而其成员则成为偶性（实质上，实体乃是偶性同实体本身的关系）。这种同一化就是伦理的精神。这种伦理的精神本身，被剥去了表现在它的定在中即在这些个人和利益（这些利益受到时间和许多其他因素的规定）中的各色各样的外观，就浮现出供人想象的形态，并且曾经作为家神等而受到崇敬。这种伦理的精神一般就是婚姻和家庭的宗教性即家礼之所在。再进一步的抽象化就在于把神或实体性的东西同它的定在相分离，连同对精神统一的感觉和意识，一并固定起来。这就是人们误谬地所谓"纯洁"的爱。这种分离是和僧侣观点相通的，因为僧侣观点把自然生活环节规定为纯粹否定的东西；正由于它建立了这种分离，所以就赋予自然生活环节本身以无限重要性。

补充（婚姻的神圣） 婚姻和蓄妾不同。蓄妾主要是满足自然冲动，而这在婚姻却是次要的。因此，在婚姻中提到性的事件，不会脸红害臊，而在非婚姻关系中就会引起羞怯。根据同样原因，婚姻本身应视为不能离异的，因为婚姻的目的是伦理性的。它是那样的崇高，以致其他一切都对它显得无能为力，而且都受它支配。婚姻不应该被激情所破坏，因为激情是服从它的。但婚姻仅仅就其概念说是不能离异的，其实正如基督所说的：只是"为了你的铁石心肠"①，离婚才被认许。因为婚姻含有感觉的环节，所以它不是绝对的，而是不稳定的，且其自身就含有离异的可能性。但是立法必须尽量使这一离异可能性难以实现，以维护伦理的法来反对任性。

契约的订定本身就包含着所有权的真实移转在内。同样，庄严地宣布同意建立婚姻这一伦理性的结合以及家庭和自治团体（教会在这方面参加进来是另一规定，不在本书论列之内）对它相应的承认和认可，构成了正式结婚和婚姻的现实。只有举行了这种仪式之后，夫妇的结合在伦理上才告成立。因为在举行仪式时所使用的符号，即语言，是精神的东西中最富于精神的定在，从而使实体性的东西得以完成。其结果，感性的、属于自然生活的环节，就作为一种属于伦理结合的外部定在的后果和偶性，而被设定在它的伦理关系中，至于伦理结合则完全在于互爱互助。

附释 如果有人问，什么才应该是婚姻的主要目的，以便据以制定或评断法规，那么，这一问题应该了解为：婚姻现实的各个方面，哪一方面应该被认为最本质的？其实任何一个方面单独说来都不构成自在自为地存在的内容（即伦理性的东西）的全部范围。实存的婚姻可能在这一方面或那一方面有所欠缺，而仍无害于婚姻的本质。

———————————

① 《新约·马太福音》，19：8。

缔结婚姻本身即婚礼把这种结合的本质明示和确认为一种伦理性的东西，凌驾于感觉和特殊倾向等偶然的东西之上。如果这种婚礼只是当做外在的仪式和单纯的所谓民事命令，那么这种结婚就没有其他意义，而似乎只是为了建立和认证民事关系，或者它根本就是一种民事命令或教会命令的赤裸裸的任意。这种命令不仅对婚姻的本性说无足轻重，而且还辱没了爱的情感，并作为一种异物而破坏这种结合的真挚性。因为，由于命令之故，心情就赋予这种结婚仪式以意义，并把它看做全心全意彼此委身的先决条件。这种意见妄以为自己提供了爱的自由、真挚和完美的最高概念，其实它倒否认了爱的伦理性，否认了较高的方面，即克制和压抑着单纯自然冲动的那一方面。这种克制和压抑早已天然地含蕴在羞怯中，并由于意识达到更多的精神上规定而上升为贞洁和端庄。更确切些说，这种意见排斥了婚姻的伦理规定，这种伦理性的规定在于，当事人的意识从它的自然性和主观性中结晶为对实体物的思想，它不再一直保留着爱慕的偶然性和任性，而是使婚姻的结合摆脱这种任性的领域，使自己在受家神约束中服从实体性的东西。它贬低感性环节，使其受真实的和伦理的婚姻关系的制约、受承认婚姻结合为伦理性的结合的制约。

只有厚颜无耻和支持这种无耻的理智才不能领会实体性的关系的思辨本性，但是伦理上纯洁的心情以及基督教民族的立法莫不与这种思辨本性相适应。

补充（"自由"恋爱）　弗里德里希·冯·施雷格尔在所著《卢辛德》一书中和他的一个信徒在《一个匿名者的信札》（卢卑克和莱比锡，1800 年版）中，提出了一种见解，认为结婚仪式是多余的，是一种形式，可以把它抛弃。因为爱才是实体性的东西，甚至爱由于隆重的仪式会丧失它的价值。他们认为感性地委身于对方对证明爱的自由和真挚说来是必要的。这种论据对诱奸者说来原不生疏。就男女关系而论，必须指出，女子委身事人就丧失了她的贞操；其在男子则不然，因为他在家庭之外有另一个伦理活动范围。女子的归宿本质上在于结婚。因此，所要求于她的是：她的爱应采取婚姻的形态，同时爱的各种不同环节应达到它们彼此间真正合乎理性的关系。

两性的自然规定性通过它们的合理性而获得了理智的和伦理的意义。这种意义为差别所规定，作为概念的那种伦理性的实体性在它本身中分为这种差别，以便从中获得它作为具体统一的生命力。

因此，一种性别是精神而自身分为自为的个人的独立性和对自由普遍性的知识和意志，也就是说分为思辨的思想的自我意识和对客观的最终目的的希求。另一种性别是保持在统一中的精神，它是采取具体单一性和感觉的形式的那种对实体性的东西的认识和希求。在对外关系中，前一种性别是有力的和主动的，后一种是被动的和主观的。因此，男子的现实的实体性的生活是在国家、在科学等中，否则就在对外界和对他自己所进行的斗争和劳动中。所以，他只有从他的分解中争取同自身的独立统一，在家庭中他具有对这个统一的安静的直观，并过着感觉的主观的伦理生活。至于女子则在家庭中获得她的实体性的规定，她的伦理性的情绪就在于守家礼。

附释 因此，一本非常推崇家礼的剧作，即索福克勒斯①的《安梯果尼》说明家礼主要是妇女的法律；它是感觉的主观的实体性的法律，即尚未完全达到现实的内部生活的法律；它是古代的神即冥国鬼神的法律；它是"永恒的法律，谁也不知道它是什么时候出现的"；这种法律是同公共的国家的法律相对立的。这种对立是最高的伦理性的对立，从而也是最高的、悲剧性的对立；该剧本是用女性和男性把这种对立予以个别化。

补充（妇女的教养） 妇女当然可以教养得很好，但是她们天生不配研究较高深的科学、哲学和从事某些艺术创作，这些都要求一种普

---

① 索福克勒斯（前496—前406），古希腊悲剧作家。

遍的东西。妇女可能是聪明伶俐、风趣盎然、仪态万方的，但是她们不能达到优美理想的境界。男女的区别正像动物与植物的区别：动物近乎男子的性格，而植物则近乎女子的性格，因为她们的舒展比较安静，且其舒展是以模糊的感觉上的一致为原则的。如果妇女领导政府，国家将陷于危殆，因为她们不是按普遍物的要求而是按偶然的偏好和意见行事的。妇女——不知怎么回事——仿佛是通过表象的气氛而受到教育，她们在很大程度上是通过实际生活而不是通过获得知识而受到教育的。至于男子则唯有通过思想上的成就和很多技术上的努力，才能达到他的地位。

婚姻本质上是一夫一妻制，因为置身在这个关系中并委身于这个关系的，乃是人格，是直接的排他的单一性。因此，只有从这种人格全心全意的相互委身中，才能产生婚姻关系的真理性和真挚性（实体性的主观形式）。人格如果要达到在他物中意识到他自己的权利，那就必须他物在这同一中是一个人即原子式的单一性，才有可能。

附释 婚姻，也就是按本质说一夫一妻制，是任何一个共同体的伦理生活所依据的绝对原则之一。因此，婚姻制度被称为神的或英雄的建国事业中的环节之一。

婚姻是由于本身无限独特的这两性人格的自由委身而产生的，所以在属于同一血统、彼此熟知和十分亲密的这一范围内的人，不宜通婚。在这一范围内，个人相对之间不具有自身独特的人格。因此，婚姻必须相反地在疏远的家庭间和异宗的人格间缔结。血亲间通婚是违背婚姻的概念的，从而违背真实的自然的感觉。因为按照婚姻的概念，婚姻是伦理性的行动，而不是建立在直接天性及其冲动上的结合。

附释 人们有时认为婚姻本身不是建立在自然法上，而光是建立在性的本能冲动上，并且还把它看做任意缔结的契约。人们有时甚至根据男女人口比数的物质关系来替一夫一妻制找外在的根据，有人光提出幽暗的感情作为禁止血亲通婚的理由。以上这些见解都是以自然状态和法的自然性那种普通观念为根据，而缺乏合理性和自由的概念。

补充（血亲通婚） 首先，血亲之间通婚已为羞耻之心所不容，但是嫌弃这种通婚在事物的概念中就得到了论证。就是说，已经结合起来的，不可能通过婚姻而初次结合起来。单从自然关系的方面来看，大家都知道，属于同族动物之间交配而产生的小动物比较弱，因为应予结合的东西，必须首先是分离的。生殖力好比精神力，其获得再生的对立愈是显明，它就愈强大。亲密、相识和共同活动的习惯都不应该在结婚以前存在，而应该初次在婚姻关系中发生。这种发展，其内容愈丰富，方面愈多，其价值也愈大。

家庭作为人格来说在所有物中具有它的外在实在性。它只有在采取财富形式的所有物中才具有它的实体性人格的定在。

家庭财富

家庭不但拥有所有物，而且作为普遍的和持续的人格它还需要设置持久的和稳定的产业，即财富。这里，在抽象所有物中单单一个人的特殊需要这一任性环节以及欲望的自私心，就转变为对一种共同体的关怀和增益，就是说转变为一种伦理性的东西。

附释 在关于国家创立或至少关于文明社会生活创立的传说中，实施固定的所有制是同实施婚姻制度相联系的。至于上述家庭财富的性质如何，用哪种适当方式来巩固它，这类问题将在市民社会一章中予以解答。

家庭作为法律上人格，在对他人的关系上，以身为家长的男子为代表。此外，男子主要是出外谋生，关心家庭需要，以及支配和管理家庭财产。这是共同所有物，所以家庭的任何一个成员都没有特殊所有物，而只对于共有物享有权利。但是这种权利可能同家长的支配权发生冲突，这是因为在家庭中伦理性的情绪还在直接的阶段，于是不免于分歧和偶然性之弊。

通过婚姻而组成了新的家庭，这个家庭对它所由来的宗族和家族来说，是一个自为的独立体。它同这些宗族和家族的联系是以自然血统为基础的，但它本身是以伦理性的爱为基础的。因此，个人所有物同他的婚姻关系有本质上联系，而同他的宗族或家族的联系则较为疏远。

附释　对夫妻共同财产加以限制的婚姻协定，以及继续给予女方以法律上辅助等安排，只有在婚姻关系由于自然的死亡和离婚等原因而消灭的情况下，才有意义。这些都是保障性的措施，以保证在这种情况下家庭成员各从共有物中取得其应有部分。

补充（家族和家庭）　许多立法把更大规模的家庭固定下来，并把这种家庭看做是本质上的结合；至于另一种结合，即各个特别家庭的结合，则相反地显得比较次要。例如，在古代罗马法中，在非严格的婚姻关系中的女方，同她的亲族的关系比同她的儿女和丈夫的关系还要密切。又在封建法时代，为了维持 splendor familiae（门楣光辉），于是有必要光把男性算做家庭成员，并以整个大家族为主，至于新成立的小家庭同大家族相比则显得非常渺小。尽管如此，各个新家庭比之疏远的血亲关系是更本质的东西。夫妇与子女组成真正的核心，以与在某种意义上亦称为"家庭"的东西相对抗。因此，个人的财产关系同婚姻之间的联系必然要比它同疏远的血亲关系之间的联系更为重要。

子女教育和家庭解体

在实体上婚姻的统一只是属于真挚和情绪方面的，但在实存上它分为两个主体。在子女身上这种统一本身才成为自为地存在的实存和对象；父母把这种对象即子女作为他们的爱、他们的实体性的定在而加以爱护。从自然的观点看来，作为父母而直接存在的人这一前提，在这里变成了结果。

补充（父母的爱） 在夫妇之间爱的关系还不是客观的，因为他们的感觉虽然是他们的实体性的统一，但是这种统一还没有客观性。这种客观性只有父母在他们的子女身上才能获得，他们在子女身上才见到他们结合的整体。在子女身上，母亲爱她的丈夫，而父亲爱他的妻子，双方都在子女身上见到了他们的爱客观化了。在财产中，统一只是体现在外在物中；至于在子女身上，它体现在精神的东西中，在其中父母相互恩爱，而子女则得到父母的爱。

子女有被抚养和受教育的权利，其费用由家庭共同财产来负担。父母有要求子女为自己服务——姑且说是服务——的权利，但仅以一般性的照顾家庭为基础，并以此为限。同样，父母矫正子女任性的权利，也是受到教训和教育子女这一目的所规定的。惩罚的目的不是为了公正本身，而是带有主观的、道德的性质，就是说，对还在受本性迷乱的自由予以警戒，并把普遍物陶铸到他们的意识和意志中去。

补充（教育子女） 应该怎样做人，靠本能是不行的，而必须努力。子女受教育的权利就是以这一点为根据的。在家长制政体下的人民亦同，他们受到公库的给养，而不视为独立的人和成年人。因此，所要求于子女的服务，只能具有教育的目的，并与教育有关。这些服务不应以自身为目的。因为把子女当做奴隶，一般说来，是最不合乎伦理的。教育的一个主要环节是纪律，它的含义就在于破除子女的自我意志，以清除纯粹感性的和本性的东西。不得以为这里单靠善就够了，其实直接意志正是根据直接的恣性任意，而不是根据理由和观念行动的。如果对子女提出理由，那就等于听凭他们决定是否要接受这些理由，这样一来，一切都以他们的偏好为依据了。由于父母构成普遍的和本质的东西，所以子女需要服从父母。如果不培养子女的服从感——这种服从感使他们产生长大成人的渴望——他们就会变成唐突孟浪、傲慢无礼。

子女是自在地自由的，而他们的生命则是仅仅体现这种自由的直接定在。因此他们不是物体，既不属于别人，也不属于父母。从家庭关系说，对他们所施教育的肯定的目的在于，灌输伦理原则，而这些原则是采取直接的、还没有对立面的感觉的那种形式。这样，他们的心情就有了伦理生活的基础，而在爱、信任和服从中度过它的生活的第一个阶段。又从同一关系说，这种教育还具有否定的目的。就是说，使子女超脱原来所处的自然直接性，而达到独立性和自由的人格，从而达到脱离家庭的自然统一体的能力。

附释　罗马时代，子女处于奴隶地位，这是罗马立法的一大污点。伦理在其最内部和最娇嫩的生命中所受的这种侮辱，是了解罗马人在世界历史上的地位以及他们的法律形式主义倾向的一个最重要关键。

儿童所以感到有受教育的必要，乃是出于他们对自己现状不满的感觉，也就是出于他们要进入所想望的较高阶段即成年人世界的冲动和出于他们长大成人的欲望。游戏论的教育学认为稚气本身就具有自在的价值，于是就把稚气给予儿童，并把认真的事物和教育本身在儿童面前都降为稚气的形式，但这种形式就连儿童自己也认为不很高明。这种教育学乃是把自己感到还处在没有成熟的状态中的儿童，设想为已经成熟，并力求使他们满足于这种状态。但是这样一来，它破坏了、玷辱了他们对更好东西的真实的、自发的要求。它一方面使儿童对精神世界实体性的关系漠不关心和麻木不仁；另一方面使他们轻视人，因为人自己对儿童表现得像儿童那样稚气可鄙，最后，使他们产生自以为高明的那种虚无心和自负。

补充（儿童的感觉）　作为一个孩子，人必然有一个时期处于为父母的爱和信任的环境中，而理性的东西也必然在他身上表现为他自己特有的主观性。在他幼年时代，母亲的教育尤其重要，因为伦理必须作为一种感觉在儿童心灵中培植起来。必须指出，总的说来，子女之爱父母不及父母之爱子女，这是因为子女正迎着独立自主前进，并日益壮大起来，于是会把父母丢在后面；至于父母则在子女身上获得了他们结合的客观体现。

由于婚姻只是一种直接的伦理理念，所以它是在真挚的主观情绪和感觉中获得了它的客观现实。它的实存的最初偶然性也就在这里。强迫结婚既然很少可能发生，同时，当两个主体的情绪和行动变得水火不相容时，也很少可能有单纯而积极的纽带来硬把他们联系在一起。于是遂要求第三个 [1] 伦理性的权威来维持婚姻（伦理的实体性）的法，以对抗出于这种敌对情绪的单纯的意见，以对抗只是一时脾气的偶然性，如此等等。这种权威把上述各种情形同完全隔阂相区别，只有在确证完全隔阂的情况下才准离婚。

补充（离婚） 因为婚姻所依存的只是主观的、偶然性的感觉，所以它是可以离异的。相反，国家是不容分裂的，因为国家所依存的乃是法律。诚然，婚姻应该是不可离异的，但我们也只是说"应该"而已。又因为婚姻是伦理性的东西，所以离婚不能听凭任性来决定，而只能通过伦理性的权威来决定，不论是教堂或法院都好。如果好比由于通奸而发生了完全隔阂，那么宗教的权威也必须准其离婚。

家庭的伦理上解体在于，子女经教养而成为自由的人格，被承认为成年人，即具有法律人格，并有能力拥有自己的自由财产和组成自己的家庭。儿子成为家长，女儿成为妻子，从此他们在这一新家庭中具有他们实体性的使命。同这一家庭相比，仅仅构成始基和出发点的第一个家庭就退居次要地位，更不必说宗族了，因为它是一种抽象的，是没有任何权利的。

由于父母特别是父母的死亡所引起家庭的自然解体，就财产来说，发生继承的后果。这种继承按其本质就是对自在的共同财产进行独特的

---

[1] 婚姻当事人双方是其他两个权威。

占有。这种占有是在有远房亲属以及在市民社会中个人和家庭各自独立分散的情况下进行的；因此，由于家庭的统一感越来越淡薄，又由于每一次婚姻放弃了以前的家庭关系而组成了新的独立的家庭，这种财产移转也就越来越不确定。

附释 有这样的想法：继承的基础乃是由于死亡而财产成为无主之物，作为无主之物，它便归首先占有者所有，而取得占有的多半是亲属，因为他们通常是死者最接近的人。于是为了维持秩序，这种经常发生的偶然事件就通过实定法而上升为规则。殊不知这种想法忽视了家庭关系的本性。

由于家庭的解体，个人的任性就获得了自由。一方面，他愈加按照单一性的偏好、意见和目的来使用他的全部财产；另一方面，他把周围一批朋友和熟人等看成是他的家人，并在遗嘱中如此声明，使之发生继承的法律效果。

附释 以意志作这样一种财产处理似乎是以这样一批人的组成为其伦理根据，但在组成时有很多的偶然性、任性、追求自私目的的企图等等因素在起作用——尤其是因为这种组成与立遗嘱有关——致使伦理环节变成某种非常模糊的东西。承认有权任意订立遗嘱，很容易造成伦理关系的破坏，并引起卑鄙的钻营和同样卑鄙的顺从。这种承认更使愚昧任性和奸诈狡猾获得机会和权能，把立遗嘱人死亡后（那时财产已非为他所有）生效的虚荣的和专横而困扰的条件，同所谓善举和馈赠结合起来。

家庭成员成为独立的法律上人格这一原则，使在家庭范围内部出现了一种任性以及在自然继承人中间的差别。然而这种任性与差别应当受到严格的限制，以免破坏家庭的基本关系。

附释 不能把死亡者赤裸裸的直接任性建立为立遗嘱权的原则，尤其如果这种任性违反了家庭的实体性的法。其实，主要是家庭对已死家庭成员的心爱和崇敬，才使它在他死后还重视他的任性。这种任性本身不包含任何比家庭法更值得尊重的东西，恰恰相反。又有人认为最后意志的处分之所以有效，就在于别人对它任意承认。这样一种有效性，只有在家庭关系（遗嘱处分是它所固有的）变得更加疏远而无效时，才能被认许。如果这种家庭关系实际上存在而又无效的话，那是不合乎伦理的。扩大上述任性的有效性以对抗家庭关系，就等于削弱后者的伦理性。

把家庭内部的这种任性确立为继承的主要原则，乃是罗马法的残酷性和不合伦理性的一部分，上已述及。根据罗马法，父亲可以把儿子出卖，如果儿子被人释放而获得自由，他又重新处在父权之下。只有在他第三次从奴役中被释放而获得自由之后，他才算是实际上自由的人。又根据罗马法，一般说来，儿子不能依法成为成年人，也没有法律上人格，他只能占有战利品（peoulium castrense）作为他的所有物。如果他经过三次被卖、三次获释而脱离了父权之后，这时如无遗嘱规定，他就不能同其他依旧处于父权下的一些人一同继承。同样，妻子如果不是处于作为奴隶关系的婚姻关系中（in manum conveniret, in manoipio esset），而是作为 matrona（主妇）的话，她就不是新家庭的成员，然而这一家庭她正是通过结婚而协作建立起来的，而且现在实际上是她的家，但她依然属于她出生的那个家庭。因此，她被排除于实际上是她的家庭的财产继承之外，而这个家庭也不继承妻子和母亲的财产。

随后，由于对合理性的感情的增长，审判上规避这些或那些法律中不合伦理性的部分而不予采用。例如审判上借助 bonorum possessio（资产占有）[这一术语又同 possessio bonorum（财产占有）一词有别，但这是渊博的法学专家们进行研究的问题] 一词来代替 hereditas（继承）[①]，又通过拟制把 filia（女儿）改称 filius（儿子）。前面已经指出，这一点对裁判官说来是一种悲惨的必然性，因为他必须用机巧的手段，把理性的东西偷运进去，来对抗坏的法律，或至少对抗它们所产生的某些后

---

① 市民法上的继承称 hereditas，裁判官法上的继承称 bonorum possessio。

果。各种最重要制度的极端不稳定性，以及为了防止这些法律所产生的恶果而进行杂乱的立法工作，都是与这种情况有联系的。

在罗马人立遗嘱时这种任性的权力引起了哪些不合乎伦理的后果，从历史中，在卢西安和其他人的描写中可以充分看到。

婚姻是在直接阶段中的伦理，依据它的本质，它必然是实体性的关系、自然的偶然性和内部任性的混合体。如果现在由于子女的奴隶地位，由于上述其他种种法律规定并与之相关联的规定，又完全由于罗马人离婚并不困难，于是任性被赋予优越的地位，以对抗实体性的法 [甚至西塞罗——他在所著《义务论》（*De Offioiis*）和在其他作品中到处说着不知道多少关于 Honestum（诚实）和 Deoorum（礼节）的漂亮话——都作了一番投机，他逐出他的妻子，而用再娶新嫁娘的妆奁来偿还债务]，那么，这就等于替败坏风尚铺平一条合法的道路，或更正确些说，法律成了败坏风尚的必要条件。

制定继承法而用信托遗赠或指定后备继承人的办法来保持家庭或门楣光辉，不论是排除女儿而只让儿子继承，或排除其他子女而只让长子继承都好，或者一般地使继承人之间受到不平等的待遇也好，总之，这种制度一方面破坏了财产自由的原则，另一方面，它是以绝对无权获得承认的一种任性为基础的，或更正确些说，是以希望维持这一宗族或家族而不是这一家庭这种思想为基础的。但是，不是这一家族或宗族而是家庭本身才是理念，而有权获得承认。伦理的形态将由于财产自由与平等继承权而得到维持，因为家庭不会由于相反的情形而得到维持的。

这些制度，好比罗马那样的制度，一般地误解了婚姻法。婚姻完全在于组成一个独特的现实的家庭。同这种家庭相比，一般所谓的家庭，stirps（家系）或 gens（氏族），只是一种抽象，由于世代相隔，它愈来愈生疏，愈来愈不现实。爱是婚姻的伦理性的环节，作为爱，它是一种感觉，它的对象是现实的当前的人，而不是一种抽象。

这种理智的抽象之表现为罗马帝国的世界史原则。

但在更高政治领域中出现的长子世袭权连同不可让与的宗族财产，

却不是一种任性，而是从国家理念中产生出来的必然结果。

补充（遗嘱） 在罗马早期，父亲可以剥夺其子女的继承权，如同他可以把他们杀死一样。后来，他再不许这样做了。人们总想把不合乎伦理的东西同它的伦理化之间的这种不彻底性建成一种体系。坚持这种不彻底性就是德国继承法之所以繁难和错误的原因。立遗嘱当然是容许的，但是我们的观点应该是，这种任性的权利必须随着家庭成员的分散和疏远而产生或扩大；其次，用遗嘱造成的所谓友谊家庭，只有在缺乏婚姻所组成的较亲近的家庭和缺乏子女时，才能成立。遗嘱一般是跟那些令人生厌和惹人不快的事联系着的，因为在遗嘱中我总是宣布哪些人是我所宠爱的。然而宠爱是任性的，它可用这种或那种不光彩的手法获得，也可能同这种或那种愚蠢的理由相联结。此外，被指定为继承人的人可能因此被要求去做最卑鄙龌龊的事。在英国，异想天开的事屡见不鲜，而与遗嘱相关的愚蠢想法更是层出不穷。

从家庭向市民社会的过渡

家庭自然而然地和本质地通过人格的原则分成多数家庭，这些家庭一般都以独立的具体的人自居，因而相互见外地对待着。换句话说，由于家庭还是在它的概念中的伦理理念，所以结合在家庭的统一中的各个环节必须从概念中分离出来而成为独立的实在性。这就是差别的阶段。首先抽象地说，这种情况提供特殊性的规定，诚然这种特殊性与普遍性有关，不过普遍性是基础，尽管还只是内部的基础；因此，普遍性只是在作为它的形式的特殊性中假象地映现出来。所以，这种反思关系首先显示为伦理的丧失，换句话说，由于伦理作为本质必然假象地映现出来，所以这一反思关系就构成了伦理性的东西的现象界，即市民社会。

附释 家庭的扩大，作为它向另一个原则的过渡，在实存中，有时是家庭的平静扩大而成为民众，即民族，所以民族是出于共同的自然渊源的，有时分散的家庭团体通过霸道者的暴力或出于自愿而集合在一起，自愿结合是由于相互需要和相互满足这些需要所引起的。

补充（作为特殊性的领域的社会）　这里，普遍性是以特殊性的独立性为出发点，从这一观点看，伦理看来是丧失了，因为对意识来说，最初的东西、神的东西和义务的渊源，正是家庭的同一性。但是，现在却出现了这样的关系，即特殊物对我来说应当成为最初规定者，从而伦理性的规定也就被扬弃了。其实，这不过是我的错误，因为在我信以为坚持着特殊物的时候，联系的必然性和普遍物依旧是最初的和本质的东西。所以我终究还是在假象的阶段上，并且当我的特殊性对我来说还是规定者、即还是目的的时候，我也正因此而为普遍性服务，正是这种普遍性归根结底支配着我。

（选自《法哲学原理》，范扬、张企泰译）

第十讲 家庭的悲剧

[俄]赫尔岑

赫尔岑（Алексаидр Нванович Герцен，1812—1870）俄国哲学家，作家，革命家。1812 年生于莫斯科一个富裕的官僚贵族家庭。赫尔岑少年时代受十二月党人影响，立志反对沙皇专制制度。1829 年秋进莫斯科大学哲学系数理科学习，其间，他和朋友奥加辽夫一起组织政治小组，研究社会政治问题，宣传空想社会主义和共和政体思想。1833 年大学毕业后，他曾计划出版宣传革命思想的刊物，因 1834 年被捕入狱未实现。1835 年，他以"对社会有极大危险的自由思想者"的罪名被流放；1842 年回到莫斯科，立即重新投入战斗。1842—1847 年，他发表了一系列哲学著作。1847 年 3 月，赫尔岑携家来到法国；10 月，他赶到爆发民族独立运动的意大利。当他在罗马听到法国 1848 年 2 月革命的消息后，又日夜兼程赶回巴黎。他的革命活动招致反动势力进一步迫害。法国政府搜捕他，沙皇政府不让他回国。1849 年他来到日内瓦，全家加入瑞士国籍。1852 年他侨居伦敦，创办《北极星》《钟声》等革命刊物。这些刊物通过各种渠道传入俄国，对俄国的革命运动起着很大的推动作用。这期间，他还写成回忆录《往事与随想》，是世界文学中的精品之一。1870 年 1 月 21 日，赫尔岑病逝于巴黎。

家庭的悲剧

[俄]赫尔岑

【编者按：一个所谓的诗人——德国人黑尔韦格无休止地纠缠在作者的家庭和他妻子之间，造成了对他家庭的破坏。作者很诚实地记录下他自己在这过程中的痛苦、嫉妒和情绪的冲动以及对妻子的不公正，但最后爱的力量本身使他们夫妻之间相爱如初。本篇描写的就是他与妻子和好的状态。】

……7月7日至8日的夜里一点多钟，我坐在都灵的卡里尼亚诺宫的台阶上，广场上空空荡荡，离我不远有一个乞丐在打瞌睡，一个哨兵慢慢地踱来踱去，一边哼着什么歌剧里的一支曲子，枪不时铿锵作响……夜是炎热的，空气暖和，充满着西洛可风①的气息。

我的心情非常好，这已经很久没有了——我又感到我还年轻，浑身是劲，我有朋友，也有信仰，我充满着爱，就像13年前一样。我的心跳动着，这是最近这段时间我已丧失了的感觉。1838年3月的那一天，我裹着大衣，站在波瓦尔大街的路灯柱子旁边等待凯切尔时，我的心跳个不住，今天它还是这么跳跃着。

现在我也在等待一次约会，要会面的也还是那个女人，我等待着，

---

① 从北非沙漠吹往欧洲南部的一种带沙土或带雨的热风。

也许还怀着更热烈的爱情，虽然这爱中已掺杂了忧伤的、阴郁的调子，但在这个夜里，我听不到它的声音。我路过日内瓦时袭击过我的悲哀和绝望，经历了疯狂的危机以后，现在变得好一些了。纳塔利娅那些亲切的信充满着哀怨、眼泪、痛苦和爱，使我恢复了健康。她写信说，她要从尼斯到都灵来接我，打算在都灵住几天。她是对的，我们必须再一次互相认识，互相洗净伤口的血迹，拭干眼泪，最后明确地知道，我们是不是还有共同的幸福——为了这一切必须单独在一起，甚至离开孩子们，而且得在另一个地点，不是在那个环境中，因为那里的家具、墙壁都可能不合时宜地勾起我们的回忆，在我们耳边提起已快忘记的话……

驿车应该在一两点钟从滕达山口方向驶来，我在阴森的卡里尼亚诺宫门口便是等它，车子到了离此不远的地方一拐弯便可看到了。

这天上午我才从巴黎经过塞尼山到达这里；我在费德尔旅馆租了一套宽敞高大、陈设相当漂亮的房间，包括起居室和卧室。我喜欢这种节日的华丽外表，它很合适。我预定了简单的晚餐，便出外闲逛，等待天黑了。

马车驶近驿站时，纳塔利娅认出了我。

"你在这里！"她说，从窗口向我点头。我拉开车门，她扑到了我的脖子上，情绪这么兴奋、愉快，流露了对我的爱和感激，我的头脑中突然闪过了她信中的一些话："我这次回来，像轮船经历了暴风雨、触礁和灾祸以后，回到自己亲切的海港中——船虽然百孔千疮，但得救了。"一个眼神，两三句话便完全够了……一切都明白了，解释清楚了。我拿起她不大的旅行袋，用手杖把它挂在背上，一只手挽着她，我们便沿着冷清的街道愉快地走回旅馆。那儿除了门房，全都睡了。桌上铺好了台布，放着两支没点火的蜡烛，坐在空桌旁边，彼此瞧着，蓦地想起了弗拉基米尔的生活。

她穿的是白薄纱连衫裙或短衫，这是在路上穿的，因为天气非常热——我流放回来与她第一次见面时，她也穿一身白衣衫，她的结婚礼服也是白色的。甚至她的脸也流露出提心吊胆、忧虑、沉思和痛苦的明显痕迹，使我想起她那时的面容。

我们还是原来的两个人，只是现在我的握手时不再是血气方刚的年轻人，自以为是，充满自信也彼此信任，相信我们的命运会与众不同了，我们像两个在生活的洪波中考验过自己的力量，也意识到自己的弱点的历尽坎坷的老兵……好不容易才摆脱了沉重的打击和不可挽回的错误。我们要重新踏上旅途，不咎既往，共同挑起过去的悲惨重担。在这重担下，我们的步子不得不更谨慎，但是疮痍满目的心灵中仍蕴藏着成熟而稳定的幸福所需要的一切。由于那可怕的一页，那内心的痛苦，我们更清楚地意识到，岁月、环境、异乡客地的生活和我们的孩子，已把我们不可分割地联结在一起了。

一切通过这次会见结束了，裂开的伤口又愈合了，不是没有疤痕，但已变得比以前更牢固——有时断裂的骨头便是这么重又结合在一起的。悲痛的泪水在眼睛里还没有干，但它们成了联结我们的新的纽带——一种互相怜惜的深刻感情。我看到了她的挣扎、她的磨难，看到她那么衰弱困倦。她也看到我多么软弱、不幸，受了侮辱，也侮辱了别人，准备牺牲，也准备犯罪。

我们彼此付出了太大的代价，不能不明白，我们彼此多么重要，多么不可缺少。1852年初我写道："在都灵的那些日子是我们的第二次婚礼，它的意义也许比第一次更深刻、更重要，我们终于充分意识到了它的全部责任，把它重又贯彻到了相互的关系中，而这是通过那些痛苦的经历完成的……"

爱情奇迹般经受住了这次本可以毁灭它的打击。

最后几朵乌云也逐渐消散了。我们谈得很多，很久……仿佛阔别多年之后的重新相逢。当我们从空桌子后起立时，一缕缕曙光早已透过关闭的百叶窗射进屋里了……

三天后我们一起经过里维埃拉返回尼斯——热那亚一闪而过，芒通一闪而过，那是我们时常怀着不同的心情游览的地点，最后，摩纳哥也过去了，它那天鹅绒似的草坪，天鹅绒似的沙滩突入了海中。一切在我们眼中都那么亲切，像口角后重又见面的老朋友，这里到处是葡萄园、玫瑰树丛、酸橙林，大海就铺展在屋前，孩子们在海滨玩耍……瞧，他们认出了我们，奔了过来。我们到家了。

我感谢命运给了我这些日子，给了我以后的四个月光阴——它们以庄严的光辉照耀了我家庭生活的最后阶段。我感谢命运，这个永恒的巫婆把秋季绚丽多彩的花环献给了注定要牺牲的人……尽管时间不长，但她把自己的罂粟花和香气散布到了他们的周围！

隔开我们的深渊不见了，大地已连成一片。难道这不就是那只终生握在我手中的手吗？难道这不就是一度被泪水弄得浑浊的目光吗？"安心吧，妹妹、朋友和同志，一切都过去了，我们依然是那些年轻、神圣、光辉的岁月中的我们！"

她给俄国的一位女友写道："……你也许知道那场灾难的深度，现在它终于过去了，充满幸福的另一些时刻来临了；童年和青年时期的全部信念不仅依然完好，而且战胜了可怕的考验，没有丧失新鲜和香味，而且以新的光辉、新的力量开出了花朵。我从来没有像现在这么幸福。"

当然，过去也留下了残渣，触动它不能不受到惩罚。这是内心的某种创伤，一种敏感的、睡着了的惶恐和苦楚。

过去不是一张可以修改的校样，它是断头台上的斫刀，它一落下，许多东西便再也不能接合，不是一切都可以恢复原状的。刀痕像金属铸成的，形状分明，不可改变，像青铜那么黑黝黝的。通常人们忘记的只是不值得记住或者不理解的东西。一个人只要忘记两三件事，某些细节、某个日子、某些话，他便可以保持青春、勇敢和力量，而有了它们，他便会像一把钥匙一样沉入水底。不必像麦克白那样非遇到班柯的鬼魂不可。[①]鬼魂不是刑庭法官，不是良心的谴责，唯有记忆中无法抹去的事件才能起那样的作用。

而且也不需要忘记，这是软弱，从某种意义上说也是欺骗。过去有

---

① 见莎士比亚的悲剧《麦克白》第 3 幕第 4 场，麦克白派人杀死班柯后，班柯向他显灵，从此弄得麦克白神魂不定。

自己的权利，它是事实，应该面对它，而不是忘记它——我们便以一致的步伐朝这目标走去。

……有时，局外人一句无关紧要的话，眼中偶然瞥见的一件事物，会像刀子一样划过心头，于是流出了血，感到无法忍受的疼痛；但同时我也遇到了惊慌的眼光，它带着无限的悲痛在向我说："是的，你是对的，不可能不是这样，但是……"于是我尽力驱散汇集的乌云。

和解的时刻是神圣的，我透过眼泪回忆着它……

……不，这不是和解，这个词不贴切。文字像现成的衣服，"在一定程度上"适合所有同样身材的人，然而并不能对每一个人完全合身。

我们不需要和解，我们从来没有争吵过，我们使彼此痛苦，但并没有分开。在最阴暗的时刻，两人都毫不怀疑的某种不可分割的联系，彼此的深刻尊重，都依然保持着。我们与其说像和解的人，不如说像两个大病之后刚才清醒的人：昏迷状态过去了，我们睁开有些虚弱而模糊的眼睛互相望着。经历的痛苦记忆犹新，困倦还能感到，但是我们知道，噩梦已经过去，我们又平安无事了。

……以前偶尔在纳塔利娅心头出现的思想，现在逐渐占有了她。她希望写下她的自白书。她对它的开头不满，烧毁了那几页，只保存了一封长长的信和一小页纸。[1] 从它们可以看出，销毁的部分多么重要……读了它们，我觉得不寒而栗，仿佛我的手接触到了一颗痛苦而温暖的心，听到了那些无声的秘密的声音，它们一直隐藏在深处，只是在意识中刚刚苏醒。从这些字句中可以琢磨到，那艰苦的挣扎怎样转化成新的意志，悲痛怎样转化成思想。如果这作品没有突然中断，它可以成为一件珍贵的记录，一切便不致湮没在女人含糊其辞的缄默和男人自以为是的保护态度中，但是最不可理喻的打击已朝我们头顶打来，终于什么都完了。

（选自《往事与随想》，项星耀译）

———————

[1] 一封信是写给马·卡·雷海尔的，一小页纸是赫尔岑夫人打算写的自传的提纲。

第十一讲　孩子和结婚

[德] 尼采

　　弗里德里希·威廉·尼采（Friedrich Wilhelm Nietzsche，1844—1900），著名德国哲学家。1844 年出生于普鲁士萨克森州一个乡村牧师家庭。1865 年，他进入莱比锡大学攻读古典语言学，并开始接触叔本华的哲学思想，成为尼采哲学思考的起点。1869 年，年仅 25 岁的尼采被聘为瑞士巴塞尔大学古典语言学教授。1879 年，他辞去了巴塞尔大学的教职，开始了十年的漫游生涯，同时也进入了创作的黄金时期。1889 年，尼采精神失常，一年后与世长辞，享年 55 岁。

　　尼采是西方现代哲学的创始人，也是卓越的诗人和散文家。尼采是近现代世界最早的先知，他的学说直到 20 世纪，才激起悠久的回声，后来的生命哲学、存在主义、弗洛伊德主义、后现代思潮，一定程度上都可以说是在回应尼采的哲学思想。主要作品有《查拉斯图拉如是说》《权力意志》等。

孩子和结婚

[德] 尼采

【编者按：在尼采的超人哲学中，也贯穿着对婚姻的期许。对于尼采来说，婚姻是通往超人的一条有效途径之一，但必须要有这样的愿望，否则，尼采鄙视其他目的的婚姻。】

兄弟，我单单为你有一个问题，我投这问题在你的灵魂里，如同测量的铅锤，如是我可以知道你的灵魂的深浅。

你年轻，意愿着娶妻生子。但我问你：你是一个可以意愿生孩子的人么？

你是胜利者，自弱者，你的欲情的支配者，道德的主宰者么？我如是问你。

或者野兽和盲目的需求在你的意愿中说话？或者你的孤寂？或者你自己之不调和？

我愿你的胜利和自由意愿着生一个孩子。你当为你的胜利和自由建立生命的纪念碑。

你当建树超越自身之外。但最先你必须建树你自己，身心完美。

你之传嗣不单向前且要向上！为此结婚之花园可以帮助你！

你当创造一个更高尚身体，一个最初的运动，一个自转的轮轴——你当创造一个创造者。

　　一对配偶创造一个更高于自己的人的意愿，那我称为结婚。实行了这样的一个意愿，而互相尊敬，那我称为结婚。

　　让这是你的结婚的意义和真理吧！但那过剩的人们所谓的结婚，那剩余的人们——唉，我叫它什么呢？

　　唉，成对的灵魂之贫乏者！唉，成对的灵魂之污脏者！唉，成对的可鄙之游惰者！他们都叫那为结婚，他们说他们的结婚是天作的姻缘。

　　但我不喜欢那剩余者的天国！否，我也不喜欢那些曾挂在天国的网罗里的畜生！

　　天国之神亦远在我后，蹀躞着祝福那不是他所匹配的人。

　　别笑这样的结婚！哪个孩子没有哀泣着他的父母的理由呢？

　　我看这男子好像有价值，已成熟于大地的意义；但当我看到他的妻，大地又好像一所疯狂病院。

　　是呀，我愿大地崩震，当一个圣人和一个母鹅互相匹配的时候。

　　近人追寻真理如同一个英雄，但结果那代价乃是一个小巧的装饰的虚伪：他说这是他的结婚。

　　别人在社会中落落寡合，且慎选朋友。但忽然他永久失去了他的伴侣：他说这是他的结婚。

　　第三人寻求一个有着天使的德行的婢女。但即刻他为一个妇人的婢女了，现在他需要成为天使。

　　我看出一切的购买者，都仔细且眼睛狡猾。但即使他们之中最狡猾者也是在一个袋中购买了他的妻。

　　许多短期的愚昧——那你们叫做恋爱。你的结婚则是以一长期的无智结束了许多短期的愚昧。

　　你们对于妇人的爱，与妇人对于男子的爱——唉，但愿那是对于受苦和被隐蔽的神性的同情！但普通只是两个动物互相发现。

　　但即使你们的最善的爱也只是一种狂喜的实真，一种苦痛的热情。那是照耀着你们向着更高远的路的火炬。

　　有一天你们当超越你们自己而爱。然后学习着怎样爱。为那原因你们不能不饮下你们的爱情的苦杯。

甚至最善的爱也是杯中的苦毒：这样遂引起它对于超人的热望；这样它使你这创造者焦渴！

创造的焦渴，热望着超人的一支箭，告诉我，兄弟，这是你要结婚的意志么？

我称这样的意志，和这样的结婚为神圣。——

查拉斯图拉如是说。

（选自《查拉斯图拉如是说》，楚图南译）

第十二讲 论婚姻和妇女的天职

[俄] 托尔斯泰

列夫·尼古拉耶维奇·托尔斯泰 (Лев Николаевич Толстой, 1828—1910), 19 世纪俄国最伟大的作家, 出身于贵族家庭, 却对俄国沙皇统治下的农奴制和贵族生活进行了深刻露骨的抨击。他一生著作甚丰, 主要作品有: 自传体小说《童年》《少年》《一个地主的早晨》, 长篇历史小说《战争与和平》《安娜·卡列尼娜》《忏悔录》《复活》等。

论婚姻和妇女的天职

[俄]托尔斯泰

【编者按：这篇文章写于 1868 年，在这篇貌似思想保守的文章中，托尔斯泰提出了人类的永恒问题，即对于孩子来讲，母亲的角色是无可替代，且对人影响巨大。因此，他认为做好一个合格的母亲就是婚姻中妇女的天职。】

屠格涅夫先生企图使人相信，阿乌埃尔巴赫先生和其他欧洲的思想家一起，正在深入研究神秘的婚姻问题的全部难以解决的复杂性，这种复杂性与一个想一下子吃完两顿或十顿饭的人的营养问题的复杂性完全一样。谁想一口气吃掉两顿饭，他就连一顿饭的营养都吸收不了。他将把胃弄坏，因而目的——营养的结果——也就无法实现。谁想和两三个人结婚，他就连一个家庭都不会有。婚姻的结果是生儿养女。如同在生理上需要空气和阳光一般，儿女在道德领域需要有家庭生活和睦一致的父母的影响。如果有两三个父母，家庭的和睦一致便不可能。不成对的雄性和雌性动物会互相殴斗、残杀。对于人来说，如果不是专制制度，这种情况是不可思议的（如同折磨牡马，把它们严格地隔绝起来；也像东方禁锢妻妾一样）。谁注意到了婚姻的必然后果——生儿养女是它的目的，他就不会承认不一致的婚姻。谁要是只看到性行为而不顾其后果，那么他就会在我们社会的伤风败俗的机构中获得完全的满足。

"为什么呢？"屈尊俯读拙著似乎以示对我嘉奖的那些可爱的夫人带着隐含嘲弄、但仍妩媚亲切地微笑（表示她可以把我驳斥得体无完肤，只是不屑于这样做而已），对我说："亲爱的伯爵，一位贤惠的母亲为什么就不应该梳妆打扮？妇女永远应该关心自己的外表。为什么我们可以看到出入社交界，行善积德，甚至为僧侣和饥民操劳，同时又出色地教育自己孩子的母亲呢？"杂文评论家会说："作者根据自己特有的逻辑（当艺术家涉足我们的思维领域的时候，他永远说蠢话）以为妇女的职责是生养和教育孩子，他由于孤陋寡闻而对最新的社会科学有关妇女职责的研究一无所知，忽略了对难以解决的婚姻问题的深入探讨等等。"我可以一起回答这两种人，尽管我厌恶论证性的文章，但我绝不放弃说明在妇女天职方面使我与大家意见相左的那些原因。

人的尊严不在于他具有无论何种品格和知识，而仅仅在于完成自己的天职。男人的天职是做人类社会蜂房的工蜂，那是无限多样化的；而母亲的天职呢，没有她们便不可能繁衍后代，这是唯一确定无疑的。虽然如此，妇女还是常常看不到这一使命，而选择虚假的，即其他的使命。妇女的尊严就在于理解自己的使命。理解了自己使命的妇女不可能把自己局限于生蛋。她越深入理解，这一使命便越能占有她的全部身心，而且被她感到难以穷尽。这一使命的重要性和无限性，以及它只能在一夫一妻的形式（即过去和现在生活着的人称之为家庭的形式）下才能实现，对此不能理解的只是那些瞎了眼而看不见的人。因而一个妇女为了献身于母亲的天职而抛弃个人的追求越多，她就越完美。

"可是，亲爱的伯爵，为什么我们可以看到教养有素的孩子，而他们的母亲是社会的骄傲呢？为什么有思想、有文化修养的妇女能像为了照看幼儿而抛弃了科学和艺术的妇女一样教育好孩子呢？"是的，我们可以看到向人们裸露肩背和写作文章的母亲的孩子和来不及梳洗打扮的母亲的孩子一样，无论在体力上或道德方面，穿着打扮上都很好。但我们看不到一些已经死去和还活着的孩子，我们无法比较在这些孩子身上的基本的精神力量，这种精神力量是不能以希腊语法、外语和舞蹈的知识来衡量的。

这些精神力量永远在那些不与僧侣打交道的、不研究政治经济学的、也不用脂粉涂抹裸露的胸脯的母亲教育出来的孩子一边。

"可是，归根结底是什么原因呢，亲爱的伯爵？"

这就是不务正业的艺术家头脑里的怪问题。为什么？原因是，如果母亲的使命（我以为是最崇高的）在对其深入理解的情况下具有一切真正的人类使命的特点——在想象中异常困难，由于人本身的软弱几乎无法完成（艺术、科学在男人的想象中便是如此）。如果（被大家公认的）母亲的本能比理智具有更强大的影响，那么就不能设想，较多的有目标的努力会比较少的努力产生更小或更坏的后果。如果我从窗户里看到两个庄稼人在翻地，其中一个不停地在耕作，而另一个在抽烟，唱着动听的歌，和来往的行人交谈，摆出一副优美的姿态，那么我敢断定，那个不停地在耕作的庄稼人，虽然汗流浃背，劳累不堪，一定耕作得又多又好。

母亲积极地爱，爱得越深，孩子便越美好。

我从伟人的传记中还没有见到一个实例说明，哪个伟人不是母亲的宠儿。

（选自《列夫·托尔斯泰文集》，冯增义译）

第十三讲　娜拉与海尔茂的最后谈话

[挪] 易卜生

易卜生（Henrik Johan Ibsen，1828—1906），挪威戏剧家，诗人。他出生于挪威南部希恩镇的一个木材商人家庭。1850年开始创作第一部历史悲剧《卡蒂林纳》，从此一发不可收拾。19世纪70年代，他写了十多部社会问题剧，如《社会栋梁》《人民公敌》《群鬼》，因而获得了"问号大师"的美誉。其最负盛名的《玩偶之家》，对中国20世纪的妇女解放运动，起到了一切理论思想不曾起到过的巨大作用。

娜拉与海尔茂的最后谈话

[挪] 易卜生

【编者按：这是《玩偶之家》第三幕的最后部分，是娜拉出走前与海尔茂的谈话，也是全剧的高潮。作者借娜拉之口控诉了资产阶级的社会制度和法权制度、道德、宗教观念对女性的压迫，以至于使得女性在人格上的婴儿化，无法获得独立人格。此剧思想深刻、语言有力，读来荡气回肠。由此不难理解为何它曾经让 20 世纪初的中国人——尤其令学堂女学生如此痴迷。】

娜拉：（看自己的表）时候还不算晚。托伐，坐下，咱们有好些话要谈一谈。（她在桌子一头坐下）

海尔茂：娜拉，这是什么意思？你的脸色冰冷铁板似的——

娜拉：坐下。一下子说不完。我有好些话跟你谈。

海尔茂：（在桌子那一头坐下）娜拉，你把我吓了一大跳。我不了解你。

娜拉：这话说得对，你不了解我，我也到今天晚上才了解你。别打岔。听我说下去。托伐，咱们必须把总账算一算。

海尔茂：这话怎么讲？

娜拉：（顿了一顿）现在咱们面对面坐着，你心里有什么感想？

海尔茂：我有什么感想？

娜拉：咱们结婚已经八年了，你觉得不觉得，这是头一次咱们夫妻正正经经谈谈话？

海尔茂：正正经经！这四个字怎么讲？

娜拉：这整整的八年——要是从咱们认识的时候算起，其实还不止八年——咱们从来没在正经事情上谈过一句正经话。

海尔茂：难道要我经常把你不能帮我解决的事情麻烦你？

娜拉：我不是指着你的业务说。我说的是，咱们从来没坐下来正正经经细谈过一件事。

海尔茂：我的好娜拉，正经事跟你有什么相干？

娜拉：咱们的问题就在这儿！你从来就没了解过我。我受足了委屈，先在我父亲手里，后来又在你手里。

海尔茂：这是什么话！你父亲和我这么爱你，你还说受了我们的委屈！

娜拉：（摇头）你们何尝真爱过我，你们爱我只是拿我当消遣。

海尔茂：娜拉，这是什么话？！

娜拉：托伐，这是老实话。我在家跟父亲过日子的时候，他把他的意见告诉我，我就跟着他的意见走，要是我的意见跟他不一样，我也不让他知道，因为他知道了会不高兴。他叫我"泥娃娃孩子"，把我当做一件玩意儿，就像我小时候玩儿我的泥娃娃一样。后来我到你家来住着——

海尔茂：用这种字眼形容咱们的夫妻生活简直不像话！

娜拉：（满不在乎）我是说，我从父亲手里转移到了你手里。跟你在一块儿，事情都由你安排。你爱什么我也爱什么，或者假装爱什么——我不知道是真还是假——也许有时候真，有时候假。现在我回头想一想，这些年我在这儿简直像个要饭的叫花子，要一口，吃一口。托伐，我靠着给你要把戏过日子。可是你喜欢我这么做。你和我父亲把我害苦了。我现在这么没出息都要怪你们。

海尔茂：娜拉，你真不讲理，真不知好歹！你在这儿过的日子难道不快活？

    娜拉：不快活。过去我以为快活，其实不快活。

    海尔茂：什么！不快活！

    娜拉：说不上快活，不过说说笑笑凑个热闹罢了。你一向待我很好。可是咱们的家只是一个玩儿的地方，从来不谈正经事。在这儿我是你的"泥娃娃老婆"，正像我在家里是我父亲的"泥娃娃女儿"一样。我的孩子又是我的泥娃娃。你逗着我玩儿，我觉得有意思，正像我逗孩子们，孩子们也觉得有意思。托伐，这就是咱们的夫妻生活。

    海尔茂：你这段话虽然说得太过火，倒也有点儿道理。可是以后的情形就不一样了。玩儿的时候过去了，现在是受教育的时候了。

    娜拉：谁的教育？我的教育还是孩子们的教育？

    海尔茂：两方面的，我的好娜拉。

    娜拉：托伐，你不配教育我怎样做个好老婆。

    海尔茂：你怎么说这句话？

    娜拉：我配教育我的孩子吗？

    海尔茂：娜拉！

    娜拉：刚才你不是说不敢再把孩子交给我吗？

    海尔茂：那是气头儿上的话，你老提它干什么！

    娜拉：其实你的话没说错。我不配教育孩子。要想教育孩子，先得教育我自己。你没资格帮我的忙。我一定得自己干。所以现在我要离开你。

    海尔茂：（跳起来）你说什么？

    娜拉：要想了解我自己和我的环境，我得一个人过日子，所以我不能再跟你待下去。

    海尔茂：娜拉！娜拉！

    娜拉：我马上就走。克里斯蒂纳一定会留我过夜。

    海尔茂：你疯了！我不让你走！你不许走！

    娜拉：你不许我走也没用。我只带自己的东西。你的东西我一件都不要，现在不要，以后也不要。

海尔茂：你怎么疯到这步田地！

娜拉：明天我要回家去——回到从前的老家去。在那儿找点事情做也许不太难。

海尔茂：喔，像你这么没经验——

娜拉：我会努力去吸取。

海尔茂：丢了你的家，丢了你丈夫，丢了你儿女！不怕人家说什么话！

娜拉：人家说什么不在我心上。我只知道我应该这么做。

海尔茂：这话真荒唐！你就这么把你最神圣的责任扔下不管了？

娜拉：你说什么是我最神圣的责任？

海尔茂：那还用我说？你最神圣的责任是你对丈夫和儿女的责任。

娜拉：我还有别的同样神圣的责任。

海尔茂：没有的事！你说的是什么责任？

娜拉：我说的是我对自己的责任。

海尔茂：别的不用说，首先你是一个老婆，一个母亲。

娜拉：这些话现在我都不信了。现在我只信，首先我是一个人，跟你一样的一个人——至少我要学做一个人；托伐，我知道大多数人赞成你的话，并且书本里也是这么说。可是从今以后我不能一味相信大多数人说的话，也不能一味相信书本里说的话。什么事情我都要用自己脑子想一想，把事情的道理弄明白。

海尔茂：难道你不明白你在自己家庭的地位？难道在这些问题上没有颠扑不破的道理指导你？难道你不信仰宗教？

娜拉：托伐，不瞒你说，我真不知道宗教是什么。

海尔茂：你这话怎么讲？

娜拉：除了行坚信礼的时候牧师对我说的那套话，我什么都不知道。牧师告诉过我，宗教是这个，宗教是那个。等我离开这儿一个人过日子的时候我也要把宗教问题仔细想一想。我要仔细想一想牧师告诉我的话究竟对不对，对我合用不合用。

海尔茂：喔，从来没听说过这种话！并且还是从这么个年轻女人嘴里说出来的！要是宗教不能带你走正路，让我唤醒你的良心来帮助你——你大概还有点道德观念吧？要是没有，你就干脆说没有。

娜拉：托伐，这个问题不容易回答。我实在不明白。这些事情我摸不清。我只知道我的想法跟你的想法完全不一样。我也听说，国家的法律跟我心里想的不一样，可是我不信那些法律是正确的。父亲病得快死了，法律不许女儿给他省烦恼，丈夫病得快死了，法律不许老婆想法子救他的性命！我不信世界上有这种不讲理的法律。

海尔茂：你说这些话像个小孩子。你不了解咱们的社会。

娜拉：我真不了解。现在我要去学习。我一定要弄清楚，究竟是社会正确，还是我正确。

海尔茂：娜拉，你病了，你在发烧说胡话。我看你像精神错乱了。

娜拉：我的脑子从来没像今天晚上这么清醒、这么有把握。

海尔茂：你清醒得、有把握得要丢掉丈夫和儿女？

娜拉：一点不错。

海尔茂：这么说，只有一句话讲得通。

娜拉：什么话？

海尔茂：那就是你不爱我了。

娜拉：不错，我不爱你了。

海尔茂：娜拉！你忍心说这话！

娜拉：托伐，我说这话心里也难受，因为你一向待我很不错。可是我不能不说这句话。现在我不爱你了。

海尔茂：（勉强管住自己）这也是你清醒的有把握的话？

娜拉：一点不错。所以，我不能再在这儿待下去。

海尔茂：你能不能说明白我究竟做了什么事使你不爱我？

娜拉：能，就因为今天晚上奇迹没出现，我才知道你不是我理想中的那等人。

海尔茂：这话我不懂，你再说清楚点。

娜拉：我耐着性子整整等了八年，我当然知道奇迹不会天天有，后来大祸临头的时候，我曾经满怀信心地跟自己说："奇迹来了！"柯洛克斯泰把信扔在信箱里以后，我绝没想到你会接受他的条件。我满心以为你一定会对他说："尽管宣布吧。"而且你说了这句话之后，还一定会——

海尔茂：一定会怎么样？叫我自己的老婆出丑丢脸，让人家笑骂？

娜拉：我满心以为你说了那句话之后，还一定会挺身出来，把全部责任担在自己肩膀上，对大家说："事情都是我干的。"

海尔茂：娜拉——

娜拉：你以为我会让你替我担当罪名吗？不，当然不会。可是我的话怎么比得上你的话那么容易叫人家信？这正是我盼望它发生又怕它发生的奇迹。为了不让奇迹发生，我已经准备自杀。

海尔茂：娜拉，我愿意为你日夜工作，我愿意为你受穷受苦。可是男人不能为他爱的女人牺牲自己的名誉。

娜拉：千千万万的女人都为男人牺牲过名誉。

海尔茂：喔，你心里想的和嘴里说的都像个傻孩子。

娜拉：也许是吧。可是你想的和说的也不像我可以跟他过日子的男人。后来危险过去了——你不是怕我有危险，是怕你自己有危险——不用害怕了，你又装作没事儿人了。你又叫我跟从前一样乖乖地做你的小鸟儿，做你的泥娃娃，说什么以后要格外小心保护我，因为我那么脆弱不中用。（站起来）托伐，就在那当口我好像忽然从梦中醒过来，我简直跟一个生人同居了八年，给他生了三个孩子。喔，想起来真难受！我恨透了自己没出息！

海尔茂：（伤心）我明白了，我明白了，在咱们中间出现了一道深沟。可是，娜拉，难道咱们不能把它填平吗？

娜拉：照我现在这样子，我不能跟你做夫妻。

海尔茂：我有勇气重新再做人。

娜拉：在你的泥娃娃离开你之后——也许有。

海尔茂：要我跟你分手！不，娜拉，不行！这是不能设想的事情。

娜拉：（走进右边屋子）要是你不能设想，咱们更应该分开。（拿着外套、帽子和旅行小提包又走出来，把东西搁在桌子旁边椅子上。）

海尔茂：娜拉，娜拉，现在别走。明天再走。

娜拉：（穿外套）我不能在生人家里过夜。

海尔茂：难道咱们不能像哥哥妹妹那么过日子？

娜拉：（戴帽子）你知道那种日子长不了。（围披肩）托伐，再见。我不去看孩子了。我知道现在照管他们的人比我强得多。照我现在这样子，我对他们一点儿用处都没有。

海尔茂：可是，娜拉，将来总有一天——

娜拉：那就难说了。我不知道我以后会怎么样。

海尔茂：无论怎么样。你还是我的老婆。

娜拉：托伐，我告诉你。我听人说，要是一个女人像我这样从她丈夫家里走出去，按法律说，她就解除了丈夫对她的一切义务。不管法律是不是这样，我现在把你对我的义务全部解除。你不受我拘束，我也不受你拘束。双方都有绝对的自由。拿去，这是你的戒指。把我的也还我。

海尔茂：连戒指也要还？

娜拉：要还。

海尔茂：拿去。

娜拉：好。现在事情完了。我把钥匙都搁这儿。家里的事用人都知道——她们比我更熟悉。明天我动身之后，克里斯蒂纳会来给我收拾我从家里带来的东西。我会叫她把东西寄给我。

海尔茂：完了！完了！娜拉，你永远不会再想我了吧？

娜拉：喔，我会时常想到你，想到孩子们，想到这个家。

海尔茂：我可以给你写信吗？

娜拉：不，千万别写信。

海尔茂：可是我总得给你寄点儿——

娜拉：什么都不用寄。

海尔茂：你手头不方便的时候我得帮点忙。

娜拉：不必，我不接受生人的帮助。

海尔茂：娜拉，难道我永远只是个生人？

娜拉：（拿起手提包）托伐，那就要等奇迹中的奇迹发生了。

海尔茂：什么叫奇迹中的奇迹？

娜拉：那就是说，咱们俩都得改变到——喔，托伐，我现在不信世界上有奇迹了。

海尔茂：可是我信。你说下去！咱们俩都得改变到什么样子——？

娜拉：改变到咱们在一块儿过日子真正像夫妻。再见。（她从门厅走出去。）

海尔茂：（倒在靠门的一张椅子里，双手蒙着脸）娜拉！娜拉！

（四面望望，站起身来）屋子空了。她走了。（心里闪出一个新希望）啊！奇迹中的奇迹——

楼下砰的一响传来关大门的声音。

（选自《易卜生文集》，潘家洵译）

第十四讲　现代婚姻特色

[法]涂尔干

埃米尔·涂尔干（也译为迪尔克姆 Emile Durkheim, 1858—
1917），法国社会学家，社会学三大奠基人之一。1858 年生于孚日省，
早年就学于巴黎高等师范学院。1887—1902 年在波尔多大学教书，创
建了法国第一个教育学和社会学系。1891 年，被任命为法国第一位社
会学教授。1898 年，创建了法国《社会学年鉴》。围绕这一刊物形成
了一批年轻社会学家的团体——法国社会学年鉴学派。1902 年后执教
于巴黎大学。1917 年卒于巴黎。

涂尔干创立的一系列社会学概念和理论，充实了由 A. 孔德开启
的实证主义社会学的构想，使社会学方法论进一步完备。他运用统计
学、人类学等多学科方法进行社会现象和社会事实研究，使得社会学
理论和经验研究紧密结合，对社会学的发展产生了深远影响。著有
《社会分工论》《社会学方法的规则》《自杀论》《宗教生活的基本形
式》等。

论夫妻家庭

[法] 涂尔干

【编者按：作者从社会史和经济史的角度对近代以来形成的夫妻家庭——即以夫妻为核心的家庭，而不是以家族为核心的家庭进行了研究阐述。涂尔干认为传统家庭的解体与夫妻家庭的牢固成反比状态。然而，这未必符合现代社会的真实状态。】

　　我所说的"夫妻家庭"，指的是从日耳曼社会或现代欧洲最文明的民族中演化而成的一种家庭。[①] 伴随着这些民族长期演化以及固定在我

---

① 本文是根据马塞尔·莫斯及其他学生为涂尔干1892年家庭课程所做的零碎的手稿和笔记整理而成的。尽管编辑工作比较细致，但重编而成的文本并不像涂尔干本人的作品那样流畅和明确。在本文发表的过程中，莫斯曾经作过这样的介绍：

这篇文章是涂尔干1892年在波尔多大学开设的家庭课程中的第17讲，也是最后一讲。本课程是在1892年4月2日讲授的。

长期以来，涂尔干一直有发表他整个家庭研究的愿望。不过，在"一战"前他始终在致力于《论道德》的著述，所以此事耽搁了下来。他的想法是，只把他有关家庭道德的课程，以及道德课程的第二部分等实质内容纳入到他的写作计划中。然而，战争带来了困难。涂尔干在他去世前的很长一段时间里，就已经明确地宣布了该计划，所有听过课的学生也都期待着涂尔干最终完成他的这项计划。不过，他也告诉过我们，只能发表他的"家庭道德"。当然，"论家庭"除了花费很长的篇幅进行证明和论证以外，并不具有大量论文的那种明确形式。家庭法的历史，特别是原始社会家庭法的历史，从1892年以来就已经发生了巨大的变化。

在评价这门课程的过程中，我们发觉其中的许多部分即使已经过了四分之一个世纪，也依然显得十分准确和深刻，所以我们认为我们有义务让尽可能多的读者从中受益。

在涂尔干的思想中，这篇带有结论性质的一讲非常简洁，因而可以进行许多补充。从

们民法体系中的过程，我将对这种家庭最本质的特征进行描述。

　　夫妻家庭是父方家庭衰落所带来的结果。[①] 父方家庭是由父亲、母亲以及除女儿及其后代之外的所有后代组成的，而夫妻家庭却只包括丈夫、妻子及未成年的未婚子女。在群体的这些成员中，由此构成的亲属关系不仅是非常特殊的，而且只能在这些成员中存在，只能限定在父权所统辖的限度内。父亲既要养育子女，也要负责他们的教育，直到他们长大成人。反过来说，子女也被置于父亲的支配下。子女既不能掌控自己的人身，也不能掌控自己的财富，两者都由他的父亲来享用。他也没有民事责任，该责任已经移交给了他的父亲。当子女到了可以结婚的法定年龄——尽管他到了 21 岁这一民事上的法定年龄，在婚姻问题上也依然受到父亲的监护——或者一旦他合法地结婚了，所有这些关系就将告终。此后，子女们具有了自己的人格和独有的利益，为自己负责。当然，他也可以继续生活在父亲的庇护下，但这种情况只是物质上或纯粹道德上的事实，并不具有父方家庭所造成的法律后果。而且，他甚至通常在未到法定年龄之前就不住在那里了。无论如何，一旦子女结了婚，照规矩他就必须另立门户。当然，他依然与父母保持联系，在父母生病的时候，他还得养活他们。反过来说，他有权占有家庭的部分财富，因为（按照法国的法律体系）他不能被完全剥夺继承的权利。这些只是（从早期家庭形式中）存续下来的法律义务，甚至后者注定会最终消亡。如今，已经不再有什么东西能够让人们回想起这种作为父方家庭或父权家庭之基础的永久依赖状态了。既然只有夫妻双方才是家庭的永恒要素，既然所有子女迟早都会离开这种父方家庭，我很想把这样的家庭称为夫妻家庭[②]。

　　（接上页）《社会学年鉴》前几期开始，涂尔干发现了大量便于阐述这一问题的"家庭组织"方面的数据，他自始至终都掌握有这些数据。——莫斯注

① 上一讲讨论的就是父方家庭。这是涂尔干对日耳曼民族家庭制度的称谓，与罗马父权家庭有相当大的差别。其中，主要的差别就是罗马世袭贵族统治和父系家庭（pater familias）拥有绝对集中和过于集中的权力；相反，儿童、妻子以及母方亲属的权利正是父方家庭的特征。——莫斯注

② 当然，这种家庭就是今天社会学家所说的"核心家庭"。——英译者注

　　这种家庭内部组织的新颖之处，就是古老的家庭共产主义已经发生了动摇和瓦解，我们在某种意义上已经看不到它了。直到这种家庭类型成形之前，原始共产主义都是所有家庭社会的基础，唯有父权家庭可能属于例外。在父权家庭中，父亲至高无上的地位压制了家庭联合体的原始共产主义特征。[①] 不过，这一特征也没有完全消失。确切地说，父权是由过去的共产主义转化而来的。这种共产主义已经不再以未分化的家庭为基础，只能以父亲的人格为基础。而且，家庭社会由此构成的整体，其每个部分都不再有独特的个性。[②] 可是，夫妻家庭却不存在这种情况。在这样的家庭中，每个成员都有自己的个性和活动领域。即使是未成年的子女也有自己的个性，尽管他得服从他的父亲，他的成长有更多的限制。子女也拥有自己的财产。尽管在他 18 岁以前，父亲可以随意处置这些财产，但倘若没有针对子女的某些义务，也就不可能有这样的受益权（参见《民法典》第 385 条）。未成年人甚至还会拥有不受此控制的财产，也就是说，拥有不是他的劳动所得、他的父母并没有从中受益的财产（参见《民法典》第 387 条）。最后，在人际关系的领域中，父亲对未成年人的管制权，也受到了严格的限制。以往的共产主义所留存下来的一切，就是父母使用 16 岁以下子女的财产的权利，以及进一步受到限制的后代拥有先辈财产的权利，这种权利是由限制遗嘱权造成的结果。[③]

　　可是，这类家庭更新、更独特的特点，就是国家对家庭内部生活越来越多的干预。人们可以说，国家已经成为家庭生活的一个因素。只有这一中介因素才能针对某些越限的父亲行使矫正的权利。只有国家才能以法官的名义统管家庭委员会，倘若未成年的孤儿没有被委任监护人，该委员会就为他们提供保护，并裁定和要求暂时中止该成未年人的公民权利。在

[①] 这里，涂尔干暗指遗嘱权和转让权。——莫斯注

[②] 涂尔干充分证明，父权家庭，特别是罗马的父权家庭，是以父系家庭为名，通过以前尚未分化的同宗群体的权力集中而构成的。——莫斯注

[③] 在法国的法律中。不过，我们也不应忘记，涂尔干在本讲第一句话中对 1892 年《民法典》中的家庭所作的特殊解释。——莫斯注

某些情况下，近来的法律还赋予法庭宣布剥夺父权的权利。不过，与其他事实相比，还有一个事实可以说明在这些条件下家庭是怎样发生巨大变化的。倘若没有国家这种新要素的介入，那么夫妻家庭既不可能来源于父权家庭，也不可能来源于父方家庭，更不可能来源于两种家庭的结合体。[①]就此而言，亲属关系经常有可能会发生破裂，要么是由亲属……造成的，因为他想离开他的家庭，要么是由他所依赖的父亲造成的。前一种家庭是同宗家庭，也是父方家庭；[②]后一种家庭则只能存在于父权家庭中。对夫妻家庭来说，亲属关系完全是不可分割的。国家通过把家庭纳入自己的保护下，剥夺了个人割裂家庭的权利。

　　这就是现代家庭的核心地带。[③]不过，在这一核心地带的周围，是其他某些构成它的次级地带。无论何处，这些次级地带都只是以前的家庭形式，换言之，它们可以追溯到一定程度的血亲关系。[④]首先，这是由先辈和后代组成的群体：祖父、父亲、母亲、兄弟、姊妹以及先辈——也就是说，古老的父方家庭脱离了其首要的等级，而降低到次要的等级。于是，由此构成的群体在我们的法律中便获得了相当特殊的性质。当一个没有子嗣的男人死后，他的财产就会分给他的父母、兄弟、姊妹或后代。其次，超出父方家庭之外，我们发现了同宗家庭[⑤]——即除上文所及的亲属关系之外

---

① 在这一讲原有说明的基础和语境中，我加上了这两个从句。在手稿中，这一句话只写在了页边。——莫斯注

② 这里，涂尔干认为，在希腊和罗马，脱离野蛮法的解放与通过割断宗族关系纽带来摆脱父权家庭的做法是对立的。——莫斯注

③ 这里，涂尔干使用"zone"一词，在某种程度上指的是具有亲缘关系的圈子。这个词是他的一个专用术语，而且相当明确。——莫斯注

④ 就像胞族存在于氏族以外一样，氏族也存在于同父异母家庭、男系家庭或同宗家庭之外；同宗家庭存在于父权家庭之外，等等。——莫斯注

⑤ 在有关日耳曼父方家庭的分析中，涂尔干指出，在家庭制度史的最初时期，母方和父方都曾经具有同样的基础。叔叔与舅舅，外甥和侄儿都拥有同样的权利。他说："这就是我提议将由此构成的旁系亲属家庭称为同宗家庭的原因。"他引证霍伊斯勒（Heusler）的说法，指出"Sippe（胞族）完全是同宗的。所以，《萨利法典》中的parantèle（Sippe 一词的拉丁文译法）所指的就是从两方面传承而来的父母，双亲的一方为母系（parentes tam de parte quam de matre）（第 42 条）等等（*Institutionem des Duetschen Privatrechts*，2：172)。"参见 *L'Année sociologique*，8：429。——莫斯注

的所有旁系亲属关系所组成的群体，然而，同宗家庭的消亡和衰落要比父方家庭严重得多。在父方家庭中，第六代和第七代有时甚至是更远的旁系亲属，依然具有非常重要的家庭权利和义务。在上一讲中，我们曾经提到过几个例子。[①] 它们在家庭中所起的作用实际上等于零。所有能够留下来的就是一种偶然的继承权。如果没有后代或前辈可以自由地留下遗嘱，那么上述继承权几乎所剩无几。氏族第一次失去了所有的痕迹。（这两种次级地带中的个性似乎已经不再像原有的类型那样明显了。[②]）

既然我们已经很熟悉由此构成的最后一种家庭类型了，我们就可以撩开面纱，追溯并说明这一漫长的演化过程所揭示的结果。

我们已经全面证实了其逐步缩减或渐次出现的规律。我们所面对的是一些越来越受到严格限制的群体，这些群体倾向于以一种最常规的方式吸取从原始群体中产生出来的整个家庭生活。[③] 这种演化的规律性不仅是从以往的家庭中得来的，而且我们很容易发现，这也与历史发展最基本的条件有关。实际上，有关父权家庭的研究表明，随着与每个人直接有关的社会环境进一步扩展，家庭的范围必然会缩小。[④] 因为家庭越

---

① 在这里，涂尔干重新提到了他阐明母方亲属关系的几个要素：被杀赔偿金（Wergeld）中的刑事责任问题（《萨利法典》第 88 条）；未来的丈夫从寡妇同母异父的亲属的外甥那里，甚至在没有其他各代人的情况下，从母方兄弟姊妹的儿子那里赎回寡妇的再婚权的问题（《萨利法典》第 44 条）；以及确切意义上的母方家庭所留下的其他痕迹。——莫斯注

② 这是在上下文中插入的一句话，可能被那些不熟悉涂尔干的术语，或者是涂尔干为其所谓次级地带研究赋予重要意义的人们忽略了。我们只需说明，涂尔干的意思是，直到那个时候，即使受到严格限制的家庭正在形成，还依然经常明显留有扩大家庭和氏族的痕迹；相反，对现代夫妻家庭来说，已经不再明显留有同宗家庭的痕迹了，人们认为这种家庭是从夫妻关系中形成的，也就是说，是从单一的原配夫妻中产生出来的。——莫斯注

③ 我们不可能在一个脚注中概括涂尔干的整个理论，特别是他的某些证据：有关政治家庭群体逐步衰落的证据；从比较混乱的外婚制氏族、大规模的亲属群体向确切意义上的分化氏族或家庭（无论是母系家庭还是父系家庭）转变的证据；并由此向尚未分化的由宗族构成的家庭，再向父权家庭、父方家庭和母方家庭，最终向夫妻家庭转变的证据。根据他的说法，家庭人数减少和家庭纽带集中的现象是家庭制度史中具有决定性意义的现象。参见涂尔干对格罗塞《家庭形态与经济形态》所作的书评，*L'Année sociologie*，1：326ff。——莫斯注

④ 这里，涂尔干暗示了他从罗马和中国父权家庭中所得出的推论。他把这种家庭解释为在家长支配下的宗族群体的封建集权。葛兰言（Granet）在 *Polygunie Sororale*（1920）中也根据大量中国文献明确阐明了这一问题。——莫斯注

受到限制，就越容易防止出现特定的差异；于是，只有许多人共有的差异能够产生大众的效应并能够克服集体抗拒力时，这些差异才会显现出来。在这种情况下，唯有大规模的家庭社会才能摆脱政治社会的约束。反过来说，环境的范围越大，就越会给私人差异留出更大的空间，进而那些少数个人所共有的差异就不再会受到限制了，反而会得以形成，得以确立。与此同时，借助人们已经从生物身上发现的一般规律，个体之间的差别会只因为环境的范围越来越大而变得越来越多。所以，倘若说有一个事实能够决定历史的话，那么它就是我们每个人必须整合其中的社会环境的逐步扩展。城市取代了村社组织；城市连同依赖它的周围村社所构成的环境，继而被能够容纳各种城市的民族国家所取代；不过，像日耳曼民族这样容量有限的民族，也最终被今天规模庞大的社会取代了。与此同时，在这些社会中，各部分之间的联系也越来越紧密，这是由人口的增殖和越发快捷的交通等造成的。[1]

随着家庭容量的逐步缩小，家庭的构成也发生了变化。

由此看来，这里所发生的巨大变化，就是家庭共产主义的逐步解体。起初，家庭共产主义涉及了所有的亲属关系；所有亲属都共同居住，共同占有。可是，一旦在这种最早形成的一大群人的中心发生了第一次解体，一旦次级地带得到形成，家庭共产主义本身就会退回和专门集中在首要或核心的地带。当同宗家庭从氏族中产生出来的时候，家庭共产主义也就不再会成为同宗家庭的基础了。最终，家庭共产主义一点点地局限于首要的亲属圈子内。在父权家庭中，家庭中的父亲已经从中脱身出来，因为他一个人可以很随意地支配家庭财产。在父方家庭中，这种情况更明显，因为这些家庭类型属于低级社会。[2]然而，即使家庭成员不能从私人的角度占有或管理财产，他们也拥有个人财产的名义。

---

[1] 在这里，同样也在我的课程笔记中，似乎遗漏了一句结论："因此，家庭群体被迫逐渐缩小，直至达到极限。"——莫斯注

[2] 涂尔干在上一讲中指出，日耳曼父方家庭并不以尚未分化的宗族家庭为前提，而是直接来源于母系家庭，依然留有母系家庭的大量痕迹。——莫斯注

最后，在夫妻家庭中，这种权利只留下了一些遗迹。所以，这一发展与以往的发展一样，都与同样的原因有关。那些能够逐步限制家庭范围的原因，也同样使家庭成员的人格变得越来越突出。我们可以说，社会环境扩展的范围越大，私人差异的发展就越不会受到限制。不过，在这些差异中，有些是个人所特有的，是每个家庭成员所特有的。随着社会关系的领域变得越来越庞大，这些差异也不断变得越来越多，越来越重要。所以，它们在只遇到微弱的反抗时，必然会不断再生自己，变得越来越明显，越来越牢固，由于它们是个人人格的财富，所以也必然会继续发展下去。每个人都会越来越明确他自身的特征、他个人化的思考和感觉方式。在这些情况下，家庭共产主义越来越不可能有容身之地了，因为家庭共产主义的前提正相反，是把所有意识统一和混同在能够淹没它们的单一的共同意识之中。我们有理由确信，对这种曾经勾画过我们的家庭法的共产主义来说，它的消失绝不是瞬间和偶然的事件，相反会越来越彻底——除非有某种无法预见、不可理解的奇迹，促使从它诞生以来就支配社会演化的基本条件发生改变。

这些变化究竟会削弱还是会强化家庭团结呢？这个问题是很难回答的。从某种意义上说，家庭团结会更牢固，因为亲属关系的纽带在今天是不可消解的；但从另一方面来说，它所形成的义务将会变得更少、更不重要。可以确定的是，这种团结确实有所转变。这取决于两个因素：人和物。我们把团结留给我们的家庭，是因为我们感觉到了组成家庭的成员之间的团结。不过，产生这种团结还有一个原因，就是我们离不开物，因为在家庭共产主义的制度下，物归家庭所有。共产主义的破灭所带来的结果，就是物在更大程度上不再产生稳固家庭社会的作用。家庭团结完成变成了人的问题。我们依恋我们的家庭，是因为我们依恋父亲、母亲、妻子和孩子这些人。此前，情况却截然不同。当整个家庭组织以维护家庭内部的财产为首要目的，个人的考虑相比而言只处于次要地位时，通过"物"形成的联系就会优先于通过"人"形成的联系。

家庭就是这样发展的。然而，如果上述描述是很确切的，如果共同占有的物不再是家庭生活中的一个因素，那么继承权也就没有存在的理由了。家庭共产主义只有在私有财产的体制下才能得到维持。因此，倘若家庭共产主义瓦解了，从家庭的所有地带中消失了，那么继承权本身怎么还会维持下去呢？实际上，它的退化是最有规律的。首先，它以一种不可侵犯的方式属于所有人，甚至是那些最远的旁系亲属。不过，对次要地带来说，遗嘱权很快产生了，并使继承权陷入了一种瘫痪状态。只有当死者没有设置什么障碍，个人在这个方面所实施的权力每一天都在变得越来越大时，旁系亲属才有权继承死者的财产。最后，立遗嘱的权利甚至渗透进了核心地带，进入到由父母和子女组成的群体中。父亲可以全部[1]或部分取消子女的继承权。无疑，这种退化必然会进行下去。我的意思是说，不仅遗嘱权会变得越来越绝对，而且不再允许立遗嘱的那一天也会到来，即使遗嘱只把他的财产留给他的后代；从法国大革命起，就不再允许一个人把他的官爵和荣誉留给他的后代了。以遗赠的形式转让财产只不过是世袭传递最终的和最微弱的形式。目前，对那些最重要的有价商品，也不再采用任何世袭形式来传递了。[确切地说，这里指的是]官爵和荣誉。[2] 如今，所有工人都不再把他们的劳动果实传递给他们的子女，特别是对那些劳动只能给他们带来荣誉和尊重而不是财富的工人来说更是如此。确实，这条准则已经越来越具有普遍性，而世袭传递则将会逐渐消失。

从另一个角度来看，这种变化也越来越会成为一种必然的变化。只要富人能够通过世袭的形式传递财产，就会有天生而来的贫富之分。只有当社会把个人面前的外在不平等拉平到很大程度时，社会生活的道德条件才能得到维持。这并不是说，人们之间会变得越来越平等——相

---

① 这里，根据我原有的课程笔记，涂尔干指的是盎格鲁－撒克逊的法律已经承认了这种绝对的遗嘱权。——莫斯注

② 根据我这一讲的笔记，对这个问题来说，涂尔干增加了某些很重要的观点，如已经失效的文字、产业和商业财产等方面的权利（著作权、商标权和专利权），这些权利均被纳入公共领域之中，所有者不能随意转让。随后，他又回到了这一主题上来。——莫斯注

反，他们内在的不平等会越来越大——而是说，除了每个人的个人资质所带来的不平等外，社会就不应该有其他不平等了，即便是对于前一种不平等来说，也不应该出于某种外在原因而得到夸大或缩小。但是，继承财产就是这些外在原因之一。这样做，只会给某些人提供并非是从他们的业绩中得来的优势，使他们凌驾于其他人之上。以上不公平的状态，越来越难以让我们忍受，也越来越会与我们社会的存在条件不合拍。所以，那些用来论证继承权，甚至是以遗嘱形式出现的继承权的所有事实，都注定会逐步消失。

不过，虽然上述转型有其必然性，但也不是轻而易举的。无疑，通过世袭方式传递财产的法则在古代家庭共产主义中自有其根源，只不过它正处于消亡之中。然而，在这一发展过程中，我们已经习惯于这些规则，它也始终与我们的整个组织密切相关。假如在没有其他规则替代它的情况下就把它取消，那么社会生活的生命之源就会枯竭。事实上，我们已经对它感到很习惯了，所以，期冀通过世袭的方式来传递我们的劳动果实，早已成为我们行动背后的动力。倘若我们只去追求我们的个人目标，那么我们就不会有劳动的动力，我们的劳动之所以有意义，是因为劳动是为别人服务的。个人并不是其本身的充分目的。当他只专注于他的个人目的时，会陷入一种最终将他引向自杀道路的道德悲惨境地。[①]把我们与劳动维系在一起的，是我们扩充家庭世袭财产，进一步为子女造福的手段。倘若没有这样的前景，上述极其强烈的道德激励作用就会彻底消失。因此，这一问题并不像我们最初看到的那样简单。对我们勾勒出来的理想来说，如果它有可能得到实现，那么我们甘冒失去一切之风险的动力，也会逐渐被其他的动力所取代。一定要有区别于个人利益或家庭利益的其他事物，才能激励我们劳动。另一方面，因为社会利益离我们太远、太不清楚、太不具有个人的特点，所以很难成为一种有效

---

① 当时，涂尔干已经开设了有关自杀问题的第一门课程。我们已经很清楚涂尔干发表于1896 年专门讨论自杀的著作中的观点。——莫斯注

的动力。所以，我们必须得融入某种外在于家庭的群体中，该群体的范围比政治社会更有限，也更接近于我们。对这种群体来说，家庭已经不再有能力实施的权利将会得到传递。

那么，这种群体究竟是什么样子的呢？是婚姻社会吗？实际上，我们已经看到，它已经通过一种最常规的方式产生出来了，它既很牢固，凝聚力也会变得越来越强。它为夫妻家庭所确立的重要地位，标志着这种发展的极致状态。在这种家庭形式中，不仅婚姻变得几乎无法解体，一夫一妻制也将会越来越完善，而且会呈现出两个新的特征，这些特征会随着时间的推移来说明它所确立的动力。

首先，它已经完全不再是一种个人契约，而是一种公共行为。婚姻契约是由 [法官] 来规定的。婚礼不仅具有公共性的特征，而且如果不能确切履行各种仪式，婚姻就是无效的。我们知道，除非法律行为被赋予了重要地位，否则它就不能承担庄严的责任形式。

如果我们换个角度，从婚姻的外部条件转向婚姻关系的组织状况，那么它们呈现给我们的是一种我们在家庭史中根本找不到的特殊性。这就是配偶之间共有财产制的产生，无论这种共有制是无所不包的，还是仅限于获得财产。实际上，共有制是婚姻社会的一条准则。共有制是合式的，如果没有相反的协约，它也具有充分的合法性。这样，在家庭共产主义从家庭社会中逐渐衰退的过程中，又在婚姻社会中反映出来了。[①] 难道就我们所讨论的功能来说，后者一定会取代前者吗？难道夫妻之爱也像家庭之爱一样，是一种能够产生同样效果的力量吗？

绝非如此。就夫妻社会本身而言，它实在是太短暂了。它无法为我们提供足够的远景预期。要想让我们全力以赴地投入劳动，我们就必须得有这样一种感受，这种社会必须要比我们活得更长久，它的某些部分必须在我们身后留下来，甚至在我们离开这个世界以后，它依然能够

---

① 这里，涂尔干所指的是，继续存活下来的婚姻伙伴所享有的各种权利，如法国法律中的受益权，以及盎格鲁－撒克逊法律中的继承权（ab intestat）。——莫斯注

为我们所爱的人服务。当我们为了我们的家庭而劳动时，很自然会产生这样的感受，因为它在我们死后仍然会存续下来。可是，夫妻社会却相反，它会随着每一代人的死去而解体。一个配偶不会比另一个配偶多活几年。结果，他们无法彼此成为一种目标，以使他们从只去寻求一种转瞬即逝的感情中解脱出来。正因如此，单靠婚姻根本不会对自杀产生一种像家庭那样的作用。[①]

看起来，只有一种能够与个人结合得非常紧密，并让个人紧紧黏附于它的群体。对个人来说，群体可以延续得更久，可以提供一幅远景让他去期待。这就是职业群体。在我看来，唯有职业群体才能在经济和道德功能上取代家庭，因为家庭将越来越难以履行这些功能。若要把我们自身从我们正在遭受的危机中解脱出来，光靠世袭传递法则所产生的压制作用是不够的。人们必须逐步维系于职业生活，必须确立这种牢固的群体。职业义务也必须在人们的内心中发挥家庭义务曾经发挥过的作用。上文提到的那些出类拔萃的人，已经达到了这一道德层次，这也证明这种转变并不是不符合实际的。[②]（此外，上述变化将不会得到绝对的实现，因为原有法律的大量痕迹会在很长时期内留存下来。父母依然会为了抚养他们的家庭而努力工作，不过，这一动力本身并不足以。[③]）（瓦解和根除家庭。相反，本质而言，唯有职业群体才会成为永久的实体。）

此外，我还想用三言两语说说婚姻具有的次要作用。在父方家庭中，在家庭旁边还留有一种自由的两性关系；然而在夫妻家庭中，这种

---

① 参见《自杀论》(*Suicide*)。——莫斯注
② 手稿并没有涂尔干这种观点的任何发展痕迹。多亏有我的笔记，我才可以很完整地将它们重新组织起来："难道那些为国家而工作，但只有低廉报酬的公务员、士兵和学者会指望世袭传递吗？作家、艺术家、学者、工程师和发明家的工作很快被纳入公共领域，他们的文学、艺术和产业财产很明显是无法继承的，难道他们也指望把所有这些当做永恒财产传递给他们的子女吗？他们为何而工作呢？他们的劳动是否不像其他人的劳动那样有效，或者更有效呢？所以说，一个人不能只为留给子女遗产这种唯一的目的而工作。"——莫斯注
③ 这是涂尔干本人在手稿中插入的一段话。既然他说了这些话，我就可以把最后这几行字补上了。无疑，他确实想在接下来的稿子中把它们删掉。——莫斯注

关系几乎完全受到了拒斥。[不再符合任何法律规定。] 家庭越有组织，婚姻就越倾向于成为亲属关系的唯一条件。

[以下，便是上述事实的] 原因。婚姻既确立了家庭，[同时也] 来源于家庭。所以，任何没有以婚姻形式达成的两性关系都会损害家庭义务和家庭纽带，并从国家介入家庭生活之日起损害公共秩序。换个角度说，必须得有这样一种反作用。在任何道德社会中，任何成员都必须向他人履行义务。当这些义务获得一定程度的重要地位时，就会具有一种法律性质。自由的两性关系是一种根本不存在上述义务的夫妻社会。所以说，它是一种不道德的社会。这也是在这些条件下成长起来的孩子有许多道德缺陷的原因，因为他们没有得到道德环境的沐浴。只有生活在一种所有社会成员都彼此负有义务的社会中，孩子们才会受到道德教育。倘若没有这一点，也就不会有道德。此外 [对与此有关的法官和道德本身来说]，这种趋势并不是使所有婚姻具有更自由的两性关系，而是使所有两性关系的婚姻，至少是低级形式的婚姻变得更自由。

所有这些，就是我们在这门课程中所得出的结论。家庭的发展已经变得越来越集中化和个人化。家庭共产主义的逐步消亡所带来的结果，就是家庭的逐渐衰落；与此同时，家庭关系也将继续具有一种独有的个人特征。在家庭丧失基础的同时，婚姻则相反，变得更牢固了。

（选自《乱伦禁忌及其起源》，汲喆、付德根、渠东译）

协议离婚[①]

[法] 涂尔干

【编者按：面对法国的离婚浪潮，作者忧心忡忡，而他面对这个问题的独特回答居然是从自杀率与离婚率关系的角度出发的，结论是两者成正比关系。作者自称无力解决离婚问题，但他显然是不赞成协议离婚的，因为他认为婚姻中人为解决自己个人的痛苦而离婚，同时造成巨大的社会问题。】

　　某些作家对协议离婚问题有一些时髦的想法，而律师和政客们也亦步亦趋，于是，这场运动就以非同寻常的速度鼓噪开了。就在昨天，舆论对这样的问题还漠不关心，如今却似乎坚定不移地宣称自己已经接受了这种最激进、最革命的解决方案，就好像它是不证自明的一样。只要有人试图拒斥这种普遍的潮流，就会面临被当做反动分子的危险。不过，就人们究竟在何种程度上了解自身来说，我不觉得自己是一个反动分子。即使在那些被当做最神圣的人中间，我认为也没有哪种制度能够摆脱这样的问题。我相信，道德世界与物质世界一样，都只是人们争论的对象。我们有关祖国或家庭的观念，都注定会发生演化。其实，我们的眼前就在发生着演化。不过，我们也没有理由异想天开，认为一夜

① "Le Divorce par consentement mutuel", *Revue bleue 5 e série* (1906), 5：549-554.

之间就能出现变化。尽管在某种意义上我也认为保罗·玛格丽特和维克多·玛格丽特（Paul et Victor Margueritte）的观念已经被人们一致接受（至少在天主教圈子之外），而且这在议会和法院都得到了辩护者的认可，然而，他们所提出的改革方案着实令我感到不安。下面，我就说说其中的理由。

在目前的情况下，我并不想全面处理这一问题。在各种似乎被人们普遍误解的方面中，我只想考察其中的一个方面。尤其是从父母的利益出发（有人也说从子女的某些利益出发），配偶有权在他们的婚姻变得无法忍受的情况下分开。将他们从彼此共同陷入苦恼的约束关系中解放出来，从而结束这段痛苦，是最重要的事情。不过，我们也有必要从另外一个角度来检视这个问题，即婚姻制度本身的利益，离婚体系不能不对之造成影响。最确切地说，我们最根本的意图，就是对离婚的原则提出疑问。在某些情况下，必须允许配偶摆脱他们的婚姻，这看起来似乎是不可辩驳的事实。可是，离婚绝不能通过这种方式不断扩展、对抗和破坏婚姻状态所依凭的原则。因为，这样一来，它就会以治疗个人不幸为借口，使其本身变成一种巨大的社会疾病，个人也必须承受这种疾病造成的影响。

实际上，我们完全有理由担心，协议离婚有可能对婚姻及其正常功能产生非常危险的影响。

一

如果说有哪些全面的统计规律的话，那就是贝蒂荣（Bertillon）于1882年公布的统计结果：在整个欧洲，自杀数是随着离婚数的变化而变化的。[1]

当我们把欧洲各个国家彼此比较，或比较同一国家的各个省时，就

---

[1] *Annales de démographie internationle*（Sep. 1882）.——英编者注

会证实这一规律。就此而言，瑞士具有特别的意义。在瑞士，我们可以找到所有宗教和所有民族的村镇，我们也可以了解到，自杀倾向是根据宗教信仰和民族起源而变化的。目前，瑞士还有一种影响决定着宗教和民族的这一倾向，即离婚。无论我们考虑的是新教村镇、天主教村镇，还是混同起来的村镇，无论是法国人、德国人，还是意大利人，只要是离婚频繁发生的地方，自杀也会频繁发生；只要是离婚很少发生的地方，自杀也很少发生；处于中等程度的情况也完全具有同样的趋势。

当然，我们并不是说离婚者的自杀数增加了自愿死亡的人数。不过，可以肯定的是，离婚者要比结婚者更经常自杀，通常是后者的三四倍。可是，由于这一数量太小，所以它在自杀死亡率中并不是很显著。即使在最糟的情况下，法国每年的离婚者中有 50—100 个人自杀。这一数字与我们每年登记的统计数字（8000 或 9000 人）怎么能比呢？就像河流中的一滴水，这小滴水很不起眼的变化是不可能引起河流水位的变化的。

当贝蒂荣发现和总结这条规律的时候，他相信能够为此提供一种很简单的解释。根据他的说法，在那些个人没规矩、不平衡、没修养、不适应的国家里，更容易出现离婚的现象，因为没规矩、不安定的人不会成为很好的配偶。此外，同样的气质也会带来自杀的倾向。这种情况可以很自然地解释以上两种现象的相关性。不过，除了贝蒂荣把这一事实完全随意地归为瑞士以外——例如，只因为瑞士的离婚数是意大利的15 倍，是法国的 6 倍，就认为瑞士心理失衡的人数是意大利的 15 倍，是法国的 6 倍——而对我在《自杀论》中所提出的新发现，他过于简单化的理论就显得完全站不住脚了。[1]

我并不想比较频繁发生离婚现象和很少发生离婚现象的国家中的自

---

[1] 为准确起见，我们必须补充说，贝蒂荣也在很大程度上关注着天主教信徒，特别是女性信徒的自杀登记人数；这种情况使女性信徒遭受着痛苦。不过这一规律也适用于新教国家。——英编者注

杀总数，而是想把自愿死亡总数依据每一种婚姻状况，如未婚、已婚和丧偶等范畴划分为三个特殊的部分。我们经常发现，在频繁发生离婚现象的地方自杀的增加主要针对的是已婚者。在法国，离婚和自杀的频率在巴黎比在外省高得多。不过，在未婚者中却几乎不存在这种自杀率恶化的情况。如表1和表2所示，这种情况几乎是各年龄段的已婚者所独有的现象。

除了人们为生活而奋斗的时期，也就是20—40岁的这段时期，未婚者的自杀数在巴黎和外省并没有什么差别。而且，即便是未婚巴黎人与未婚外省人在自杀倾向上的关联，也是相当弱的（1.5）。不过，另一方面，对每个年龄段来说，已婚巴黎人的自杀数是已婚外省人的2.5倍到3倍。

表1　各年龄段每百万未婚男性中的自杀人数（1889—1891）

年　　龄	外　　省	巴　　黎	巴黎与外省的比例
20—30[①]	579	986	1.5
30—40	590	869	1.4
40—50	976	985	1.08
50—60	1445	1367	0.9
60—70	1790	1500	0.8
70—80	2000	1783	0.8

---

① 在本表和表3、表4两栏的第一项数字中，涂尔干引用英文版《自杀论》表22的数据中犯了个错误。菲利普·贝纳尔（Philippe Besnard）指出，涂尔干是用累加的方法，而不是平均的方法来构建20—30岁组别的，即20—25岁和25—30岁两个原始组别。（而且，涂尔干加给巴黎未婚男性的数据也有误；986应该是1086。）这一比率出奇的高，人们怀疑涂尔干没有意识到这一误差。正因为他同时误算了巴黎和外省的比率，所以保护系数基本没有变化。由于涂尔干所说的不是绝对的比率，所以该误差并没有产生严重的后果。参见 Philippe Besnard, "Durkheim et les femmes où le Suicide inachevé", *Revue francaise de sociologie* 14：58。——英编者注

表 2　各年龄段每百万已婚男性中的自杀人数（1889—1891）

年　　龄	外　省	巴　黎	巴黎与外省的比例
20—30①	103	298	2.9
30—40	202	436	2.1
40—50	295	808	2.9
50—60	470	1152	2.4
60—70	582	1559	2.6
70—80	664	1741	2.6

　　当然，寡居者也会使自杀数有所增加：丧偶的巴黎人的自杀倾向约是外省的 2.5 倍。在丧偶者中，这一增长的势头要比未婚者更猛。不过，实际上，这只是《自杀论》所确立的更为普遍的规律的一个特例，该规律表述如下：丧偶者的自杀倾向是随着已婚者自杀倾向的变化而变化的。② 当已婚者很少自杀时，丧偶者也很少自杀；当已婚者的自杀数增多时，丧偶者的自杀数也同样增多。事实上，我们很容易看到，在婚姻状况中，配偶会融入一种道德的构造，进而对自杀倾向产生决定性的影响。此外，当丧偶在某种程度上削弱这一构造时，它也会竭力在婚姻的解体过程中存活下来。当观念和习惯的整个系列，也就是性情的整个系列产生的原因不复存在时，它们仍会持续发挥作用。

　　所以，如果在离婚普遍发生的国家里，更多的自杀数无外乎源于这样的事实：已婚者的自杀数要比其他国家多得多，那么，贝蒂荣的假设就站不住脚了；因为我们不可能确认，已婚者中不安定、不平衡

---

① 我们并没有提到 25 岁以下已婚者的自杀数。因为该数字很小（每年每百万人中只有一人），所以人们很难就此得出可靠的结论。——英编者注

② 参见《自杀论》中用来说明这一规律的事实（*Sucide*, Glencoe：Free Press, 1951, p.132ff.）。——英编者注

的人数就比未婚者多。不过，既然我们看到自杀数量的增加是已婚者特有的情况，那么这无疑是因为离婚会强烈地影响到婚姻状况所决定的道德构成。毋庸置疑，婚姻能够为配偶建构一种自成一类的道德构成，它既能够帮助丧偶者在婚姻关系的解体过程中存活下来，当然也与自杀倾向有关。

实际上，我们知道，即使没有子女所起到的强化作用，自在和自为的婚姻也会相对使配偶免除自杀的倾向；已婚男性即使没有子嗣，其自杀数也比单身男性少 1.5 倍，更确切地说，两者之间的保护系数为1.5。当有子嗣的时候，保护系数会提高到 3 以上。在上述著作中，我曾经列举过大量事实来证明配偶的保护系数与离婚数成反比：离婚减少时，该系数就会提高；反之，该系数就会降低。在 1889—1891 年，外省的离婚并不很普遍，25—80 岁已婚男性的保护系数处于 3.54—3.01；在同一时期，巴黎各年龄段的保护系数从来都没有超过 2.01，唯有一次达到过这一数字（25—30 岁的男性）；对 40—80 岁的男性来说，几乎没有超过整体水平（1.21 为最高值），它甚至低于 60—70 岁的整体水平，换言之，该年龄段中的已婚男性要比单身男性更容易自杀。最后，外省 25—80 岁男性的保护系数为 3.15，而巴黎为 1.49，比前者小 2.5 倍。

我们开始发觉，倘若没有严重的道德缺陷，离婚就不会得到扩散，而这种道德缺陷也会使那些要求改革的人们作出反应，因为改革必然造成的影响将会有利于情况的改善，使其成为我们的民德不可分割的部分。

二

诚然，我们所说的上述事实只适用于男性。没有迹象表明，已婚女性也不愿意离婚。当然，巴黎女性的自杀数也高于外省。不过，巴黎未婚女性的自杀数亦高于外省，表 3 和表 4 均证实，在两种婚姻状况下，情况都同样加重了。

表3　各年龄段每百万未婚女性中的自杀人数（1889—1891）

年　　龄	外　　省	巴　　黎	巴黎与外省的比例
20—30①	217	524	2.4
30—40	101	281	2.7
40—50	147	357	2.4
50—60	178	456	2.5
60—70	163	515	3.1
70—80	200	326	1.6

表4　各年龄段每百万已婚女性中的自杀人数（1889—1891）

年　　龄	外　　省	巴　　黎	巴黎与外省的比例
20—30②	116	167	1.4
30—40	74	156	2.0
40—50	95	217	2.2
50—60	136	353	2.6
60—70	142	471	3.3
70—80	191	677	3.5

　　在50岁以下的各年龄段中，未婚女性自杀比例的增幅比已婚女性略高些，而且只高出一点儿。不过50岁以上，却出现了相反的关系。这样，两种相反的差异就可以彼此抵消掉了。对平均的增长比例来说，未婚女性为2.4，已婚女性为2.5。

　　在《自杀论》中，我曾经说到过，③离婚的影响在某种程度上可以增加妻子的免疫力。事实上，在1889—1891年，相对于未婚女性来说，已婚女性的保护系数就平均水平而言巴黎只比外省略低一点儿，巴黎为

———————

① 参见本书第183页注①。
② 同上。
③ 参见 *Suicide*，p. 266ff。

1.79，外省为 1.49。不过，如果本文再次提到这一问题，那么我觉得巴黎已婚女性所具有的优势是很明显的，这并不是因为巴黎已婚女性的道德状况比外省好一些，所以自杀人数也会少一些，而是因为 20—35 岁未婚女性的道德状况更糟糕，所以更容易自杀。其实，巴黎单身女性的自杀数并不比外省少；相反，我们刚才提到的未婚女性的比例，始终维持在 2.4—3.1，除了个别时期下降到 1.6 以外。我们很容易解释这些未婚女性在巴黎所面临的特殊危险，尽管她们很年轻，但她们更容易产生强烈的自杀倾向。

与未婚女性相比，外省的妻子们似乎受到了更多的保护，不过，这并不是因为已婚女性的道德构成维持得更好，只是因为巴黎有大量未婚女性（由于她们的生活条件，或由于她们道德气质上的先天弱点，或由两种因素共同造成的）具有更强烈的自杀倾向。所以，我们完全可以有理由说，婚姻状况对自杀直接产生的防范性影响，使巴黎和外省并没有什么明显的不同。[①]看起来，离婚对女性自杀并未产生明显的影响。

而且，这一事实也不会令人感到吃惊，它不过是一种普遍规律的特例而已，可以表述如下：婚姻状态只会对女性的道德构成产生很微弱的影响。对自杀来说，婚姻社会并不会产生多大的影响，这是显而易见的事实。在没有子女的情况下，已婚女性似乎更容易比同龄未婚女性产生自杀倾向。

当妻子同时也是母亲时，更容易受到保护，但这种保护作用比丈夫微弱得多。[②]因为一般而言，婚姻只会给妻子带来微弱的好处，很自然，离婚也不会给妻子带来大得不得了的害处。从某种角度上说，她几乎受不到婚姻的道德影响。正因为她从中只能得到一点儿好处，所以她感到的痛苦也不会太大。不过，我们也必须很小心，不能从离婚未能增加她

[①] 以上数字表明巴黎已婚女性自杀数要比外省多。但我们并不能就此认为这一增量是巴黎婚姻状况所导致的结果，因为在巴黎的环境中，还有许多其他原因可以解释这种情况。——英编者注

[②] 参见 *Suicide*，p. 188，有关这一现象的解释，参见 p. 215。——英编者注

的自杀倾向而得出结论说，这是不容置疑的事实。之所以如此，只因为婚姻能够起到的作用并不大。

三

所以，我们可以确定，婚姻能够产生一种道德上的影响，特别是对男性而言，可以给个人本身带来好处，因为它能够把个人与生活更紧密地结合起来。但是，与有些人从先验角度作出的预言截然相反，当个人很容易割断婚姻纽带时，他们会更容易离开。随着离婚现象的扩散，人们越来越难以感觉到这种值得庆幸的影响了。这是因为，婚姻通过限制激情，为男性赋予了一种道德姿态，使他的抵抗力越来越大。婚姻通过为欲望指派一种确定的、明确的和根本不变的对象，来防止这些欲望在追逐新奇多变的目标中，在实现目标时越来越感到厌倦，最终筋疲力尽，不再抱有幻想，暴弃终身；防止心灵在追求不可能实现的或带有欺骗性的快乐中变得悲喜交加，交付一切。它更容易使内心获得内在的平静和平衡，这是道德健康和幸福的根本条件。然而，它只能产生这些影响，因为它对规定表现出了一种尊重的态度，这种规定在个人之间构建了一种社会约束关系。

另一方面，这些约束关系从某种程度上说是很脆弱的，它们会随意地瓦解，婚姻也会寿终正寝，所以也就不再会有同样的德行了。只要人们不再有规定的观念，就会从规定中脱离出来。如果人们很容易就能摆脱约束，那么约束也就不再是能够调节欲望，并借此平息欲望的约束了。

我们无须说明，通过设立一种协议离婚，我们可以为那些已经准备好从婚姻状态中解脱出来的配偶提供一条易行的新渠道。我们说这是一种易行的渠道，是因为法官的角色已经简化为确认当事人的意志是否是真实的和强有力的就行了！就此而言，协议离婚构成了一种自成一类的离婚类型，与其他离婚形式截然不同：如果离婚是由于明确的原因造成的，那些法官必须检验想要离婚的配偶在法律上是否合理；如果达成了协议，协议的存在就相当于离婚权，婚姻纽带事实上就破裂了，因为当事人双方都希望如此。在一种情况下，只要离婚是公正的，就可以实行；另一方面，只要双方都要求这一事实，就有义务实行。所以，在某种程度上，我们完全有理由从过去描绘未来，同时我们也已经无一例外地看到了自杀水平与离婚水平之间的联系，那么，这种最新出现的离婚的扩散，必然会对自杀死亡率产生影响。婚姻将不再像现在那样扮演一种约束的角色，或产生一种调节性的有益影响，而后者正是婚姻存在的主要理由；这种以减少配偶的道德痛苦为目的的措施，将会使他们道德败坏，使他们进一步脱离生活。

这就是改革在引导舆论的过程中所带来的最终代价。我们很难忽略其中的重要意义。

若要避免这些巨大的危险，我们至少得能够为证明这一改革提供十分确凿的原因。让我们简要地评述这些所谓的原因。

有人曾经说，婚姻作为一种契约，只要当事人能够达成协议，就应该能够取消这份契约。这种说法忽略了一个事实：任何契约都会潜在地影响到第三方。在这种情况下，契约当事人发现他们在特定的时刻会卷入到不以他们意志为转移的关系之中而必须取决于第三方。婚姻中就会发生这种情况。婚姻本身能够改变两种家庭的物质和道德经济体：人与人的关系同人与物的关系不再与以前一致。即使家庭中没有子女，婚姻也会产生超出配偶之外的后果。不过，这些后果大体来说是次要的后果。可是，一旦子女生出来，情况就发生了变化。从此时起，婚姻的特性就完全换了一副样子。婚姻双方已经不再是目的本身，而成了实现超出婚姻双方之外的目的的手段：这就是家庭，家庭不仅得以确立，而且还由此负有责任。每个配偶都成为家庭社会的"职员"，他的任务就是履行与之相应的确切功能。丈夫和妻子都不能仅仅因为他们的婚姻不能或不再能给他们带来他们所期望的满足而随意摆脱这样的义务。

婚姻双方不得不专注于别人，而非自身。当然，从家庭秩序和子女的利益出发，如果家庭无法给任何人带来好处，与其维持家庭社会，还不如让它瓦解掉。因为，倘若家庭社会不能或不再能履行它的功能，它也就没有存在的必要了。可是，要想解决这一问题，单单考虑到父母的彼此感情及其物质和道德满足是不够的。这里，有一种超出配偶权限之外的更高、更严肃的利益，唯有法官才能作出评断。而且，婚姻本身也不是光靠意志就能维系的。

然而，有些人认为，当配偶不再想共同生活时，难道他们彼此分开会不利于子女吗？当然，如果做父母的双方出现裂痕，他们之间可能不再会有任何和谐的东西：这样，他们的结合也不会再有任何道德上的功效。不过，除了这些极端和罕见的情况外，对夫妻双方来说，有多少平庸的婚姻把生活变得更稳定、更温和的呢？在这样的婚姻中，配偶并没有像他们所希望的那样志同道合，不过，他们每个人都能够充分地感受到他们的义务。这对履行他们的功能是很有用的，而他们共同的职责会使他们相互容忍，结合在一起。可是，对他们来说，若以这种方式履行他们的功能，他们就必须感受到他们严格的义务。如果法律（公共良知的诠释者）相反鼓励他们随心所欲，从而丢掉婚姻不管，那他们怎能获得这样的感受呢？如果公共权威庄严宣布他们有随心所欲、自行其是的权利，他们从哪里才能获得这种必需的道德力，使他们鼓足勇气去承受这种只有苦行式的快乐的生活呢？所以说，协议离婚只会使家庭生活丧失恢复能力，使为数众多的家庭解体，对普通配偶来说，既无法增加他们的幸福，也不会减少他们的不幸。

不过，这里还剩下一个许多人都认为具有决定意义的最终论断。按照他们的说法，禁止协议离婚是徒劳的，因为实际上禁止很容易回避问题。在宣判之前，想要离婚的配偶双方很容易找到法律上的借口：如丈夫佯称通奸，妻子受到严重的虐待等法律上的依据。可是，如果我们很难戳穿这两个置义务于不顾的配偶的相互勾结，那么这是否意味着应该让他们继续得逞呢？如果绕开法律相对来说是很容易的事情，那么这是否意味着应该废除法律，把非法宣布为合法？今天，依然有各种各样的窃贼、骗子和敲诈分子游离于法律之外，可是，我们也不能妄想让诈骗和敲诈在法律中获得合法地位。有一种情况比法官在强调尊重法律的过程中感到无能为力的情况要更糟糕，这就是创立法律的立法者顺从地把严重违反法律的东西制定为法律。目前，我们还没有充分地理解由这些法律差错造成的公众的不道德化倾向。公共良知的废弃只能削弱个人的良知，从此时起，离婚的观念不仅会生根发芽，也会毫无困难地蔓延开去，不会遇到任何阻力。采用上述引人怜悯的托词，至少是一种道德上的障碍，它会使有关当事人联想起他们行为中欺骗性和不道德的特点，从而对那些依旧有某些尊严感的人们产生阻碍作用。所以，倘若协议离婚（至少是有子女的）被判定为违背婚姻和家庭的观念，我们本身就很难承认它，很难从法律的角度认可它。

而且，难道我们可以非常明确地认为可以在这一点上消除法官的判决吗？难道人们会因为法官本人受到愚弄就感到很满足吗？如果人们更明晰地认识到，不做犯罪的共犯是一种名副其实的义务；如果当配偶没有被当成被告受到传讼时，法律程序得到了更严谨的执行；如果法官们在合议期间裁决大量案件时，没有表现出外行和钩心斗角的倾向，那么许多诈骗罪就都会得到认定。[1]无论如何，如果法官没有掌握足够的武器来强化人们对法律的尊重，就不可能配备给他们新的法律。能够稍微更准确地定义欺骗法庭的野蛮和错误的观念，就足够了。瞬间爆发出来的愤怒的言论和暴行，不足以证明丈夫和妻子无法共同生活和共同养育子女。在有子女的情况下，拒绝提供婚姻居所完全有理由被认做轻罪，如果这种轻罪被课以严重处罚，由于这是公正的，所以人们就更不容易捏造借口了。而且，难道一致欺骗法官的捏造借口不会构成应该得到处罚的犯罪行为吗？

不过，我并不想进一步强调这些观点，因为我感觉我很难从纯粹法律的角度来处理这些问题。一旦人们确切地理解这种迫切需要，就不

---

[1] 有人曾经听说合议庭的离婚判决有 159 例，甚至是 242 例。参见 Valinsi, *L'Application de la loi de divorce en France*, p. 102。——英编者注

能在人们心中减弱一种感觉，个人的意志也不能随意废除婚姻和家庭关系，就其自身而言，个人不能因为个人的便利这一单纯原因去逃脱他的义务。因为人们只有在得到规制、控制、节制和限制的情况下，才能获得幸福，以正常的方式来满足需要，这样，所有用来论证协议离婚的理由便很容易瓦解了。正因如此，在不影响到配偶幸福的情况下，婚姻纪律也不能受到削弱。所以，我们不应该为某些特殊的偶然事件（无论是实际的还是想象的）的非常性质而感到担心，这种偶然事件不应该被置于绝对的必然性之上。同其他规范一样，也许只有这种婚姻上的规范，有时应用在个人身上的时候有可能显得比较粗糙些，但这绝不是削弱该规范的理由。倘若如此，个人本身倒会首先受罪。

不幸的是，我们也不能隐藏这样的事实：这种规范及其功效的观念，远没有得到广泛的普及和传播。舆论依然把所有规范当做一种人们有时必须遵从，但同时又必须竭力将其减少到最低限度的邪恶。而且，人们也强烈地担心这种新的对婚姻的侵犯会最终得逞。可是，大革命时期的经验也可以为我们提供一个教训。那时候，离婚现象无限地蔓延。结果，在那些举世闻名的思想家看来，这种制度的根本原则已经变得声名扫地，足足有半个世纪之久了。

（选自《乱伦禁忌及其起源》，汲喆、付德根、渠东译）

第十五讲　婚姻美满及一夫一妻制的标准

[英] 霭理士

亨利·哈夫洛克·霭理士（Henry Havelock Ellis, 1859—1939），英国性心理学家、作家。1859 年出生于英国萨里郡（Surrey）克罗伊登市（Croydon）。1890 年获得医学博士学位，并挂牌行医，但不久又放弃医生职业，专心致力于文学写作和性研究。除了研究性心理学之外，他还涉足过其他一些领域，如优生、习俗、传记文学等。霭理士是与弗洛伊德齐名的世界性科学领域最早、最著名的先驱，是第一个指出性别与染色体相关的人。

霭理士主要著作包括：《性心理学研究录》（七部）、《性的道德》、《性的教育》、《性心理学》等。

婚姻美满及一夫一妻制的标准

[英] 霭理士

【编者按：作者用大量数据，揭示了性生活在婚姻中的重要性，但是恰恰美满的婚姻，性生活并不被那么重视。这可能是因为在不那么美满的婚姻中，性生活会成为诸多不顺心的汇聚点，而在美满的婚姻中，性生活自然会是快乐的。作者又用很大篇幅分析所谓一夫一妻制的标准，而最终目的只是要论证，日常人们那种纯粹的一夫一妻制观念是违背人本性的，因为无论男女都存在着多恋倾向。于是作者建议人们不要轻易地用道德评判的方式去对待人性中的多恋倾向。】

婚姻美满及一夫一妻制的标准

在旧时候，婚姻被看做一种神圣的责任，不是由神道命定，便是由国家裁成。法国散文家莽旦（Montaigne）说，我们结婚，不是为了自己。在当时，满意不满意的问题可以说是不存在的，一个人把这种神圣的义务完成以后，就算是已经取得了幸福。至于那些得不到幸福的，是一些例外的人和一些邪孽的人，可以不论。这种对于婚姻的看法，不但得到了宗教的裁可，也受了艺术的承认；冠冕一些的爱情小说，结果总是夫妇团圆，百年好合，而主持婚姻的教会也认为这是唯一可能的结果，旁的结果是不可想象的。不过这种看法现在是早就过去了，事势所趋，也是不能不过去的。所谓事势，一则指以前所承认的并不是真正的事实，而是想象所蒙蔽的事实；再则近代的社会与生活状态确乎是比从前要复杂得多了。到了今日，不但这种看法已经站不住，许多人的见解并且已经走另一个极端，就是，婚姻不仅不能供给百年好合的甜蜜生活，并且连相当的满意和幸福都拿不大出来。

福洛依特在 1908 年就说过："大多数的婚姻的结局是精神上的失望和生理上的剥夺。"又说："要消受得起婚姻的磨折，一个女子必须特别的健康才行。"这一类的话，出诸声望没有福氏那般大的作家之口的正不知更有多少，我们只要愿意，可以连篇累牍地征引。

不过，这一类的话所传达的终究是一些个人的印象，在科学的题目上，个人的印象是最容易错误而不足为凭的；个人的印象始终是个人的印象，不会有统计的根据的。并且，这种个人的印象，和别的有经验的观察家所得的个人的印象不一定相符。我们所知道的婚姻的弊病，无论就丈夫、妻子或子女等三方面的哪一方面说，虽大部分不难于事前加以预防，确乎是很多而很实在的。在美国洛杉矶的家庭关系研究所（Institute of Family Relations）的普本拿（Paul Popenoe）发现凡夫妇间发生困难，在 1930 年连续到所里来咨询的 500 个例子里，只有一个是没有性的成分的，即在其余的 499 个例子里，性生活的不调和都成为一个增加问题的复杂性的因素。但是，埃克司纳又从另一方面说，我们对于婚姻的前途也无须过于悲观，假如社会能比以前再谨慎一些，对于青年的理想，不多加干涉，对青年涉世的最初若干步骤，不故示老成地强加指导而把它们引入歧途，这种悲观地对待婚姻的态度也就更可以缓和一些。霭氏又很正确地说过，婚姻的不满意的普遍，好比塞翁失马，不一定是一个十足的祸患。这表示从事于婚姻的人大都有一个很高的理想，并且都切心于实现这理想，唯其这种理想不容易实现，才发生不满与失望的反应；这是一个好现象，事实上婚姻是一种造诣的历程，一个需不断努力地攀登的历程。[①]

————————

① 见霭氏所著书《婚姻的性的方面》。

这一层见地确乎是我们所时常忘怀的。在我们西洋文明里，也许在任何文明里，真正的婚姻关系，即十足配得上叫婚姻的婚姻关系绝不是一蹴骤几的，这原是在我们意料之中，不足为奇的。加入婚姻的人，对自己，对对方，既十有八九没有充分的认识，甚至于全不认识，只是盲人骑瞎马似的做去，一下子又怎么会到达真正圆满的婚姻关系呢？即就严格的个人一端而说，婚姻已经至少有三个方面（照蔼尼女士的说法），一是身体的关系，二是精神的关系，三是一种建筑在共同生活上的人事关系。关系之多而复杂如此，而准备工夫的欠缺又如彼，前途困难丛生与必须历时甚久才有克服的希望，才可以到达一个真正圆满的境地，可以说是一件势所必至、理有固然的事了。设或始终达不到这种境界，即婚姻关系里多少总有一些罅漏，我们若再加仔细地观察，在大多数的例子里，大抵可以发现种种补苴罅漏的办法；不圆满的婚姻关系既所在而有，这种补偿的办法也就不一而足。美国文学家爱默生（Emerson）的补偿的学说原适用于生活的许多方面，但最最适用的方面无疑的是婚姻生活。

要相当地看清楚婚姻的事实，一番范围很广的按部就班的调查是万不可少的。但即使有了此种调查，所可能得到的，也不过是很大略的一个结果。许多的人不愿意承认他们的婚姻是一个失败，对自己不肯承认，对别人自然更讳莫如深了。又有一些人的态度恰好和此相反，婚姻生活总有一大堆不可避免的小烦恼和小冲突，当其在烦恼和冲突之中的时候，他们很容易把婚姻的大纲大经或婚姻的中心事实完全忘却，而很匆遽的承认他们的婚姻是失败了；等到烦恼和冲突的情景过去之后，他们有机会比较超然地来观察到生活的大处，于是婚姻的大体的情形又复呈露在他们的眼前，到这时候，他们又会承认，他们的婚姻生活是一大成功。其间还有一个发生困难的基本原因，就是：很少人了解，他们所能希望的婚姻生活的满足究属是什么一个性质，安知他们怀抱着的不是一种根本上婚姻所无法供给的奢望？他们不了解婚姻终究是人生的一个缩影，一个太容易和太舒服的婚姻生活就不成其为一个缩影，换言之，就是不可能的；而对于人生真有阅历和真已备尝甘苦的人，这种太容易和太舒服的婚姻生活事实上也不能给予什么餍足。

因此，我们对于满意不满意的问题，虽得不到一个绝对准确的答案，我们至少必须把这种答案的尝试放在一个统计的基础之上。戴维思女医师，在"性关系无疑的是全部婚姻关系的主要部分"的假定之下（按这假定必须附有条件，才能成立），发现 1000 个大体上认为正常的已婚女子中间，872 个毫不犹豫地承认她们的婚姻生活是美满的；116 个是不很美满的或完全不美满的，而其主要原因是性的不相投合；只有 12 个女子在这方面没有答复。①

迭更生的资料和戴氏的不很一样，他的研究对象是到他的妇科医室里来请诊的女子，她们的正常的程度大概赶不上戴氏的那一批研究对象。迭氏发现自认为满意的百分数似乎不及戴氏所发现的那般大，他的结论是：在所研究的 1000 个女子里，每 5 个之中有 3 个，即五分之三是"适应②得当"的，即对于婚姻生活至少是"无憾"的；其余五分之二便是"有憾"的而"不善适应"的了。"适应得当"和"不善适应"的两组女子，在成分与性质上是没有显著的分别的；她们的社会身份和经济地位很相像；两方面各有三分之二的分子，在以前都有过不少的自动恋的习惯；"适应得当"的一组，在生育力方面要略微的强些；不过两组之间最主要的一个一般的分别似乎是在人生观方面，"适应得当"的一组的人生观比较要客观，比较不以自我为中心，比较不受内心冲突的折磨。不过迭氏也发现那组"不善适应"的 100 个妻子在"社交生活上是正常的"，她们的教育和经济水平也在一般人之上，而其中少数代表的分子也是很温雅的，穿着得也很齐楚，有的也很美，很有脑筋；其

---

① 见戴氏所著书《二千二百个妇女的性生活的因素》。
② 英文 adjustment 或 adaptation 一词，以前译作"适应"或"顺应"，大抵是由日本的译文中沿袭而来。
　　《中庸》有"致中庸，天地位焉，万物育焉"的话，注释家说位是"安其所"，育是"遂其生"，然则安所遂生，就是位育；进化论者所说 adjustment 或 adaptation 的精意其实也不过如此。本书曾改用"位育"做译后，后经整理，已改作"适应"。

中有 13 个是很清楚的有不健全的性格的；而精神不健全到一个近乎"深刻的整个人格的扰乱"的，有 19 个。无论如何，在社会地位、教育造诣或健康程度上，这一组和"适应得当"的一组并没有很大的分别，而就一般的外表看，双方的人格和环境可以说是一样的。婚前的自动恋或手淫一类的习惯也是差不多同样的普遍，而在成婚以后"不善适应"的开始也不一定全都由于性的不相投合，往往其他方面的不相投合是一个起点。两组之间最大的分别是"内心冲突"的有无多寡。看了迭氏的这一番研究，我们可以了然于这个婚姻"适应"的问题是往往很复杂的了。[1]

海密尔顿医师所研究的人数比较少，但两性都有，并且大体上都可以假定为很正常的，其中 100 个是已婚男子，100 个是已婚女子。海氏对于婚姻生活满意不满意的问题探讨得最为细到，他根据每人所得的积点或分数，把满意或幸福的程度分做 14 级。他发现男子的满意的程度很清楚要在女子之上，在最高度的满意的各级（第 7—14 级）里，男子有 51 人，而女子只有 45 人，剩下的 49 个男子和 55 个女子就都在低度的满意的各级里了。海氏认为这种统计的结果是和个人接触时他所得的很确切的印象相符合，这种印象也以为"就一般情形说，女子对于婚姻的失望，比起男子来更要见得严重"。[2]

我不能说这样一个结论是值得诧异的，我个人所观察到的结果似乎也是如此。女子在婚姻生活里更不容易得到满意，一部分也许是不可避免的，也许是两性在婚姻关系里所必有的一些结果。一样是婚姻，但对于女子，它的意义比对男子要深长得多，因为既要当心丈夫，又要生育子女，又要管理家务，一身兼数役，她必然要把更大一部分的精力交付出来。因此，如果在她一方面有失望的感觉，那失望一定是更严重的。至于男子，他的生活普通既然是大部分在家庭以外，他对于家庭生活和家人关系，所处的是一个比较超然的地位。在他的活动范围里，家

---

[1] 见迭氏与皮姆女士合著的《一千个婚姻的研究》。
[2] 见海氏所著《婚姻的一个研究》。

庭只占比较小的一角，而在这一小角里，事实上他用不着活动，他但须休息。反过来，一个女子一定时常要感觉到婚姻就是她的生命的全部，因此她时刻要顾虑到种种比较严重的问题。这就教我们回想到上文选更生的一点很有意义的观察，就是"适应得当"与"不善适应"的两组妻子之间，主要的分别是前者比较客观，比较不受内心冲突的骚扰。换言之，这种比较客观与不受内心冲突的骚扰的妻子，在生活态度上，和普通的丈夫，就更多几分相像了。

不过我们时常遇见的妻子们对于婚姻的失望，虽则多少是表面的或离开表面不远，实在是很有根底的一个现象。这种失望当然是和近代妇女生活的变迁有连带关系的。近代的妇女对于生命已经有一种更大的展望，因此，也就感觉到一番更大的要求；男性的优势，她们自己的比较委屈的地位，在她们的母亲一辈是认为很自然而不可避免的，在她们看来却是很不满意的。对于女子，这世界是变了，特别是在她的宗教生活和社会生活方面；对于男子，这种变动虽也未尝没有，但远不如对于女子的那般深刻；在女子不能不感觉到这种变动的深刻，一部分也是因为这种变动的一大部分是经过了舆论的特别承认与法律的特别规定的。男子的一般的传统生活也没有改变很多。因此，一个女子加入婚姻生活以后，很容易感觉到一种刺谬的情形，一种事实与理论的刺谬，一种生活与主张的刺谬，而这种刺谬又很容易引起一番内心的冲突。有许多女子——其中有旧派的富有浪漫主义的理想的女子，从小到大很少和男子发生过接触；其中也有比较新式的女子——到了蜜月的时期才第一次了解男子是怎样的一种人和婚姻是怎样的一回事，而从那天起就深深地感觉到不满与失望，甚至到老不会完全忘记或摆脱。对于旧派的女子，这固然是由于旧式教育的错误；而对于新式的女子，这种不满的心理就得追溯到方才所说的那种刺谬的情形了。

不过婚姻生活之所以令人不满，还有一个更基本的理由，这我在上文已经偶然提到过。近代婚姻制度虽曾经发生不少的变迁，不过这种变迁大都是限于表面的，对于婚姻关系的基本事实，往往忽略过去。这种变迁把注意点集中于种种浮面的条件或格式之上，教大家以为只要条件合宜，格式允当，婚姻的幸福就有了保障似的。最不幸的是，这种变迁把婚姻关系最紧要的一层搁过了一边，就是婚姻关系绝非寻常的人事关系可比，其深刻处，可以穿透两个人的人格，教他们发生最密切的精神上的接触以至于混化。除了极度肤浅与无聊的人，这种深入腠理的精神关系，虽属不容易培植，却是谁都可以有的，如今所注意的既然只是外表的条件与格式，风气所趋，不但是从事婚姻的人忘怀了这种培植功夫的不易，并且教他们不再感觉到这种功夫的必要。就这一点说，近代的婚姻是退步了，因为在旧式的婚姻里，这一方面是比较充分地做得到的。[1]旧时的一种观念认为婚姻必有其不可避免的痛苦，现在这观念是不时髦了。不过痛苦依然存在，所不同的是方式已经换过罢了，而这种痛苦是从婚姻关系的内在的性质所发出的。要解除这种痛苦，离婚的方法也许完全没有效力，我们即使承认离婚应当有最大的自由，也并不一定能解除这种痛苦。离婚而再婚的人，在再婚以后并不享受更大的幸福，这种人是我们时常遇见的。可见这其间错误的不是婚姻，而是他们自己。德国凯塞林伯爵（Count Keyserling）在他那篇很皮里阳秋而又鞭辟入里的关于婚姻问题的分析里，[2]把婚姻描写做"一种两极间的张力"。婚姻是一元的，但这一元是由两个焦点组织而成的。焦点之所以能彼此维系，是由于其间有一种紧张的引力——他在别处说，这张力也许是一个很悲惨的张力——但若这焦点的关系必须维持于不败，这张力是不能

---

[1] 在中国也有类似的情形。新式的婚姻主张恋爱须绝对自由，绝对的"没有条件"，必须完全自己裁可，别人不能赞一词，这些，都可以说是外表的条件或格式。实际上这种婚姻的好合的程度并不见得比旧式婚姻的程度要高出多少。旧式婚姻于结合之先，主张门第相当，才貌相配，须有老成的人为之主持，结合之后，又主张亲而不狎，相敬如宾；如此，婚前既有相当的客观的条件做保障，婚后又有一些培植的功夫来维持，旧时夫妇关系的所以能历久相安，这些显然是原因的一部分了。那些醉心于新式婚姻的人，动辄以为旧式婚姻的所以能相安无事，是受了一种定命哲学的麻醉，特别是在女子方面，那是知其一而不知其二的。

[2] 见凯氏所著《婚姻问题的一个正确的陈述》一文。凯氏于二十年前（1925）曾约请当代许多有名的作家就婚姻问题的各方面加以论述，并编成一本论集——《婚姻之书》，全书凡三篇二十余章，凯氏此文就是开宗明义的那一章。

取消的。这种焦点间的关系事实上也是一般生命的一个象征，自有其在生活上可以增加愉快的价值，在婚姻里如此，在一般的生命里也未尝不如此。我们说婚姻自有其痛苦的成分，或焦点之间的张力，自有其悲剧的性质，我们并不采取禁欲主义的立场，认为痛苦与悲剧本身有很大的意义，而值得加以申说。我们说这话的用意，有一位诗人而兼先知家的作家颉勃兰（Kahlil Gibran）已经再三地说过，就是：快乐与悲苦是分不开的。"那盛你的酒的杯子当初不就是在陶人的窑里烧炼过的吗？"没有烧炼的痛苦，又何来饮酒的快乐？远在颉勃兰以前，智慧的莽旦，在他的《关于佛吉尔（Virigl）的几句诗》的那篇论文里，早就向我们提醒过，管我们哭的几根肌肉也就是管我们笑的那几根；[1] 莽旦这一类值得记诵的话不一而足，这不过是一例罢了。[2]

---

[1] 道说法是有哲学的根据的。中国人的人生哲学大体上是接受这种说法的，所以有"祸兮福所倚，福兮祸所伏"一类的话。在《史记·日者列传》后有褚先生几句话，很足以代表这种哲学："祸与福同，刑与德双"，"黄金有疵，白玉有瑕，事有所疾，亦有所徐，物有所拘，亦有所据，罔有所数，亦有所疏，人有所贵，亦有所不如——何可而适乎？物安可全乎？……物不全乃生也。"《列子》寓言里的富人所做的噩梦也代表这种哲学。希腊的人生哲学里也有这很基本的一部分，详见英国人文主义的批评家茅尔（P. P. More）所作《神圣的嫉妒》（Nemesis, or The Divine Envy）一文，现入《谢尔蓬文集》第 7 辑（Shelburne Essays, Seventh Series）。佛家一方面也承认这种说法，但一方面更进一步，想把痛苦和快乐两俱摈斥在心理生活以外。印度相传有一个故事：有一婆罗门家，于室内忽见一美貌庄严之女，服饰均非凡品。主人异之曰，汝何人斯？胡为来至吾家？女曰，吾乃功德天也，凡吾所至，百事畅遂，福寿无疆。于是主人欢喜异常，敬心供奉。及至出门，于门外复见一女，囚首垢面，衣服褴褛。主人诃之，汝勿得立于此地。女曰，吾乃黑暗女也，吾姊在汝室内，汝何能不许吾立于此？主人曰，汝立此何为？女曰，吾之所至，其家必衰，一切祸患，排闷而来。主人大悲，欲强驱去。女曰，吾与吾姊，形影不离，吾姊在内，吾必在外，俟善缘终了，吾姊出时，吾即入矣。主人思之，福利固可乐，祸患又可惧，既压黑暗女，亦遭功德天。故曰，有智主人，二俱不受。

[2] 蔼氏在上文论婚姻的可取性的一节里提到"暌违是十全十美的母"的道理，如今讨论到婚姻生活的满意问题时，反而把这一层道理忘了，至少没有想到只字，连暗示都没有，这是译者认为很可以诧异一点。其实恶婚姻的促成虽往往因为一层道理，而好婚姻的维持久远也未始不由于这一层道理，惟其距离可以增加思慕，增加美好的想象，所以婚姻的维持，就得靠一种培植适当的距离的功夫。"相敬如宾"就是此种功夫的一个原则；"上床夫妻，下地君子"，就是这原则的注解。相传金圣叹曾经把妻子送回娘家，过了许时，又鼓乐喧阗地用花轿把她抬回来，这虽未免过于徜徉玩世，但就"暌违"或"距离"的道理说，他是对的。不参考到这一层道理，而讨论婚姻生活的满意与否的问题，译者以为是不容易搔到痒处的。

一夫一妻的标准[①]

到近代为止，单婚或一夫一妻的婚姻是我们西洋文明所认为唯一合情合理合法的婚姻方式。[②] 西洋文明不但这样的承认，并且，就一般的见解说，以为是一种天造地设的格局，毋庸讨论；假定有一二例外的人敢冒了大不韪地加以讨论甚或提出疑问，那人大概在事实上是一个有怪癖的人，或有心疾的人，至少也要被别人看做有怪癖或心疾的，以至于比有怪癖或心疾更要不堪的，他的意见当然是不值一笑。到了今日，婚姻的方式问题是再也不能这样一厢情愿地承认下来而搁过不谈的了；婚姻的方式是可以有变化的，绝不是宗教、道德、法律以至于社会的惯例所能教它一成不变的。那些议论到它的人也不再全都是无足轻重的了。所以，居今而研究性的心理学的人，在讨论到两性的关系的时候，对于一夫一妻的标准，总得准备着拿出一些见地来。

开始把一夫一妻的婚制当做一个社会问题来讨论的前驱者不止一人，其中最早的一个我们要数英人兴登（James Hinton）。兴氏的评论在五六十年以前就有了，但比较明白地用文字印行出来是不过一二十年以前的事。他所以迟迟不公布的理由是因为他觉得对于这西洋单婚制的研究还嫌不够，不欲轻于问世，但等到公布的时候，他已经是古人了。兴氏的为人是很多人都知道的，他是很常态的一个人，他没有

[①] 霭氏《研究录》第 6 辑里的《婚姻》一文，和第 7 辑里的《婚姻的历史》一文，关于本节的题目尚有更细密的讨论。译者所著《中国之家庭问题》中的"婚姻的专一"一节，第208—225 页，也可供参看。喀尔弗登（V. F. Calverton）所著《婚姻的破产》一书亦值得一读。

[②] 中国以前的婚制大体上也有同样的一个承认。一夫一妻在中国也有天经地义的地位。不过因为同时承认妾的制度，此种天经地义的禁锢的力量并没有西洋的那般大。《说文》，妻者，妇与夫齐者也。又妻字，古文从女从贵，妻字从贵得声，贵字大约也有意义的成分。《礼·哀公问》，妻也者，亲之主也。董仲舒《春秋繁露》，妻者，夫之合也。《仪礼·孝服传》，夫妻胖合也。《礼·内则》，妻不在，妾御莫敢当夕。《春秋·公羊传》僖公三年阳隰之会及《榖梁传》僖公九年葵丘之盟，齐桓公特别提出"毋以妾为妻"的约束来；《左氏传》哀公二十四年讥哀公以妾（公子荆之母）为夫人之非礼，且谓哀公因此而失鲁国的人心。这些都是证明中国的婚姻是始终以一夫一妻为骨干的；一夫一妻是常经，妾制是权变。

心疾，因此我们不能把他搁过一边，认为是无足重轻。他是伦敦的一位著名的外科医学家，也是一个哲学思想家，对于当时的科学界的活动有紧密的接触，对于当时一般的社会问题，也有很博厚的兴趣。他也是和现实的生活有密切关系的人，而不只是一个高谈理论或潜心于小题目的钻研的专家。他的遗稿是不成形式和没有系统的一大堆东西，但其中对于单婚制以及建筑在单婚制上的一般社会制度的那一部分评论是大致有一个线索可寻，而可以整理出来的。他认为在人类婚姻史里，真正的单婚制是从来不曾有过的，又以为在他所认识的西洋社会里，真正笃守一夫一妻的标准的男子在数目上是等于凤毛麟角，实际上还没有东方的多妻社会里那么多。^①一夫一妻的婚制，就已成的格局说，他以为根本上是一个自私而反社会的制度，娼妓制度的由来与成立，要归它负责。一夫一妻制是一个理想，我们赶得太快了，我们想一蹴骤几，并且以为是真赶上了，殊不知过于匆忙地把一个理想演为事实，演为一个天下通行的法定的格式，无论那理想多么的可爱，终究是一个大错。结果是，表面上与名义上单婚制好像是防杜了不少的淫佚的行为，实际上所唤起的淫佚的行为比多婚制所能唤起的还要多。^②所以据兴氏看来，西洋的婚制是已经腐烂的，目前正在因腐烂而解体。他相信我们需要的是一个比较流动的性关系的制度，不是死板的和一成不变的，而是容许相当的改动的，例如，只要多方面都有益处，容许一个男子和两个女子结合之类；在不妨碍人类共同生活的大

---

① 这一层很值得加以研究发挥。在容许妾制的中国社会是否如此，更值得我们加以探索。以前真正纳妾的中国人，其实只不过是人口中很小的一部分，绝大多数的士庶大抵都是单婚的，而这些单婚的人也许有很大的一部分能恪守"恒其德贞"的原则。我们若能就这方面着手加以调查，也许兴氏的话是可以证实的。

② 这叫我们联想到《礼·经解》上的几句话："婚姻之礼废，则夫妇之道苦，而淫辟之罪多矣。"不过这里所谓婚姻之礼是兼两个条件而言的，一是附加的妾制，二是相当的早婚，否则，像兴氏所评论的西洋的婚姻之礼，不更足以增加夫妇之道的痛苦和淫辟之罪的频数么？

原则之下，这种更动是随时应当有的。①

自兴氏以来，这一类的议论我们时常可以遇见，发议论的人的立场也许和兴氏的不一样，议论的扫荡的力量也许难得赶上或根本没有人能赶上兴氏的那一支笔，但大都是在一条路上，是没有问题的。同时，我们也得注意，我们的婚制在实际上也发生了不少的变迁。如果我们把目前婚制的状态和兴氏那时候的比较一下，我们可以看到不少的变动，并且这些变动往往和他所希望的方向相符合。离婚是比较容易了；妇女在法律和社会方面已经取得了更大的独立的资格；社会对于私生子的看法，也似乎没有以前的那般严厉了；生育节制的方法已经传播得更广，而两性之间应有更大的接触的自由也已经受了一切文明国家的承认。

同时，从不止一方面看，一夫一妻制在今日的地位却和以前一样的稳固，甚至可以说更见稳固。这是不足为怪的，一种能维持长久的东西是应当有弹性的。婚姻制度有了弹性之后，以前在没有弹性状态下所发生的种种流弊就有很大的一部分可以不再发生。

还有一点必须弄清楚的，就是"单婚"一词我们时常用错，因此又引起一番见解上的混乱。例如，我们常听见人说，两性之中，有一性是比较更有"单婚"的倾向的。所谓有一性，特别是指女性，而男性则更有"多婚"的倾向。严格地说，这种措辞是没有意义的。为什么没有意义，是一目便可以了然的。最初步的事实告诉我们人口中两性的比例，在初生的时候，便是差不多相等的（最初，男性略微多些）。既然相等，要教文明社会里的男子人各二妻事实上是做不通的，即在承认多妻的社会里，真正多妻的也不过是少数富有的男子罢了。即使男女的数量不平均，而女多于男，我们也不能说我们文明社会里的男子（少数例外搁过

① 兴氏是霭氏和霭夫人的一位多年的老友。兴氏下世后，他的作品好像就是霭夫人为他整理的，兴氏的小传（James Hinton：*A Sketch*）也是她的手笔。详见1940年出版的霭氏自传《我的生平》（*My Life*）。

不提）大都有两个妻子的要求，无论这两个妻子是合住成一户，或分居做两户，总有各式各样的不方便与弊病令大多数的男子不敢尝试；至于女子，要同时维持两个家庭，各有不同的父亲，是更做不通了；她是必然要走"单婚"的路。①

实际上，这单婚或多婚的名词是用错了的。一般人讨论到男子是不是比女子更有"多婚"的倾向时，他们的意见是，是不是男子比女子更有"多恋"的倾向。②那就是说，所问的并不是他们是否喜欢多结婚，而是他们是否愿意有更多的性的自由。我们若说，某一个男子是喜欢单婚的，我们并没有答复他究竟是单恋抑或多恋的问题，即使我们确定他是多恋的，那我们也并不能断定他是喜欢多婚的，乃至乱婚的，所谓乱婚，指的是不分皂白、毫无选择的性的结合，那是任何人所不会有的，③除非在特殊的疯狂状态之下。④因为这种名词的乱用，很大的一部分讨论就成为混淆不清，而毫无意义。

据我们的观察，大多数的人，无论男女，是单婚而兼多恋的。那就是说，他们只愿意有一次永久的婚姻，而同时希望这种婚姻关系并不妨

---

① 人类学家毕特·瑞弗斯（Pitt Rivers）在他很有参考价值的那本《文化的抵触》（*The Clash of Culture*）的附录里说，人类像许多其他的动物一样，是一个多配偶的物类（虽则基督教治下的所谓一夫一妻制是一个多妻制与多夫制的凌乱的混合物）。他又说："成年的女子多于成年的男子，这种女性的胜余现象是所以维持人类活力和增进人类元气的一个必然的条件。"毕氏的话虽如此，我们总须记得正常的性比例是所差有限的，即使多妻的倾向是有利的话，这种比例终究是不可避免的一个限制，使这种倾向无从发展。

② 霭氏这一点辨别很好。单婚英文叫 monogamy，多婚叫 polygamy；霭氏把单恋叫做 mono-erotic，把多恋叫做 polyerotic。

③ 乱婚的无证可凭，详见英国社会学家韦斯特马克（Westermarck）的《人类婚姻史》。此书有详、简两种，其简短的一种，上海神州国光社早已有译本出版。

④ 在疯狂状态之下，男女都可以有乱交的倾向，医学名词分别叫做男子的飌狂（Satyriasis）与女子的色情狂（nymphomania）。女子的色情狂中国旧称"花邪"，亦称"花旋风"。清独逸窝居士《笑笑缘》说："冯仲新言曾寓一客店，主妇年将六旬，忽发狂，裸体欲出市觅男，有少年店伙三人拥之入室，窃窥之，则次第据而迭淫焉。良久淫毕，妇衣服而出，安靖如故。诧甚。后有人语之云，此妪患花旋风，每发，必多人与合乃愈；三少年尽蓄以待之者，如无健男迭御，则入市乱飌。此症此医，皆奇闻也。"唐柳宗元《河间妇传》中的河间妇所患的也是花旋风无疑。或说柳氏这篇文章是一种寓言，意存讽劝，但亦不能一无所本。

碍他或她对于其他一个或多个异性的人发生性的吸引，固然我们也可以感觉到这种引力和在婚姻以内所经验到的引力在性质上是不一样的，同时他们也会知道，把这种引力多少加以控制，使不至于推车撞壁，也是很可能的事。①这种单婚与多恋的倾向，似乎是两性所共有的一个现象，即其间并无性的分别。女子似乎完全和男子一样，也可以同时对于不止一个的异性的对象发生性爱的情感，不过因为性的意义对女子比对男子要深刻得多，她在作性的选择的时候，也许更出乎天性似的要苛求得多，因此，表面上就见得自然而然的多几分限制，同时，因为社会和其他方面的顾虑，她在表现这种情感或接受男子的情感时，也比男子要更加小心，更加不露声色。

上文说大多数的男女都有单婚而多恋的倾向，当然其他的形式还有，而个别的变异更是不计其数。这许多种的性的形式之中，我们绝不能说某一种是绝对的最有道德的意义或社会的价值，而其余的形式都赶不上它。俄国的勃朗斯基（Blonsky）讨论到女子可以分做主要的两类（勃氏研究的对象大部分是学校教师），他分别叫做单男型（monandric）和多男型（polyandric），前者只和一个男子发生严格的性的关系，而后者则倾向于和许多男子发生性的关系，或在同时期内发生，或更迭地在不同时期内发生；这两个主要的形式之间，当然还

---

① 霭氏这一部分的见解是很对的，也是最合情理的。他这一段议论教我们很自然地联想到《诗·国风》序言里的几句话："故变风发乎情，止乎礼义；发乎情，民之性也，止乎礼义，先王之泽也。"多恋的倾向，是"发乎情"，是"民之性"；单恋的原则和归宿是"止乎礼义"，是"先王之泽"，先王之泽就是传统的文教的影响。教男女于婚姻之外，对其他异性的人丝毫不发生与不表示爱慕的心思，是不可能的；但教他们在表示爱慕的时候，应当有相当的分寸，相当的限度，最好不要到达一个推车撞壁的境界，甚至不要到一个悬崖勒马的地步，是可能的。中国的性道德的观念，以至于一般的道德观念，至少在佛家上场以前，是不作诛心之论的。容许"发乎情"，承认"民之性"的道德观念与建筑在动机或"诛心之论"之上的道德观念迥乎不同。耶稣基督说："你们听见有话说，'不可奸淫'；只是我告诉你们，凡看见妇女就动淫念的，这人心里已经与她犯奸淫了……"（《新约·马太福音》，5:27—28）这就是诛心的性道德观念了，这是否定了"民之性"和禁止了"发乎情"的。霭氏这一部分的见解无疑在中国读者中可以找到不少同情与谅解的反应，而在基督教统治已久的西洋社会里怕反而不容易得到一般人的公认。

有不少居间的类群。勃氏发现单男型的女子，无论从个人的立场或社会的立场看，都要比多男型的女子高出一等；多男型的女子是比较自私的、独断的、逞能的，而神经也比较特别容易受刺激。至于单男型的女子则比较更富有责任心，神经比较稳称，有更大的组织的能力，在社会与人事关系上，也比较的易于成功；在数量上，单男型的女子要比多男型的多出一倍。勃氏这种结论大体上无疑是很对的，在俄国固然适用，在其他国家也未尝不适用；不过我们必须小心，不要太快地作什么过于肯定的概括的论调，我们知道有不少的多男型的女子在品格上也是很好的，比勃氏所说的和所肯承认的要好得多。勃氏的这番结论也可以完全适用于男子。

关于单恋或多恋的问题，我们的责任是就这问题的性质与原委加以说明，至于一个人应否多恋，要我们加以指导，那就在我们的任务之外了。这是一个社会道德的问题，而凡属可以牵动到社会道德的举措行为，是必须由个人负责的。不过在研究心理学的人，遇到旁人有这一类的行为举措时，应当用一种同情与了解的态度来观察，他应知他所处的目前的社会环境是复杂的，大家在这种环境里的反应也必然是不单纯的；如此，庶几不至于让社会道德的问题更见得严重。在这一方面，我们无疑正目睹着一番变迁的进行，不过这种变迁并没有走上什么了不起的极端，至少距目前关心世道人心的人所口讲指画而深恶痛绝的极端还很远。①

目前有一部分人所引为可以痛心疾首的"多婚"的倾向，大部分属于有人叫做的"连续的多婚"，不过这名称是不正确的。这一类的

①霭氏在这一段里所暗示的问题是很对的，不是医师所能越俎代谋的一个问题，而是一个个人修养的问题。所谓个人的责任实在包括两部分，一是事先的修养，一是事后的不躲避因多恋而引起的种种责任。显然，为维持社会的道德起见，事先的修养要比事后的负责重要得多。"发乎情，止乎礼义"的功夫是可以修养出来的，在一般的欲望上应当修养，在性欲的活动上更有修养的必要，因为这种活动特别容易影响到第二者以至于第三者的治安、利益，乃至人格。这种修养的功夫无它，就是一种裁节的功夫，详说见译者所著《论人格教育》一文，《今日评论》第 4 卷第 6 期，今辑入《自由之路》一书。

多婚倾向是由于离婚的增加；一个人连续结婚不止一次，旧婚方才解除，新婚便又开始，一而再，再而三，近时的所谓多婚大都属于这一类。不过这也未始不是寻常的单婚的一个扩大，不过每一次单婚的时间比较短促罢了。无论用哪一种看法，这种现象总是对于多恋倾向的要求的一个承认。每一个男子或女子，就基本与中心的情爱说，无论他或她如何的倾向于单婚，对其夫妇而外的其他异性的人，多少总可以发生一些有性爱色彩的情感。这一点事实，我们以前是不大承认的，到了今日，我们对它的态度却已经坦白得多了。因此，从今以后，婚姻以内以及以外的性的关系必然要更见复杂，而此种关系的调整适应必然要更见困难，必须人人有比较开放的胸襟，宽宏的度量，能彼此谅解，彼此体贴，必须人人有持平的恕道，能把原始的嫉妒心理的遗蜕充分地加以克制，这种调整适应的功夫才有希望。本来，假若没有这一些品性上的进步，不要说婚姻内外的男女关系的适应要发生问题，就是一般的健全的文明生活怕也不能永久维持一个和谐的状态。[①]

不过婚姻制度，就其纲目的大处说，是始终存在的，今日存在，千万年之后，怕还一样存在，并且还是千万年前之旧。不过如果我们能在这制度上多加一些弹性，对于这制度的原委多几分精密的了解，对这制度的因时因地而不同的需要多表示几分同情，结果一定是，不但摧毁不了它，并且可以令它在人类的历史里，更取得一个巩固的地位。

婚姻不只是一个性爱的结合。这是我们时常忘怀的一点。在一个真正"理想的"婚姻里，我们所能发现的，不只是一个性爱的和谐，而是一个多方面的而且与年俱进的感情调协，一个趣味与兴会的结合，一个

---

① 霭氏这一段议论和译者在上注里所申论的是殊途而同归的。说殊途，因为霭氏侧重团体的同情、谅解、宽容、平恕，而译者侧重于个人的自我制裁。说同归，因为所求的均是两性关系的最合乎情理的适应。这侧重点的不同也似乎根本代表着中西文化的一大分别。

共同生活的协力发展，一个生育子女的可能的合作场合，[①] 并且往往也是一个经济生活的单位集团。[②]婚姻生活在其他方面越来越见融洽之后，性爱的成分反而见得越来越不显著。性爱的成分甚至于会退居背景以至于完全消散，而建筑在相互信赖与相互效忠的基础之上的婚姻还是一样的坚定而震撼不得。[③]

（选自《性心理学》，潘光旦译）

[①] 霭氏在这里用到"可能"二字，是有理由的。霭氏对于子女的产生是用严格的优生学的眼光来看的；他自己虽结婚，却从未生育子女。据他在《我的生平》里说，他和霭夫人在未婚以前，对于这一点曾经加以熟虑，当时便认为双方的性格未必能产生很健全的子女，所以便决定不生。不过，我认为霭氏陈义过高了。霭氏自己是很健全的，除了不大喜欢交际生活一端而外，他是很正常的，而交际生活的厌避一层根本上也没有什么特别的不健全；霭夫人在精神生活上是不大健全的，尤其是到了中年以后，但还没有到一个病态的程度。这样一对配偶而不留子女，译者以为世上将无真正配做父母的人。凡读《我的生平》的人怕不免有同样的感想。

[②] 这一句话也让译者联想到霭氏自己的经验。霭氏一向主张夫妇在经济上应彼此独立，但在《我的生平》里，他承认他自己的经验是失败了，他与霭夫人名为经济独立，实则霭夫人有许多笔的糊涂账和身后的债务是由霭氏清偿的。所以到了晚年，霭氏对于这种主张的兴趣似乎减少了许多，"往往也是一个经济的单位集团"的"往往"两个字大可以说明这一点。

[③] 这句话和霭氏自己的经验也有密切的关系。霭氏在《我的生平》里承认自己的性能是相当薄弱的；又说，大约过中年后不久（确切的年岁连他自己也记不得了），他就不再和霭夫人同房，并且后来根本不大住在一起，不过见面和通信的机会极多就是了。霭氏这煞尾的一句话当然并没有小看性爱的成分的意思，如果婚姻生活于其他方面能融洽之外，又能有性爱的调协，一直到性能的衰老为止，岂不是更可以增加美满的程度？霭氏自身的经验虽不及此，至少在理论上他是不会不赞同的。

第十六讲　忠贞不渝的爱

[俄] 蒲宁

蒲宁（Иван Алексеевич Бунин，1870—1953），俄国作家、诗人，俄国文学史上最伟大的文学大师之一，第一个获诺贝尔文学奖的俄国作家。蒲宁在现实主义和"为艺术而艺术"方面的双重追求，使得俄国文坛上产生了以他名字命名的"蒲宁主义"。这对俄国后来的文学大师，如帕斯捷尔纳克、帕乌斯托夫斯基和艾特玛托夫等人都产生了深远的影响。即使在街上叫嚣打倒"蒲宁主义"的马雅可夫斯基，也在私下服膺于蒲宁的艺术成就。

主要作品有《落叶》《乡村》《扎哈尔·沃罗毕约夫》《旧金山来的绅士》《米佳的爱情》《林荫幽径》《轻盈的气息》等。

爱情学

[俄] 蒲宁

【编者按：这是一篇很短的短篇小说，一个痴情男子在爱人离世后，待在爱人住过的小屋，20年不出门，只是读书和思念。其中有一本《爱情学》，书中告诫相爱的人们，双方应该融为一体、忠贞不渝——而这就是爱情学。】

有个姓伊弗列夫的人，六月初有一天，驱车去本县境内最边远的地区。

他乘的那辆篷顶歪斜、上边落满尘土的四轮马车是他的内兄借给他的。他正在内兄的领地内度夏。拉车的三匹马虽然矮小，却喂养得很好，鬃毛油光锃亮，厚厚地披垂在颈上。这三匹马他是向村里一个富裕的庄户人借的。驾车的就是这个庄户人的儿子，一个才18岁的小伙子，人古板而精明。小伙子一直在想着心事，一脸的不高兴，仿佛有什么事得罪了他，一望而知，这人是不懂得开玩笑的。伊弗列夫终于确信跟他没什么好攀谈后，便定下心来，漫无目的地观察路旁的景色。嘚嘚的蹄声，叮当的铃声，正是作这种观察的最相宜的氛围。

起初坐在车上挺愉快：天气暖洋洋的，云彩遮住了阳光，路很平，旷野上遍地是花，许许多多云雀在此呼彼应地啼啭；从庄稼地，从无际无涯的不太高的青灰色的黑麦中拂来阵阵香甜的熏风；风把随它偃仰的麦秆上的花粉携卷而去，有的地方扬起了大片大片的花粉，远远望去就像是雾。小伙子戴顶崭新的便帽，穿着件样子有点儿笨拙的闪光毛料西装上身，端端正正地坐着；由于家人把三匹马都托付给他，加之又穿着这么一身做客的衣服，他的举止就特别矜持了。马咳着嗽，不慌不忙地跑着，拉左边套的那匹马的栓套索有时松松的，蹭着了车轱辘，有时又绷得紧紧的，而在栓套索下边则无时无刻不闪烁着磨损了的马蹄铁的白光。

"要弯到伯爵家去吗？"当前方出现了一个村落，村中柳树丛和果园挡没了地平线的时候，小伙子问道，但是并没有回过身来。

"去干什么？"伊弗列夫问。

小伙子沉吟了一会儿，用鞭梢把一只正在叮马的牛虻打死，然后口气生硬地说：

"去喝杯茶……"

"你想的不是茶，"伊弗列夫说，"你是舍不得马。"

"马是不怕跑路的，马只怕料喂得不好。"小伙子俨然以教训的口吻说。

伊弗列夫扫视了四下一眼：天气变坏了，一团团昏暗的云从四面八方汇集拢来，已经开始飘下疏疏落落的雨点——这种阴阳怪气的天气总是要下一场雨才肯放晴……村外有个老头在耕地。据他说府第内只有年轻的伯爵夫人一人在家，可他们还是驱车直驶伯爵府。小伙子把马车停在遍地泥泞的院中央一只石头水槽旁边，水槽已大半埋在泥里，槽面叫马蹄踩得斑斑驳驳的尽是麻点。小伙子很高兴马能够休息片刻，他坐在马车的驭者座上，把粗呢大衣往肩上一披，若无其事地听任雨点飘落到身上。他打量着脚上的靴子，同时用鞭柄把辕马的皮颈套推正。而此时，伊弗列夫则坐在由于下雨而阴暗下来的客厅里，同伯爵夫人一边聊天，一边等茶煮好。台阶上有个赤足的姑娘将一大把劈得小小的木柴，浇上火油，烧得像红布一般，塞满茶炊的炉膛，茶炊冒出一股股浓浓的青烟，在客厅洞开的窗外弥漫开去，把劈柴的烟火味从窗洞中送进了屋来。伯爵夫人穿一件腰身宽大的玫瑰红长袍，前襟开得很大，露出一大片扑过粉的胸脯；她大口大口地吸着烟，不时捋捋头发，将两条结实圆润的手臂一直露到肩膀；她吸着烟，咯咯地笑着，总是把话题扯到爱情上去，同时讲述她的近邻，地主赫沃辛斯基的事。伊弗列夫打孩子的时候就知道赫沃辛斯基由于他所宠爱的侍女卢什卡早夭而发了疯，从此神智再没清醒过。"嗖！这个卢什卡真是个传奇式的女子！"伊弗列夫用玩笑的口吻说，由于情不自禁地吐露了心曲而感到有点不好意思。"赫沃辛斯基这个怪人总是用疯子的层出不穷的想法去神化她、美化她，使我年轻时几乎对这个死去了的女人害上了相思病，把她想象成为一个国色天香的绝代佳人，虽然有人说她实际上长得并不怎么好看。""是吗？"伯爵夫人并没有在听他说，只是随口敷衍道。"赫沃辛斯基今年冬天死了。他有个好友叫皮萨列夫，他生前只有这个人偶尔才肯见见。据皮萨列夫说，而且说得非常肯定，赫沃辛斯基在一切其他方面并没有疯，我完全相信这一点——他不过是跟世人不同而已……"临了，那个赤脚姑娘终于小心翼翼得异乎寻常地托着一只老式的银盘，端来一大杯用池塘里的水泡成的灰不溜丢的酽茶和一小篓沾满苍蝇屎的饼干。

当他们重新登程时，雨已经不大，他们不得不撑起顶篷，放下干裂了的硬撅撅的挡布，弯腰屈背地坐在车里。三匹马颈上的铃铛暗哑地响着，从乌油油的马腿上淌下一道道雨水，车轮下响起了簌簌的茂草声，这是因为小伙子要抄近路，穿行在田界上的缘故。篷顶下弥漫着暖洋洋的黑麦的香味，其中羼杂有旧马车的陈味……"原来赫沃辛斯基已经死了，"伊弗列夫想道，"无论如何得乘此机会，弯到他家去，哪怕去看一眼已成死屋的神秘的卢什卡的殿堂也好……这个赫沃辛斯基究竟是个什么样的人物？是个疯子，或者仅仅是因为钟情于一个女子而心碎肠断了？"据那些上了年纪的地主、赫沃辛斯基的同龄人说，他当年是全县有名的数一数二的聪明人。可突然鬼使神差，叫他坠入情网，狂热地爱上了这个卢什卡，后来卢什卡猝然暴死，他便对一切都心灰意懒，从此闭门谢客，终日待在卢什卡生前所住并死于其间的卧室里——他不但足不出户，连他自己的庄园内也没有任何人见得着他的面，他在她的卧床上足足坐了20多年，把卢什卡床上的褥垫都坐出了一个大洞，并且把世上所发生的一切事情统统都说成是卢什卡显灵：打雷了——是卢什卡派雷公打的；宣战了——是卢什卡决定的；歉收了——是庄户人得罪了卢什卡……

"你这是走赫沃辛斯基村那条路吗？"伊弗列夫冒雨把身子探出车篷，问道。

"是走赫沃辛斯基村那条路，"在哗哗的雨声中小伙子的回答听不大清，打他耷拉下来的便帽上直往下滴雨水，"由皮萨列夫村往上游走……"

这条路伊弗列夫从未走过。但见周围的土地越来越贫瘠，越来越荒凉。田界已到了尽头，马放慢了步子，马车在一条冲刷出来的干涸的河床内，车身倾斜地朝山冈下缓缓行去。山坡上的一块块草场尚未刈割，在低垂的乌云的映衬下，绿油油的山坡分外触目，也分外郁悒。后来道路一会儿高，一会儿低，一会儿在沟壑这边，一会儿又到了沟壑那边，一会儿穿过壑底，一会儿又驶入长满赤杨及柳树的山谷……路旁出现了不知谁家的一个小小的养蜂场，有几只蜂箱摆在斜坡上结满红彤彤的草莓的深草丛中……此后马车驶过了一条不知名的水坝，水坝早已废弃，被荨麻淹没了，水塘也久已干涸，塘底的莠草足有一人高……一对黑不溜秋的小滨鹬凄厉地鸣叫着，由莠草中飞上大雨滂沱的天空……而在水坝上，在荨麻丛中，一大丛年深日久的灌木开满了白中透出一丝淡红色的小花，这就是人们称之为"神树"的那种可爱的树。直到这时，伊弗列夫才突然回想起了这个地方，回想起了他年轻时曾不止一次骑马走过这里……

"听说，她是在这里投水淹死的。"小伙子出人意料地说道。

"你是说赫沃辛斯基的情妇吗？"伊弗列夫说，"这是瞎说，她根本连想都没想过要投水自尽。"

"不，她是投水自尽的，"小伙子说，"至于他发疯倒不是因为那个女子，而是因为穷得没法过下去了⋯⋯"

说罢，他沉吟了一会儿，然后粗声粗气地加补说：

"怎么，咱们还要弯到⋯⋯那个赫沃辛斯基家去吗？⋯⋯瞧，马都累成什么样了！"

"你就行个好嘛！"伊弗列夫说。

被雨水浇得呈现出像锡一般颜色的大路，升上了一个山冈，冈上有一座混合林，其中到处都是伐木时劈下来的碎木片，全都湿漉漉的，已经腐烂。就在这些碎木片和树叶之间，在树桩和散发出苦涩、清新的气息的白杨树苗间，孤零零地兀立着一幢农舍。周遭阒无一人，只有一群群鸫鸟栖息在高高的花枝上，喊喊喳喳地叫个不停，响彻了耸立在屋后的整个稀疏的树林。可是当三驾马车从烂泥浆中辚辚驶近农舍门口时，却不知从哪儿突然蹿出一大群狗，有黑色的、栗色的、烟色的，围住了三匹马激动地猖猖狂吠，同时纵身跃起，一直跳至马头。它们凌空翻滚着身子，拼命地腾跃，几乎都挨着了马车的顶篷。就在这时，同样突然地响起一声震耳欲聋的巨雷，把马车顶上的天空劈了开来，小伙子狂怒地挥舞鞭子，抽打着这些恶犬，而马则放开四蹄，在不时打眼前掠过的白杨的枝丫之间飞奔⋯⋯

打树林里已经可以遥遥望见赫沃辛斯基村。狗还追赶了一阵，终于落在后面，顿时不再吠叫，像完成了什么大事似的往回跑去，树林已到尽头，前面又是开阔的田野。天已近黄昏，此刻乌云既像是在散开去，又像是从三个方向聚拢来：一是从左边，那儿的云几乎是乌黑乌黑的，可在云堆的缝隙间，却露出一线蓝色的天空；一是从右边，那儿的云是灰白色的，不断地打着雷电；还有就是从西边，从赫沃辛斯基田庄，从河谷的斜坡上，那儿的云是发青的，有点儿浑浊，垂下一条条烟雨蒙蒙的水帘，透过这一团团青云，可以看见远方堆积如山的玫瑰红的云霞。马车顶上的雨越来越小了，于是浑身溅满泥浆的伊弗列夫坐直身子，高兴地把变沉了的顶篷放下来，舒畅地呼吸着田野芳香的潮气。

他望着渐渐驶近的田庄，终于亲眼看到了过去曾听到人们不知讲过多少回的地方，但他仍跟过去一样，觉得卢什卡并非 20 年前，而几乎是远古时代在这里生活，在这里死去的。一条小溪隐没在山谷的欧莞丛中，一只雪白的海鸥在小溪上空盘旋。再往前去，在半山腰上，堆着好几排因淋着雨水而发黑了的干草垛，就在这一堆堆干草垛间，相距很远地散布着几棵银晃晃的白杨。宅第坐落在光秃秃的山头上，相当大，当年曾是一幢白色的建筑，湿漉漉的屋顶闪闪发光。宅第四周既无果园，也无任何附加建筑，只有在大门的地方立着两根砖砌的门柱，再就是沟渠里长满了牛蒡。当马涉过小溪，登上山冈时，有个穿着一件口袋耷拉下来的夏季大衣的女子，在牛蒡丛中撵着火鸡。宅第的正面给人以一种极不舒适的感觉：窗户非常少，而且都很小，嵌在厚厚的墙壁里。而好几个阴森森的门廊却大而无当。在其中一个门廊下，站着个年轻人，正诧异地望着乘车前来的人。这年轻人穿一件灰色的短袖中学生校服，腰里系着一根阔皮带，肤色黝黑，一对眼睛十分漂亮，尽管脸色有点苍白，且长满雀斑，活像只鸟蛋，却仍然英俊极了。

　　总不能贸然闯进人家家里，得找个什么理由。伊弗列夫登上门廊，道了自己的姓名，说是据伯爵夫人讲，死者身后遗下一批藏书，所以前来看看，说不定要买下来，年轻人听了，脸涨得通红，立刻把他领进屋去。"看来这就是著名的卢什卡的儿子了！"伊弗列夫想道，眼睛不放过一路上的任何一件东西，并且不时回过头去，随口同主人敷衍，这无非是想多看他一眼。他长得比实际年龄还要嫩相得多。他急急忙忙回答着伊弗列夫的问话，但大都只用一个词，而且常常慌张得答非所问。显然，这既是由于羞涩，也是由于贪欲。从他讲的第一句话，从他难为情地急急忙忙宣称，他所拥有的那些书，花再多的钱也买不到，便可看出他非常高兴能有机会把这批藏书脱手，并想卖到一大笔钱。他穿过昏暗的门厅，厅内铺地的麦秸由于潮湿而发红了。他把伊弗列夫领进一间宽敞的前室。

　　"令尊生前就睡这间屋吧？"伊弗列夫问道，一面跨进前室，一面摘下帽子。

　　"是的，是的，这间屋，"年轻人急忙回答说，"其实家父并不睡在这里……他大部分时间都坐在卧室里……不过，当然，也常常上这间屋里来……"

"是啊，我明白，他有病。"伊弗列夫说。

年轻人恼火了。

"有什么病？"他说道，语气比刚才要大胆多了，"这全是捏造，先人在神志方面没一点病……他只是整天念书，哪儿都不去，就这么回事……对了，请您还是别把帽子摘掉的好，这儿挺冷，我们都不住在这半边……"

的确，屋内远比屋外要冷。在这间给人以冷漠之感的前室里，四壁糊着报纸，窗户在乌云的映衬下显得十分忧郁，窗台上搁着一只用麦秸编的鹌鹑鸟的鸟笼。有只灰色小口袋在地板上蹦来蹦去。那个年轻人伛下腰去，抓住小口袋，放到木炕上，伊弗列夫这才晓得里边是只鹌鹑。然后两人走进了饭厅，饭厅非常之大，几乎占去了整幢宅第的一半面积，窗是朝西和朝北开的。有一扇窗户映满了正在逐走乌云的落霞金色的光芒。隔着这扇窗子，可以看到户外有一棵百年老白桦树，枝叶葳蕤，树干从上到下都呈黑色。饭厅正面的墙角处供满了一只只没安玻璃的神龛，里面摆着或挂着圣像，其中有一尊很大的披着银袍的圣像，一望而知是件古董。在这尊圣像上放着一对花烛，那黄黄的蜡活像是尸体的颜色。花烛上系着一对蓝蝴蝶结，颜色也已泛白。

"请您原谅，"伊弗列夫顾不得失礼，开口问道，"莫非令尊同……"

"不，没有，"年轻人立刻明白了他问的是什么，轻声回答道，"这对花烛是在家母过世后，家父才买的……他甚至还特地戴起了订婚戒指……"

客厅内的家具粗大笨重。但在窗间的墙壁前却摆着几只考究的玻璃橱，里边放满了茶具和有金套子的细长的高脚酒杯。地板上铺满了已经枯干了的死蜜蜂，所以一脚踩下去就咔嚓咔嚓发响。会客室里也洒满了死蜜蜂，但没一件家具。年轻人领着伊弗列夫穿过会客室和另一间有一只木床的昏暗的房间，在一扇矮门前站停下来，打裤兜里掏出一把大钥匙。他费了好大功夫才使钥匙在长了锈的锁孔里转动，然后一边推开门，一边嘟囔了句什么话，于是伊弗列夫看到了一间有两扇窗子的斗室，一边贴墙摆着一只光秃秃的铁床，没铺任何被褥，另一边摆着两只小巧的美纹桦木的书橱。

"这就是藏书吗？"伊弗列夫走到一只书橱前问道。

年轻人急忙回答说是的，随即走过来帮他把橱门打开，怀着急于把书脱手的欲念，注视着他手的一举一动。

这些藏书真是无奇不有呀！伊弗列夫打开一本本厚厚的硬封面，翻阅着一页页窸窣发响的已经发灰了的纸，出声念着书名：《妖魔的渊薮》……《晨星与夜鬼》……《论宇宙之奥秘》……《奇境漫游》……《最新详梦全书》……他捧着书的手一直在微微颤抖。那颗与世隔绝，在这间斗室里长期过着隐居生活，直到不久前才与这间斗室永别的孤独的心灵，就是从这些书中撷取养料的……但也可能这颗心灵的确并未完全疯掉呢？"有一种生活，"伊弗列夫想起了巴拉丁斯基[1]的诗句，"有一种生活，不知该称它什么？既不是醒，也不是梦，而是介乎两者之间，正是它使人的理智与疯癫相连……"西边天上的乌云已经消散，从绮丽的紫罗兰色的云彩间投下的金色霞光，奇异地照亮着这间不幸的爱屋。这是一种不可理解的爱情，它把人的整个一生变成了一种神魂颠倒的生活，要是不碰到那个具有谜一般魅力的卢什卡，这人的一生本可以跟正常人一样平平而过的……

伊弗列夫从铁床下抽出凳子，在书橱前坐下来，掏出一盒烟卷，同时悄悄地扫视了斗室一眼，记住了其中的一切。

"您抽烟吗？"他问站在身旁的年轻人说。

那人的脸又涨得通红。

"抽的，"他嘟囔说，竭力想微笑一下，"其实也没什么烟瘾，只是抽着玩的……不过您要是给我一支的话，我可太感谢您啦……"

---

[1] 叶夫根尼·阿勃拉莫维奇·巴丁拉斯基（1800—1844）：俄罗斯诗人。

说罢，他不好意思地接过烟卷，双手索索发抖地把烟点燃，然后走到窗台前，在上边坐了下来，挡住了晚霞黄澄澄的光芒。

"这是什么？"伊弗列夫伛身到书架中间一格，那里只放着一本开本很小的书，样子有点像祈祷书，此外，还有一只首饰匣，匣子四角包着银，银子由于年代过久而发黑了。

"没什么……首饰匣里只有先慈的一串项链。"年轻人愣了一下，随后竭力装得漫不经心地回答说。

"可以看一下吗？"

"请……只不过是一串非常普通的项链……您不会感兴趣的……"

伊弗列夫打开首饰匣，看到了一串戴旧了的廉价的蓝宝石项链，那一粒粒圆圆的蓝宝石就像是普通的小石子。可是他一看到许多年前曾经戴在她颈项上的这些小石子时，就不由得神不守舍。这个女人必定是楚楚动人、惹人爱怜的，她的容貌虽已无从得知，但不可能不是美丽的，美丽得使人一见销魂。伊弗列夫拿起项链把玩了好一会儿，才小心翼翼地放回到首饰匣里，然后拿起了那本小书。这是一本将近一百年前出版的十分精美的袖珍读物，名叫《爱情学，或曰恋爱经和相爱术》。

"这本小书，非常抱歉，我不能出售，"年轻人为难地说道，"这本书十分贵重……家母生前一直把它放在枕头底下……"

"可您或许会允许我翻阅一下吧？"伊弗列夫问。

"请。"年轻人轻声说道。

那人死死地盯住伊弗列夫看，这使他隐约感到好似芒刺在背，但他已顾不得自己的举止是否唐突，慢慢地翻阅起《爱情学》来。全书分成好些短小的章节，有《论美》、《论心灵》、《论智慧》、《论爱情之规律》、《论进攻与自卫》、《论龃龉与复好》、《论柏拉图式之恋爱》等。每一章都由简洁、典雅，有时又极其含蓄的箴言组成；在有些箴言下边，工工整整地用红墨水笔画了一条线。"爱情并非我们生活中简单的插曲，"伊弗列夫念道，"我们的理智总是与心灵相悖，而且无法将其说服。女子一旦倾心于人，就会比任何时候都坚定。凡能左右我们理想的女子，我们就会敬重她，爱慕她。虚荣心是要挑挑拣拣的，而真正的爱情从不挑拣。女子的美色是次要的，可爱才是主要的。一个女子若在我们了解她之前，即向我们透彻地剖析自己，她就能成为我们心灵的主宰，而我们的心灵则永远甘为爱情的奴隶……"书中还有一章叫做"浅释花卉的语言"，在这一章中有些地方也画了红线，例如："野罂粟——表示忧愁。欧石楠——表示你的迷人之处已深印在我心底。蒺藜——表示美好的回忆。郁悒的天竺葵——表示患了抑郁症。苦艾——表示永恒的悲伤。"……书最后那张空白的衬页上，也用红墨水笔写了一首四行诗，是用蝇头小楷写的。年轻人伸长脖子，凑近来看了看《爱情学》，装出一个微笑说：

"这首诗是先慈自己写的……"

半小时后，伊弗列夫如释重负地同那个年轻人告别，在所有藏书中，他只买下了这一本，价钱出得很高。田野后边的云彩闪烁着浑浊的金色的霞光。葱绿的田野湿漉漉的，一汪汪积水反射出落霞的余晖。小伙子慢腾腾地撺着马，伊弗列夫也不去催他。小伙子告诉他说，刚才看到的那个在牛蒡丛中撺火鸡的女人是辅祭的妻子，同小赫沃辛斯基妍上了。伊弗列夫没去听他说。他一直在想卢什卡，想她那串项链，这串项链使他百感交集，就像当年他在意大利一个城市中看到一位女圣徒的遗物时那样。"她永远进入了我的生活！"他想道。于是，他从口袋里掏出那本《爱情学》，借着霞光，慢慢地念着写在最后一页上的那首诗：

> 坠入情网的心纷纷劝导你：
> "去追求那古已有之的甜蜜的东西！"
> 心把这本《爱情学》传给孙子和曾孙。
> 让世世代代的后裔体味学习。

1915 年 2 月于莫斯科

（选自《蒲宁文集》，戴骢译）

林荫幽径

[俄] 蒲宁

【编者按：一个女奴被自己深爱的主人释放为自由民——而实际上是抛弃，之后，35 年独身，最后两人邂逅，男的要求原谅，女的说因为她爱他，而且至今依然，所以永远不能宽恕他。这触及了人类爱情中最吊诡也最人性的命题：爱情中的占有欲和忠诚的并行不悖。】

寒峭的秋雨已经淅淅沥沥下了好几天，在土拉^①郊外的一条大道上，黑魆魆的车辙纵横交叉，到处都积聚着雨水。一辆溅满污泥的四轮马车，支起半节车篷，由三匹驽马驾着，正在大道上奔驰，马尾巴全束了起来，免得甩起泥浆。马车驰至一幢长方形的木屋前停了下来。这幢木屋一半是官府办的驿站，一半是私人开的客店。旅人可以在店内小歇，投宿，用餐或者喝茶。驾车的是个强壮的庄稼汉，这人穿一件厚呢上衣，腰带束得很紧，黑不溜秋的脸，黑不溜秋而稀疏的络腮胡子，一副杀气腾腾的样子，活像古代的绿林好汉。而坐在车厢里的是个上了年纪的军官。他头戴制帽，身穿尼古拉式的海狸皮翻领军大衣，不但身体还未发胖，连眉毛也还是乌黑的，但是两撇唇髭已经花白，同唇髭连在一起的颊须也已经花白了。他的下颏剃得精光。这人的整个仪表一望而知

---

① 土拉，今译图拉。

是在效仿亚历山大二世，这样的修饰当亚历山大二世在位时，在军人中间是十分流行的；连这人的目光也同亚历山大二世一样，疑惑、森严，同时又疲惫。

马停下来后，他先从马车里伸出一只脚来，脚上穿着军靴，靴筒上没有一丝皱纹，然后用戴着麂皮手套的双手，略微提起军大衣的下摆，快步走上了农舍的台阶。

"喂，大人，往左边拐。"马车夫从驭者座上粗声粗气地吆喝道。于是那位军人便微微伛下颀长的身体，跨过门槛，走进穿堂，朝左边那间上房走去。

上房里温暖、干燥、一尘不染：左边墙角里供着一尊崭新的描金圣像，圣像下边摆着一张铺有洁净的本色台布的桌子，桌子后面是一排擦洗得干干净净的木炕；右边的墙角相当进深，那里砌有一只烧菜用的炉子，炉子新粉了一层白垩，显得分外洁白。炉旁放着一张类乎沙发的躺椅，上面披着一条呢毯，椅背靠着炉子的一侧，从炉门里飘出一股股诱人的肉汤的香气——正在煮一锅加有月桂叶的牛肉卷心菜汤。

来客脱下军大衣，扔到木炕上。只穿着军便服和靴子，他益发显得身材匀称，然后，他又脱掉手套和军帽，疲惫地举起一只白皙、清瘦的手，掠了掠头发。他头上的花白头发以及披至眼梢的鬈发微呈卷曲，而他那长着一双黑眼睛的清癯、英俊的长脸上则隐隐有几点麻斑。上房里一个人也没有，他稍微打开通至穿堂的门，不高兴地喊道：

"喂，来人呀！"

一个乌黑头发的妇人应声走进屋来，她虽然年事已衰，但仍然相当漂亮，双眉也是乌黑的，上唇和面颊的两侧长有一层深色的茸毛，颇似风韵犹在的吉卜赛妇人。她步履轻盈，但体态丰满，双乳高耸在大红短外衣下，黑呢裙子衬托出她的小腹，她小腹的轮廓呈三角形，就像鹅的胸脯一般。

"欢迎您，大人，"她招呼说，"您要用饭还是要茶炊？"

来客朝她丰腴的双肩和小巧的双脚——脚上穿着一双旧了的鞑靼式红便鞋——瞟了一眼，漫不经心地三言两语回答说：

"茶炊。你是这里的店东还是女侍？"

"店东，大人。"

"这么说，店里的事你自己一把抓？"

"是的。我一把抓。"

"怎么回事？是寡妇吗？否则怎么自己来侍候顾客？"

"不是寡妇，大人，人总得挣钱糊口呀。再说，我这人喜欢操劳。"

"哦，是这样。这很好。你店里挺干净，也挺舒适。"

妇人始终微微眯缝着眼睛，用一种要看穿他心底的目光，紧紧地盯着他。

"我喜欢干净，"她回答说，"我从小是在贵族老爷家长大的，怎么会不讲究整洁呢，尼古拉·阿列克谢耶维奇。"

他听到喊他的名字，惊得挺直身子，睁大了眼睛，脸红耳赤。

"纳杰日达！是你？"他气急败坏地问。

"是我，尼古拉·阿列克谢耶维奇。"她回答说。

"我的天哪，我的天哪！"他一边说着，一边坐到木炕上，目不转睛地望着她，"真想不到！我们多少年没见面了？有三十五年了吧？"

"三十年，尼古拉·阿列克谢耶维奇。我今年四十八岁，我想您将近六十了吧？"

"怎么会有这种事……我的天哪，太奇怪啦！"

"有什么奇怪的，老爷。"

"但是这一切，这一切……真是难以想象！"

他脸上方才那种倦容和心不在焉的神态顿时消失了。他站了起来，在屋里大步地踱来踱去，两眼望着地板。后来，他站停下来，长着花白胡子的脸涨得通红，说道：

"自从那以后，我没有得到过你一点音讯。你怎么会流落到这儿来的？为什么不留在老太爷家里？"

"您刚一离开，老太爷就给了我一张释奴证^①。"

"此后你住在哪儿？"

"说来话长，老爷。"

"听你刚才的口气，你没有嫁人啰？"

"没有。"

"为什么？凭你当年那么漂亮，怎么会嫁不出去？"

"我不愿意嫁人。"

"为什么不愿意？这话什么意思？"

"这还用得着解释吗？想来您还记得吧，我当初是多么爱您。"

他羞愧得泪水盈眶，便蹙紧眉头，重又踱起方步来。

"一切都会过去的，我的朋友，"他喃喃地说，"爱情、青春，一切的一切无不如此。这是一桩庸俗的、司空见惯的事。随着岁月的流逝，一切都会过去的。《约伯记》中是怎么说的？'就是想起也如流过去的水一样。'^②"

"未必见得，尼古拉·阿列克谢耶维奇。的确，每个人的青春都会过去，可爱情却是另外一回事。"

他站停下来，抬起头，凄然地笑着说：

"您总不可能为我守一辈子吧！"

"恰恰是可能的。多少年过去了，我始终是独身。我知道您早已不是过去的您了，而且您当初也根本不把它当一回事，可是……今天再来责备您已经晚了。话要讲回来，您当时把我扔掉，也够心狠手辣的啦——别的都不说，光因为这一点，我就曾经不知多少次想自杀。要知道，尼古拉·阿列克谢耶维奇，曾经有过这么一段时候，我是管您叫尼科连卡^③的，而您管我叫——您还记得管我叫什么吗？那时候您还常常

---

① 旧俄贵族解放个别农奴时，发给"释奴证"，以证明并非逃奴。
② 见《旧约·约伯记》第 11 章。全句是："你必忘记你的苦楚，就是想起也如流过去的水一样。"
③ 系尼古拉的昵称。

念诗给我听，是关于各种各样'林荫幽径'的诗。①"她冷笑着补充说。

"啊，那时候你可真迷人呀！"他摇着头说，"那么热情，那么可爱！那么美丽的身段，那么美丽的眸子！谁见了你都入迷，你还记得吗？"

"记得的，老爷。当时您也非常英俊，我可是把我的美貌、我的热情都给了您。这种事怎么忘记得了。"

"唉！一切都会过去，一切都会忘记的。"

"一切都会过去，但一切并不都会忘记。"

"你出去吧，"他说着，掉过身子朝窗口走去，"请你出去吧。"

他掏出手帕来揩着眼睛，又急促地补充说：

"但愿上帝宽恕我。而你大概已经宽恕我了。"

她这时已走到门口，站停下来回答说：

"没有，尼古拉·阿列克谢耶维奇，没有宽恕您。既然我们的谈话触及了我们的感情，那我就要直说了：我永远也不会宽恕您。不但当时对我来说世上再也没有比您更亲的人，此后也没有过。因此我无法宽恕您。算了，何苦去回忆这些事，人死了，是没法再把他从墓地上领回家去的。"

"是的，是的，没有必要去提了，请你去关照把马车准备好，"他回答说，离开了窗口，脸色已变得十分严峻，"我可以告诉你一件事：我一生并未有过幸福的时候，请你别以为我是幸福的。对不起，也许我的话会伤害你的自尊心，但我还是要坦率地告诉你：我爱我的妻子，爱到神魂颠倒的地步。可是她却背弃了我，把我扔掉，跟人跑了，她使我受到的凌辱远比我使你受到的厉害。我儿子小的时候，我把他当做心头的肉，我把一切希望都寄托在他身上！谁料到他长大后，却成了

---

① 指尼古拉·阿列克谢耶维奇·奥加辽夫（1813—1877）所作的一首诗《司空见惯的故事》。奥加辽夫是俄国著名政论家和诗人，在莫斯科大学求学期间，与赫尔岑共同组织宣传革命思想的小组，曾两次被捕，1856年逃亡国外，与赫尔岑合编《北极星》杂志和《钟声》报，早期作品多为抒情诗。

败家子，纨绔恶少，无赖，没有心肝，没有廉耻，没有良心……不过所有这一切，也无非是一桩司空见惯的、庸俗的事罢了。好啦，亲爱的朋友，祝你健康。我想，我也是把我生活中曾经有过的最可贵的东西都留给你了。"

她走到他跟前，吻了吻他的手，他也吻了她的手。

"请你去关照把马车……"

当他重又登程的时候，他忧郁地想道："是呀，她当年是那么可爱！那么迷人！"他想起最后跟她讲的那席话，想起还吻了她的手，感到羞愧，可马上又因自己为了这么点事就感到羞愧而愧上加愧。"不过，她的确把一生中最好的时刻都给了我，这难道不是事实吗？"

苍白的太阳正在西沉。车夫撵着马，选择着泥浆较少的地方向前驰去，一路上不时将马车从一道黑魆魆的车辙驶入另一道车辙。车夫也在那里想着什么心事，最后，终于开口了，毫无遮拦地问：

"大人，那娘儿们一直站在窗口瞅着咱们离开去。看来，您早就跟她相识了吧？"

"早就相识了，克利姆。"

"这娘儿们可能干哩。人家都说她财越发越大了。她放债来着。"

"那有什么大不了的。"

"怎么没什么大不了！谁不想日子过得好些！放债的人要是心平一点儿，大伙儿的日子就要好过多了。听说她虽然放债，心倒并不狠。就是太刻板，太认真啦！要是您到期不还，那可别怪她，只好怨自己。"

"是啊，是啊，只好怨自己……请你快赶车吧，别误了火车的时间……"

夕阳将黄昏的余晖洒在荒凉的旷野上，三匹马齐步扑通扑通地踩着一洼洼水，朝前奔去。他望着一闪一闪的马蹄，皱紧乌黑的眉毛，想道：

"是啊，只好怨自己。是啊，的确是最好的时刻。岂止最好的时刻，简直是不折不扣的黄金时刻。'一条条林荫幽径蜿蜒在椴树间／姹紫嫣红的蔷薇在周遭争妍斗艳……' ① 但是，我的天哪，如果当初我没有将她遗弃，那日后会怎样呢？无稽之谈！不过，话又要讲回来，这个纳杰日达如果不是客店的店主，而是我的妻子，是我在彼得堡那个家的主妇，是我孩子们的母亲，那又会怎样呢？"

想到这里，他合上眼睛，摇了摇头。

1938 年 10 月 20 日

（选自《蒲宁文集》，戴骢译）

---

① 系奥加辽夫的抒情诗《司空见惯的故事》中的两句诗。

第十七讲 一夫一妻制与一夫多妻制

[芬]维斯特马克

爱德华·亚历山大·维斯特马克（Edward A. Westermarck,
1862—1939）是芬兰著名的社会学家、人类学家和哲学家，生于赫
尔辛基，卒于拉宾拉赫提。毕业于芬兰大学，1890 年获哲学博士学
位。而后历任芬兰大学社会学讲师、道德哲学教授和亚波学院哲学教
授，同时还执教于伦敦大学，其间，他特别致力于将亚当·斯密、斯
宾塞和英国其他学者的思想介绍到芬兰，而他本人的学术兴趣则主要
集中于家庭婚姻、道德观念和风俗习惯的比较研究。为此，他曾广泛
涉猎，博览群书，密切注意学术动向，大量搜集实证资料，而且还亲
身前往摩洛哥，深入当地民族生活，进行过长期实地考察。在半个多
世纪的学术生涯中，著述甚丰，他曾发表多种学术专著，其中影响
较大的有：《道德观念的起源和发展》（1906—1908）、《摩洛哥的婚
礼仪式》（1914）、《摩洛哥的婚礼仪式与信仰》（1926）、《伦理相对
论》（1932）、《西方文明婚姻制度的未来》（1936）和《基督教与道德》
（1939）；最著名的作品是《人类婚姻史》。

一夫一妻制与一夫多妻制

[芬兰] 维斯特马克

【编者按：这是《人类婚姻史》的第 27 章内容，作者以惊人广阔的资料和文献，考察了人类各个种族的婚姻状态，从而得出结论：在所有民族中，一夫一妻制是主流，而其他婚姻形式即使存在也是支流，主要的限制条件往往是经济原因。】

在低等动物中，有的物种本能地实行"一夫一妻制"，有的物种本能地实行"一夫多妻制"。而在人类中，则有一男一女的婚姻（一夫一妻制）、一男数女的婚姻（一夫多妻制）、一女数男的婚姻（一妻多夫制）以及数男数女的婚姻（群婚）。在本章中，我们将讨论最为常见的两种婚姻形式：一夫一妻制与一夫多妻制。

在南美印第安人中，据说有些部落是实行一夫一妻制的，另有少数部落，只有酋长才能娶有数名妻子。就大多数部落而言，则显然是允许实行一夫多妻制的，但据说在其中多数部落中，一夫多妻制并不常见，或仅仅是一种例外。从我本人收集的资料以及霍布豪斯、惠勒和金斯伯格诸先生所列的图表中，我推断，在南美洲，盛行一夫多妻制的部落与偶尔实行或从不实行一夫多妻制的部落相比，在数量上尚不及三分之一。阿劳坎人属于前者，在这个民族中，有的酋长所拥有的妻妾可达 20 人之多，而穷人则最多只能娶上一两个妻子。据卡斯泰尔诺说，在瓜托人中，"每个男人都有 2 至 4 名妻子，还有少数人甚至有 10 至 12 名妻子"①。古米拉神父在谈及奥里诺科河流域的民族时，曾说道：只有奥托马科人不实行一夫多妻制，而在其他民族中，每个男子至少都有两三个妻子。据迪泰特说，在小安的列斯群岛，一夫多妻制非常盛行，几乎每个男子都有数名妻子，有的可达五六个之多。但是，在哥伦布看来，伊斯帕尼奥拉岛上的土著似乎是实行一夫一妻制的，只有国王和酋长是例外。

在北美诸部落中，不实行或不太实行一夫多妻制的部落至少是普遍实行者的两倍。但尽管如此，一夫多妻制在北美部落中显然比在南美印第安人中更为常见。亨内平曾说过，在很多部落中，都可以遇到妻妾多达 10 至 12 名的土著男子。卡特林也说："一个酋长在家中有 5 至 8 名乃至 10 名妻子，并不是什么稀罕事，还有的有 12 名或 14 名妻妾。"②在纳瓦霍人中，"大约三分之一的成年男子都是实行多妻制的"③。据说，在大草原印第安人中，"说到任何印第安少女都可以有情人一事，我们可以有把握地说，一半以上的男子都至少有一两个妻子"④。另一方面，也有人说，居住在特万特佩克地峡的某些部落、新墨西哥的莫基人以及希拉河和科罗拉多河流域的科科马里科帕人和另一些部落，都不实行一夫多妻制。在普韦布洛别霍地区的阿兹特克人，就严格实施着一夫一妻制的原则。如果哪个女人行为不轨，她就必须要由萨满进行禳解，否则就会大难临头，如被虎吃、遭蛇咬、挨蝎子蜇或遭雷劈。某些加利福尼亚部落只允许酋长实行多妻制，但是在实行一夫一妻制的卡罗克人中，即使酋长也没有这样的特权。在那里，男人只要有钱，就可以买来很多女人做奴隶；但是，假如他同一个以上的女人同居，他就会遭到大家的谴责。在加利福尼亚的尤罗克人中，也未曾听说有一夫多妻制。据摩尔

---

① Castelnau, *Expédition dans les Parties Centrales de l'Amérique du Sud*, ii. 374. ——原注
② Catlin, *Illustrations of the Manners of the North American Indians*, i. 118. ——原注
③ Stephen, "Navajo", in *American. Anthropologist*, vi. 356. ——原注
④ Dodge, *Our Wild Indians*, p.201. ——原注

根说，易洛魁人也禁止一夫多妻制，且没有人违反这一禁规。但是，这一说法与一些较早的记述有出入。另一方面，关于休伦人和阿帕切人，据说他们早先都是实行一夫一妻制的，或者说，认为一夫一妻制是最适当的，但后来也采行了一夫多妻制。在爱斯基摩人的某些部落中，据说"一半以上的已婚男子都至少有两个妻子"[①]。但这只是极少数例外情况，在大多数爱斯基摩人中，一夫一妻制乃是通行的婚姻形式。达拉格尔在 18 世纪时曾写道：在格陵兰岛的西岸，20 个男子中也不一定有一个人是娶有两个妻子的，至于娶三四个妻子的男子就更为罕见了。克兰茨也说，一个格陵兰人要是娶有三四个妻子，就会受到同胞的谴责。关于格陵兰岛东岸的土著人，霍尔姆认为没有迹象表明一个男子娶有两个妻子。关于其他爱斯基摩人，也有人做过类似的记载。默多克曾描述过居住在巴罗角一带的爱斯基摩人，他写道："就大多数爱斯基摩人的情况而言，每个男子都是娶有一个妻子，只有少数有钱的人才娶两个妻子。就我的记忆而言，在这两个村子里，娶有一个以上妻子的男人，至多只有五六个；就在我们逗留期间，其中一个男子还放走了他后娶的那个妻子。至于娶两个以上妻子的情况，我们从未听说过。"[②]

关于亚洲爱斯基摩人，即楚克奇人，博戈拉斯博士说，他们大多都是实行一夫一妻制的，只有极少数男人娶有两个以上的妻子；在沿海楚克奇人中，即使是娶两个妻子的情况也极为罕见，而在驯鹿楚克奇人居住的某些地方，全部婚姻中的三分之一都是一夫多妻制婚姻。而在科里亚克人中，沿海部落似乎比驯鹿部落更多地实行一夫多妻制。在沿海科里亚克人中，乔切尔森博士共询问了 95 名已婚男子，其中 13 人，即 13.6% 的人，各有两名妻子，但没有一人拥有两个以上的妻子；而在驯鹿科里亚克人中，65 名已婚男子中只有三人各有两名妻子，一人有

---

① Gilder, *Schuwatka's Search*, p. 246. ——原注

② Murdoch, "Ethnological Results of the Point Barrow Expedition", in *Ann. Rep. Bur. Ethnol*, ix. 411. ——原注

三名妻子，多妻者的比例只有 6%。在科里亚克人的神话中所记录的婚姻，大多也都是一夫一妻制的。同样，在尤卡吉尔人中，一夫多妻制的存在显然也是极为有限的。吉利亚克人也是这样。关于北海道的阿伊努人，V. 西博尔德曾说过，只有一村之长和某些地方的富人才被允许娶有多妻；而伯德小姐听说，在火山湾一带的部落中，即使头人也不实行一夫多妻制。看来，在亚洲北部和中部的大多数部落中，以及在前俄罗斯帝国所属的广大未开化部落或半开化部落中，一夫多妻制虽然是完全合法的，但不是很盛行，或者说，在基督教进入之前是这样。当哥萨克人最初来到雅库特人那里时，一夫一妻制已经有了"充分的发展"，但是现在已不常见了。罗克希尔曾经说过："大多数情况表明：在库库淖尔一带的藏民中，一夫一妻制是通行的婚姻形式，而一夫多妻制只是一种例外。"罗克希尔还认为，所有从事游牧的藏民都是这种情况。[1]

印度和印度支那的未开化部落无疑也是这样。很多人明确指出，在有一夫多妻制存在的部落中，这种婚姻大多都仅仅是一种个别的或不太普遍的情况。在某些部落中，只有当头一个妻子不能生育或未生男孩时，一夫多妻制才被允许实行。据斯克雷夫斯鲁德说，在桑塔尔人中，一个男子只能娶一个女子，除非是续娶其寡嫂；如果他有 10 个哥哥，他们又都死了，他就要把这 10 个寡嫂都娶过来。据索皮特先生说，大多数库基人都实行一种十分严格的一夫一妻制。在他们那里，男子只有在一种情况下才能续娶寡嫂，即他尚未成婚。而在这种情况下，他也只能娶寡嫂为妻。"即使他还是个孩子，将来长大成人后也得娶寡嫂为妻，无论寡嫂的年纪有多大。"[2] 但是，根据较早时的一种说法，库基人虽然只能娶一个妻子，却可以随意纳妾。在老库基人或其中的某些支系中，以及在科奇人中，据说一夫多妻和纳妾都是被禁止的；而在帕丹人、米基尔人以及蒙达科尔人中，虽然没有对一夫多妻制加以明令禁止，但如

---

① Rockhill, *Land of the Lamas*, p. 80.——原注
② Soppitt, *Short Account of the Kuki-Lushai Tribes on the North-East Frontier*, p.15.——原注

果有人多娶的话，还是会受到人们的谴责。至于人们在米基尔人中看到的一些多妻制现象，则被归因于阿萨姆人的影响和部落约束力的减弱。在上阿萨姆的那加人中，以及在卡西人、基桑人和梅奇人中，人们在一段时间内都只有一个配偶。据卢因说，唐塔人和姆鲁人也是这种情况。但是，据督管大员哈钦森说，在吉大港山区，一夫多妻制"对富人来说还是完整地保留着的"，只有布尼奥吉和班科这两个部落是禁止一夫多妻制的。[①] 居住在马拉巴尔南部的纳亚迪人以及科钦邦奇图尔地区的一支图卢族种姓——卡瓦拉人，实行着严格的一夫一妻制。在印度支那的卡丹人和卡考人中，一夫多妻制据说是不存在的或是被禁止的。

在马来半岛的原始部落中，一夫多妻制要么甚为罕见，要么则根本不存在。据我们了解，塞芒人一直习惯于实行一夫一妻制。在他们那里，已婚男女之间是最忠诚的，通奸之事会受到严厉的惩罚。在萨凯人中，据说一夫多妻制是被允许的，但没有什么人真的实行这一制度。关于雪兰莪的萨凯人，我们甚至听说他们根本就不准实行一夫多妻制。但是据说，霹雳州的萨凯人则是实行一夫多妻的。据洛根说，大多数贝努亚人都只有一个妻子，而其他一些作者则说，他们那里不准实行一夫多妻制。法夫尔就在那里遇到过一个娶有两个妻子的人，但"他受到了整个部落的责难和蔑视"[②]。据说，一夫多妻制在曼特拉人中是被禁止的，在柔佛的比杜安达－卡朗人中以及在穆卡库宁人中均没有听说过一夫多妻制。后两者均为劳特人的支系，而劳特人一般都是实行一夫一妻制的，只是可以续娶寡嫂作为二房妻子。贾昆人（或马来人）诸部落，包括雪兰莪的布兰达斯人和贝西西人在内，"都是严格实行一夫一妻制的"[③]。法夫尔称，贾昆人只允许男人娶有一个妻子，而斯基特先生则记不起来有任何贝西西人不是实行一夫一妻制的。马丁博士在谈及马来半

---

① Hutchinson, *An Account of the Chittagong Hill Tracts*, pp. 23, 161.——原注
② Favre, "Account of the Wild Tribes Inhabiting the Malayan Peninsula", in *Jour Indian Archipelago*, ii. 264.——原注
③ Skeat and Blagden, *Pagan Races of the Malay Peninsula*, ii. 56.——原注

岛土著部落的一般情况时推断说，他们基本上都是实行一夫一妻制的，其中有些实行一夫多妻制，是由于受了马来人的影响。他还说，在纯土著部落中，通奸的男女往往要被处以死刑。安娜代尔和鲁滨孙两位先生说，在北大年地区的马来－暹罗农民中，那种同时娶有两个或更多妻子的一夫多妻制是极为罕见的。

在尼科巴群岛的某些地方，常有一些酋长和富人实行一夫多妻制，但在另一些地方，人们都是严格实行一夫一妻制的。据说在安达曼人中，也未见到过一夫多妻制。"虽然男女两性在婚前都享有性自由，但婚后，丈夫对妻子一般都是很忠实的，妻子对丈夫也是一样。"[①]很多作者都认为，锡兰的维达人从来都是实行一夫一妻制的，即使是通奸的事似乎也不曾听到过。假如真出了这事，那么，"受害者除了杀死仇人之外，别无解气的办法"[②]。

据克劳弗德说，在马来群岛，一夫多妻制和纳妾制仅仅存在于为数很少的上层阶级之中，因此可被看做大人物享用的某种奢侈品。如果以为这两种制度会影响整个社会大众，那是很不切实际的。另一些作者在谈及马来群岛的各民族时也都证实，一夫多妻制无论发生在哪里，都仅仅是一种个别的现象。的确如此。我至今尚未看到有任何一份材料说，一夫多妻制是一种普遍现象。倒是有很多报道说，一夫多妻制在很多民族中都闻所未闻，或者说是被禁止的。在苏门答腊，男女之间若是在平等的基础上通过订约结的婚，男方则不得在未同女方离婚的情况下另有所娶。在库布人中，虽然也允许实行一夫多妻制，但通行的还是一夫一妻制。而苏门答腊的另一些原始部落，诸如马马克人、阿基特人和萨凯人，据说则是实行严格的一夫一妻制。在婆罗洲，有很多部落都不实行一夫多妻制。在山地达雅克人中，男人都是只娶一个妻子，而当酋长的一旦破坏了这一习俗，也就失去了他的全部影响力。据说，在他们

---

① Portman, *History of Our Relations with the Andamanese*, i. 39. ——原注
② Nevill, "Vaeddas of Ceylon", in *Taprobanian*, i.178. ——原注

那里，连通奸的事都完全没有。同样，沿海达雅克人的传统法律也规定，一个男子只能娶一个女子。"人们认为，一夫多妻制会使神感到非常不快。因此，如果有哪个男子娶了两个女人，村里的人们就会逼迫他放弃其中的一个。人们还要给神灵祭祀，以防这一逆行会给全村带来灾祸。"[1] 在婆罗洲中部高原从事游猎的普南人中，每个男子一般都只有一个妻子。在他们那里，有时也有一妻多夫现象发生，这种情况多发生于某个女子嫁给一个不能生育的老年男子之后。但是，据霍斯先生说，虽然有的普南女子成为其他部落男子的第二个妻子，但他并未见到过一夫多妻制的事例。居住在西里伯斯岛南部的托亚拉人过的是一夫一妻制的生活。米纳哈萨半岛上的阿尔富尔人从前也是这样。虽然他们后来也有人偶尔实行一夫多妻制，但据希克森博士说，这很可能是受了穆斯林的影响，背离了古老的习俗。在很多较小的岛屿上，例如在哈马黑拉岛的加莱拉人中，以及在瓦图贝拉、莱蒂、明打威和博吉等小岛上的土著岛民中，盛行的都是严格的一夫一妻制。早年间那些发现菲律宾群岛的探险家看到，当地人合法的婚姻形式是一夫一妻制，但也有纳妾的。在棉兰老岛南部的巴戈博人以及其他一些部落中，男子"只有在同第一个妻子生了孩子之后，或是证明她的确不能生育之后，才能娶第二个妻子"[2]。在同一岛上的一支山地部落——苏巴努人中，一夫多妻制虽然是被允许的，但不很普遍。吕宋岛的伊戈罗特人是严格实行一夫一妻制的，假如出了通奸之事，通奸者即会被逐出家门。阿扎加神父在谈及吕宋岛上的一支马来族猎头部落——伊塔隆人时曾说，男人只同一个女人订立婚约，而婚约一经订立，就是终生有效。此外，伊塔隆人也不准纳妾。同样，廷吉安人——吕宋岛上的一支马来族支系，也是实行一夫一妻制的。在吕宋岛三描礼士地区居住的尼格利陀人中，富有者都有不止

---

[1] Gomes, *Seventeen Years among the Sea Dyaks of Borneo*, pp. 70, 127 *sq.*——原注

[2] Cole, "Wild Tribes of Davao District Mindanao", in *Field Museum of Natural History, Anthropological Series*, xii.103, 133, 192.——原注

一个妻子，但整个菲律宾群岛的尼格利陀人一般都是实行严格的一夫一妻制。巴拉望岛上的原始部族塔格巴努亚人是不准实行一夫多妻制的。同样，台湾岛上的原始部族一般也都是实行严格的一夫一妻制。

在马里亚纳群岛所属的关岛上，夫妻在某段时间内都只有一个配偶，虽然常有离婚的事发生。在帛琉群岛，一夫多妻制只在富人中实行。同样，在加罗林群岛，或者说在其某些岛屿上，一夫多妻制据说也是很个别的现象。唐·路易斯·德·托雷斯就不曾听说过那里的哪个男人有两个妻子。新几内亚马克莱海岸的巴布亚人也是实行一夫一妻制的。据说，在多雷的巴布亚人中，不仅一夫多妻制是被禁止的，而且连纳妾和通奸之事也不曾听说过。在英属新几内亚迈卢地方的土著中，一夫多妻制是非常罕见的。马林诺夫斯基博士查阅了迈卢村的很多家谱。在当地的全部婚姻记录中，只有 1 例是一夫多妻制婚姻。在科伊塔人中，塞利格曼博士记录下来 76 例婚姻，其中只有 4 例是一夫多妻制婚姻。在马辛地区南部的瓦加瓦加，"人们否认现在有哪个男人娶有两个妻子。当地人还说，即便是在过去，娶有两个妻子的男人也是极为少见的"[1]。在马辛北部地区，从理论上来说，一夫多妻制只是局限于酋长家族的一种特权，虽然这一规定在执行上并不总是那么严格。从很多作者关于新几内亚原始部族的记述中，我们了解到，一夫多妻制在那里并不大实行，但是也有少数人讲到相反的情况。在马富卢山民中，男人往往娶有两三个妻子，有的甚至有 4 个，而酋长或富人则可以有 6 个妻子。在太平洋的很多岛屿上，做酋长的都实行多妻制，他们往往娶有很多妻子。在所罗门群岛的布干维尔岛，帕金森还见到过一些娶有 50 个妻子的酋长。格皮说，在肖特兰群岛，有一个酋长所娶的妻子达 80 至 100 个。据约翰·威廉斯说，在斐济，有的酋长也有 100 个妻子。但是根据另外一种说法，最高一级的酋长只有 10 至 50 个女人，包括妾在内；腹地部落的酋长则只有五六个妻子；而从属部落的酋长则很少有超过两个的。

---

[1] Seligman, *Melanesians of British New Guinea*, p. 509. ——原注

在很多地方，诸如在所罗门群岛的布因岛以及其他岛屿，在富图纳、桑威奇群岛以及新西兰，一夫多妻制似乎都只限于酋长，或者说，是与酋长的高位联系在一起的一种特权。在莱珀斯岛，一个人娶了一个年轻的妻子之后，往往还要再找一个年纪大的妇女（多为寡妇）做二房，以照顾头一个妻子。在特雷热里岛，据说大多数男子都娶有两个女人，这两个人在年龄上往往相差很大。但是，在南太平洋诸岛上，最普遍的无疑还是实行一夫一妻制，广大百姓实行的都是这种婚姻形式。从约克公爵群岛的一项统计资料中，我们看到：在 663 个已婚男子中，有 600 人都是一人一妻，57 个各有两妻，5 人各有三妻，娶有四个妻子的只有 1 人。也就是说，实行一夫多妻制的，只有 10.5%。在一些较小的岛屿上，人们实行的似乎都是严格的一夫一妻制。

关于前塔斯马尼亚人，我们所了解的信息是相互抵触的。据劳埃德说，多妻制是他们的普遍做法。他还说，1821 年他去那里时，几乎没有见到一个只娶有一个妻子的男人，人们一般都有两三个妻子。但是，据另一些作者说，一夫多妻制即便存在，也仅仅是个别现象。尼克松就说过，他们"在一段时期内，都只有一个妻子"[1]。在大多数澳大利亚部落中，一夫一妻显然是最普遍的情况，而一夫多妻制则主要是老年男子和酋长所实行的。但是，这一点似乎也有例外。据比斯霍夫斯神父说，在澳大利亚西北部的纽尔纽尔人中，25 至 30 岁的成年男子，大多每人都有两三个妻子，有四个妻子的也不罕见。另一方面，据说也有一些部落，根本不存在一夫多妻制，或者说，这一制度是被禁止的。

我们发现，一夫多妻制最盛行的地方是非洲。无论是从出现率上说，还是就妻子之多而言，都首推非洲。根据艾敏帕夏的说法，在乌尼奥罗地区，即使是一个小部落的酋长，至少也一定要有 10 至 15 名妻子；至于穷人，也都娶有三四个妻子。在南迪人中，富人可娶有 40 个妻子。据塞尔帕·平托说，在他访问巴罗策时，那里的一个大臣有 70 多

---

[1] Nixon, *Cruise of the Beacon*, p. 29. ——原注

个妻子。德克莱说，在马塔贝勒人中，"一夫多妻乃是通例，每个男人少则有两个妻子，多则有好几百个妻妾"①。关于贝宁国王究竟有多少妻妾，曾有人作过不同的估计，有说 600 的，也有说 1000 的，还有说超过 3000 的，甚至有说 4000 的。不过，国王有时也把自己的妻妾赐给下属。在阿散蒂，法律限定国王只能有 3333 名妻子，但不清楚是否要求国王一定娶够这个数目。据说，乌干达的姆特萨国王曾有嫔妃 7000 人，卢安戈的国王也是这样。就我所知，这是一夫多妻制在全世界所达到的极限。

关于一夫多妻制的出现率，我们可以参考一些数据。这些数据是根据霍布豪斯、惠勒和金斯伯格三位先生发表的图表计算出来的。在 110 个实行一夫多妻制和一夫一妻制的非洲民族中，有 89 个据说是普遍实行一夫多妻制的，占总数的 81%；而在世界其他地方的简单民族中，这一百分比只有 30%。虽然这些数字在很大程度上只是相对而言的，但相差如此之大，就足以说明一定问题。我们不应设想上面说的"普遍"一词，就一定是说大多数已婚男子都实行一夫多妻制。但据说也有一些民族就是这种情况。例如，据欣茨说，在翁东加人中，大多数的男子都各有两个妻子，也有不少人只有一个，还有少数人不止两个。在比属刚果的瓦雷加人中，"几乎所有家庭都是多妻制的，但一个丈夫拥有十来个妻子的情况却不常见"②。据说，在喀麦隆的班姜格人中，以及在苏丹西部的莫西人中，大多数男子都各有 2 至 4 个妻子。荷兰旧时的一位作者曾说过，在贝宁，"再穷的人也至少有 10 至 12 名妻子"③。但另一方面，我们也听说，在非洲的很多民族中，一夫一妻制都是最主要的婚姻形式；在某些民族中，一夫一妻制甚至还是唯一的婚姻形式。

中非的俾格米人似乎大多都实行一夫一妻制，虽然哈里·约翰斯顿

① Decle, *Three Years in Savage Africa*, ii. 160. ——原注
② Delhaise, *Les Warega*, p. 175. ——原注
③ Quoted by Ling Roth, *Great Benin*, p. 37. ——原注

爵士说，他们那里的一夫多妻制"取决于交易品的范围"[①]。据于特罗说，坦噶尼喀的大多数巴图亚人都不实行一夫多妻制。伊图里的万布蒂人也坚决否认他们中有任何人实行一夫多妻制。在南非的布须曼人中，一夫多妻制则比较常见。基切勒曾于 1799 年去过那里，他说，那里的男人都有数名妻子。坎贝尔在 18 世纪上半叶看到，他们往往有四五个妻子。斯托说，尽管布须曼人的大多数部落都允许实行多妻制，但在有些部落中，男人从来都是只娶一个女人。希尔在谈到布须曼人时说，现在，"一夫多妻制的现象已经极为罕见了。劳埃德小姐曾询问过很多人，结果只听到一例一夫多妻制婚姻，而另外一些调查者则没有听说一件这样的事"[②]。但据说，在加姆的奥因人中，每个男子平均有两个妻子，而且，娶五个妻子的事也并不稀罕。不过，里特冯坦的布须曼人和纳米布的布须曼人则是实行严格的一夫一妻制。在霍屯督人中，一夫多妻制是被允许的，但真正实行者显然并不多见。在他们住的很多村子里，都见不到一例一夫多妻制婚姻。据说，在某些卡菲尔部落中，"普通已婚男子每个人平均约有三个妻子"[③]。但在另一些部落中，则是一夫一妻制占了上风，大部分男子现在都只有一个妻子。据汉密尔顿先生了解，在安哥拉的基萨马人中，人们实行的是一夫一妻制。据格伦费尔说，上蒙加拉地区的蒙万迪人倾向于实行一夫一妻制，只有大酋长才有好几个妻子；在蒙加拉河与穆班吉河下游东岸之间的这一地区的班扎人"原则上也是实行一夫一妻制的"[④]。菲利普斯先生曾在刚果河下游地区作过一项社会学研究，他说："有一种错误的观点认为，在实行一夫多妻制的社会里，男人大多都娶有数名妻子。其实，男女两性的人数是相当的，这就使一夫多妻的做法无法在整个人口中普及开来。实际上，只有富人才能娶有

---

① Johnston, *Uganda Protectorate*, p. 539. ——原注

② Theal, *History of the Boers in South Africa*. p. 19. ——原注

③ Maclean, *Compendium of Kafir Laws and Customs*, p. 44. ——原注

④ Johnston, *George Grenfel and the Congo*, p. 676 *sq*. ——原注

多妻，而穷人则只能娶一个，甚至往往连一个都娶不上。"①普罗亚特在谈及卢安戈人时，也曾谈过这一点。他还说，那些能够利用特权娶有多妻的人，绝不会有很多很多。托马斯先生在一份关于讲埃多语的诸民族的报告中指出，虽然在这一地区的大部分地方，"除穷人之外，人们大多不实行一夫一妻制，而且每五个已婚男子中就有两人各娶有两个妻子"②，但是在索博地区，一夫多妻的现象则是极为罕见的。在喀麦隆北部腹地的巴利人中，合法的婚姻形式是一夫一妻制。从家人权利以及继承权的角度来看，这一制度的好处也是显而易见的。但是，"在实际上，男人还是可以娶有多妻的，虽然只能娶未婚的女奴"③，而这些人是什么权利也没有的。鲍曼说，万布圭人在盛行一夫多妻制的中非是一个例外的民族，他们实行严格的一夫一妻制，即使那些做酋长的，也都只有一个妻子。在博戈人中，一夫多妻制仅仅是贵族和富人的一种奢侈品。据蒙青格尔说，在整个这一地区，有两个妻子的不过只有 50 人，而有 3 个妻子的更少，只有 5 人。同样，在东北非的其他一些民族中，诸如在马雷亚人中，在贝尼阿梅尔人中，一夫多妻制也是局限于很少的一些人之中。在埃及，据莱恩说，每 20 个已婚男子中，只有一人有两个妻子。在阿尔及利亚和摩洛哥，广大百姓实行的也同样是一夫一妻制。在摩洛哥的不少大村子里，都找不到有两个妻子的男人。只是某个有钱的人在他拥有财产的另一村子里可能还有一个妻子。在西撒哈拉的摩尔部落中，文森特不曾遇到过一个娶有多妻的人。贝尼姆扎布人和图阿雷格人也实行一夫一妻制。同样，加那利群岛上的关切人也是实行一夫一妻制，只有兰塞罗特岛的居民是例外。

以上我们谈的是这些部族的一夫多妻制和一夫一妻制在地理上的分布情况。现在，我们来谈谈这两种婚姻形式在经济文化各个发展阶段上

---

① Phillips, "Lower Congo", in *Jour. Anthr. Inst*, xvii. 225. ——原注

② Thomas, *Anthropological Report on the Edo-speaking Peoples of Nigeria*, i.58. ——原注

③ Hurter, *Wanderungen und Forschungen in Nord-Hinterland von Kamerun*, p.377. ——原注

的流行程度。就我所收集的材料来看，除了某些澳大利亚部落和某些布须曼部落之外，任何处于低级阶段的狩猎部落和处于早期农业阶段（至少是其低级类型）的部落，都不曾在较大的规模上实行过一夫多妻制。相反，很多低级狩猎部落和初级农业部落都是实行严格的一夫一妻制。属于这一类的，有南美的某些印第安人（上文已有提及），马来半岛的土著部落，安达曼岛民，锡兰的维达人，马来群岛的某些部落（诸如马马克人和阿基特人），菲律宾群岛实行一夫一妻制的尼格利陀人，少数澳大利亚部落（但我对此持怀疑态度），以及中非的某些俾格米人。而在处于较高阶段的狩猎部落（多见于北美）中，实行一夫多妻制的情况则要多一些，但在大多数这些部落中，也并非多见。至于排他性的一夫一妻制，虽然也不是没有，则甚为罕见，主要见于加利福尼亚的卡罗克人、尤罗克人和圭库鲁人中，如果把他们也归入这些部落的话。在游牧民族中，我尚未发现有哪一个是可以被看做严格实行一夫一妻制的。虽然与处于较高阶段的狩猎部落相比，处于较高阶段的农业民族经常实行一夫一妻制的情况要多一些，但是，若与狩猎部落和初级农业民族相比，游牧民族和处于较高阶段的农业民族实行一夫多妻制的情况，确实更普遍一些。霍布豪斯、惠勒和金斯伯格三位先生也谈到过这一点。他们说："尽管人们一般都不承认一夫多妻制为良好习俗，但它的实行范围却在不断扩展，而这种情况在游牧民族中只不过更为明显罢了。"[①] 从他们所做的表格来看，一夫多妻制在饲养牲畜的农业民族中，要比在纯农业民族中更为常见；在已把农业作为副业的高级牧业民族中，要比在低级游牧民族中更为常见。但是，应当看到，在被说成"普遍"实行一夫多妻制的那些事例中，非洲的牧业民族和高级农业民族（即纯农业民族和饲养牲畜的农业民族），要比其他地区的同类民族多得多：前者在实行一夫多妻制和一夫一妻制的所有非洲民族中占 84%，而后者在非

---

① Hobhouse, Wheeler, and Ginsberg, *The Material Culture and Social Institutions of the Simpler Peoples. An Essay in Correlation*, p.161.——原注

洲以外地区的所有同类民族中则只占32%。非洲民族与非洲以外民族的这种差异，在高级农业民族中要比在游牧民族中更为明显：在高级农业民族中，"普遍"实行一夫多妻制的事例在非洲占86%，而在非洲以外地区则为30%；在游牧民族中，这两个百分比分别为76%与57%。对比来看，在被说成"经常"实行一夫多妻制的那些事例中，属于非洲以外高级农业民族的，要比属于非洲高级农业民族的多得多：前者在被收录的全部非非洲事例中占21%，而后者在被收录的非洲事例中仅占4%。在非洲以外的高级狩猎部落——他们都在非洲以外地区——中，"普遍"实行一夫多妻制的事例所占的百分比，略微超出同类事例在非洲以外的高级农业民族中所占的百分比：前者为33%，后者为30%。而"经常"实行一夫一妻制的事例，在高级狩猎部落中则要比在非洲以外的高级农业民族中少得多，其百分比分别为6%与21%。另一方面，如果我们将非洲以外的高级农业民族同非洲以外的初级农业民族——如同高级狩猎部落一样，初级农业民族也都在非洲以外地区——作一比较，那么，我们就会发现："普遍"实行一夫多妻制的事例，在前者中占30%，在后者中占20%；而"经常"实行一夫一妻制的事例在这两者中则大致相等，分别为21%与22%。这些数字说明，即使在非洲以外的民族中，高级农业民族也要比初级农业民族更爱实行一夫多妻制，虽然这一差别较之非洲高级农业民族与初级农业民族的差别要小得多。同样，非洲以外的高级农业民族显然也比低级狩猎民族更爱实行一夫多妻制，至少在不将澳大利亚部落考虑在内的情况下是这样。我在这里之所以讲得这样细，是因为一夫多妻制在非洲高级农业民族中较之在其他地区的高级农业民族中更为盛行这一事实，可以为我们起到一种警示作用。它告诫我们，不要以为在简单民族中，一夫多妻制在经济文化较高阶段中的盛行，完全是出于经济上的原因。

　　一夫多妻制在其实行中，亦可发生某种趋向于一夫一妻制的变化，这主要是出于社会和性生活两方面的考虑。在某些简单民族中，一夫多妻制婚姻中的诸妻据说都享有平等的权利。在另一些民族中，虽然没有这方面的记载，但可能也有类似的平等。不过，在一般情况下，显然都有这样的规定：在诸妻之中，有一个享有较高的社会地位，被视为正妻。在大多数情况下，享有这一殊荣的，都是最早娶来的妻子。究其原因，可能是因为这些民族或是现在，或是从前，均以一夫一妻制为婚姻的主要形式，而一夫多妻制只是一种新潮，或是一种例外。据我们所知，仅在个别情况下，正妻之位不是取决于嫁娶之先后，而是取决于地位之高低，或是取决于谁生头一个孩子。正妻往往都有一专用的称呼，以别于其他的妻子。据普莱费尔少校说，在加罗人中，正妻被叫做"吉克玛蒙"或"吉克芒玛"（后者意即"大象妻子"），而其他的妻子则被叫做"吉克吉特"，相当于"妾"。在埃罗曼加，酋长最年长的妻子叫"莱特蓬"，即"妻子"，而其他妻子仅仅是他的"奥瓦希文"，即"女人"，甚或"诺埃特"，即"财产"。在约鲁巴人中，最早娶来的妻子被叫做"伊亚勒"，即"家中的女主人"，而后娶来的叫"伊亚沃"，即"商品妻子"，可能是购自市场的缘故。聪加人称先娶来的妻子为"大妻"，后娶来的为"小妻"。朱诺曾问一老年土著，何以要在诸妻之间作这样的区分，所得到的回答是："先娶的妻子是真正的妻子，而后娶的妻子则是贼。"[1] 即使在有些地方，正妻并不享有什么特权，她也或多或少是家中的主妇。正妻可以管其他妻子，把她们当做手下的用人，足见其权威之大。做丈夫的想再娶时，也常常要征求正妻的意见，而她的否决可以具有决定性的意义。关于正妻的住处，有人说她是住在正屋里；有人说她独住一处帐篷；有人说她"紧挨着主灶火住，以使其完全置于自己的掌管之中"；还有人说她"在家中的住处通常都是在丈夫的一侧"[2]。在大查科草原的莫科维人中，别的妻子甚至不住在丈夫家里，而是与自己父母同住。在尤卡吉尔人中，做丈夫的总是与最早娶的妻子同睡一床，而

---

[1] Parry, *Journal of a Second Voyage for the Discovery of a North-West Passage from the Atlantic to the Pacific*, p. 528. ——原注

[2] Kohl, *Kitchi-Gami*, p. 111 (Chippewa). ——原注

其他妻子则在别处睡，丈夫只有在夜里才偷偷摸摸地去找她们。在索里亚人中，做丈夫的如果未经正妻同意而与某个年轻的妻子性交，就可能被罚款，至于罚多少则视情况而定。在阿萨姆的梅泰人中，"在多妻制家庭中，丈夫对诸妻的殷勤程度完全是依诸妻的先来后到而定的。正妻得到的殷勤是第二个妻子的两倍"。不过，这只是规定而已，实际上，这一规定常常被人打破。[①] 在老库基人的某些支系中，第一个妻子有权陪丈夫待五夜，第二个妻子可陪四夜，第三个妻子则陪三夜。我们还听说，在有的地方，第一个妻子享有较高的待遇，可以比其他妻子得到更多的食物和礼物，而且干活儿也较少，不过，另一方面，她对丈夫的幸福所负的责任也最大。在巴干达人中，第一个妻子要负责保管丈夫的所有偶像。在有些民族中，只有在她对丈夫做出不忠之事以后，丈夫才能休掉她。在棉兰老岛的某些土著人中，丈夫去世后，他的财产要由其第一个妻子负责管理。还有一种办法是：其财产的一半归她所有，另一半归子女所有，而后娶的妻子则什么遗产也得不到。不过，不管是哪种情况，后娶妻子的孩子与第一个妻子的孩子享有同等的权利。我们听说，在另外一些民族中，诸妻的孩子在继承权等权利上一般也没有什么差别。但是，更多的是相反的情况。第一个妻子所生的儿女或儿子或长子，在继承权等权利上要比后娶妻子所生的处于更优越的位置。有一些外国人曾问巴苏陀的酋长有多少孩子，酋长在回答中只提及第一个妻子所生的孩子。如果酋长说他死了妻子，那么他所指的即是，他已失去了真正的妻子，而此时他尚未把别的妻子提到她曾占有的位置上。在毛利人中，酋长的第一个妻子属于酋长家族的人，而且可能享有与酋长平等的地位，但第二个妻子则可能是其家奴。居住在多哥内地的埃维人相信，男人的第一个妻子也曾是他托生之前的妻子，甚至是唯一的妻子。住在沿海的埃维人有一种习俗：男人所娶的第一个妻子要由其舅舅给找，而以后所娶的任何妻子都可由本人来找。卡萨利斯在谈及巴苏陀人

----

① Hodson, *Meitheis*, p. 77. ——原注

时曾写道："在第一个妻子和后来的诸妻之间，存在着非常明显的差别。'大妻'（当地人总是这样称第一个妻子）通常都是由做父亲的给挑选的，亲戚们对选谁也都很感兴趣。后娶的妻子则被称为'脚后跟'，因为她们时时刻刻都要比女主人矮三分。她们只是一种奢侈品，做父母的没有义务给儿子提供这些。"[①] 我们在前面也曾说过，在有些民族中，男人只有娶第一个妻子时，才为女方的父亲服劳役。

由于初娶之妻与后娶之妻在地位上往往相差甚大，因此我们有些作者就把前者说成是唯一真正的或合法的妻子，而把后者说成是姘妇，还把这种一夫多妻制称为与姘居制相结合的一夫一妻制。不过，从很多乃至大多数情况来看，我们还是应该把这种婚姻形式看做一夫多妻制，把"姘妇"看做地位较低的妻子。如果有人所说"姘居制"指的并不仅仅是某段时间内男女之间的一种暧昧关系，而是为习俗或法律所承认的一种社会关系，那么，我想，我们还是应当把"姘居制"一词限定于那种仅仅含有性放纵之意的关系，而婚姻则不仅仅是男女间一种符合规定的性关系。不过，要把这一界限用于实际之中，则往往是不可能的，因为我们不了解所谓"姘妇"实际所处的地位。如果她与蓄纳她的男人住在一起并受到他的保护，而他又有义务养活她和他们所生的子女，那么，她就有权要求我们的社会学家把她看做某人的妻子，而不管她在家中的地位有多低微。同样，如果我们听说某人除了有几个妻子之外，另有一些妾，那么，这实际上就是说，他的几个妻子（不是一个）比另几个地位高，而另几个就被叫做妾。不仅初娶之妻与后娶之妻有差别，而且后娶之妻之间也有差别。例如，在奴隶海岸讲埃维语的民族中，第一个妻子被叫做"首妻"，她主管家中的一切内务，做丈夫的也找她商量事情。第二个妻子是第一个妻子的助手。至于再以后娶来的妻子，则统统划归一类。除了"妻子"之外，还有妾，这些人通常都是女奴，其地位只比第三、第四及以后诸妻稍低一点。

---

① Casalis, *The Basutos*, p. 186 *sq.* ——原注

在上面所讲到的事例中，只有少数几个提到，初娶之妻的较高地位也包括了在性生活上的某些特权。但我们更多地听到的，还是丈夫与诸妻轮流同居的习俗。在加勒比人中，做丈夫的轮流到每个妻子的小屋里住一个月。据达尔文说，在智利的印第原始部族中，酋长轮流与每个妻子同住一周。在巴武马人中，"如果一个男人有不止一个女人，他就同其中的每个人各住四天。假如他对哪个妻子情意绵绵，在她那里住过了头，别的妻子就会指责他践踏了规矩"①。在卡菲尔人中，也有一条古老的习惯法，要求娶有多妻的丈夫在每个妻子那里连续住上三天三夜。《古兰经》规定，做丈夫的应对诸妻不偏不倚。至于理论上规定的和实际上所做的是否相符，则是另一个问题。人们不难猜想，在一夫多妻制婚姻中，在某段时间内，诸妻之中总会有一人最受宠爱。

据舒斯特说，在喀麦隆班姜格人的一夫多妻制婚姻中，总有两个女人显得格外突出：一个是初娶之妻，她负责管理其他妻子，还享有其他某些特权；另一个则是宠爱之妻，做丈夫的通常都是和她住在一起，睡在一起。在巴干达人中，只有首娶之妻才享有明确的特权，但是，"在很多家庭中，宠妻总是整天戴着某种特别的首饰。有的地方，这种首饰就是挂在脖子上的一个小铃铛"②。在布哈拉，富人一般都娶有2至4个妻子，但在诸妻之中，往往有一人备受丈夫恩宠。在科里亚克人的一夫多妻制婚姻中，做丈夫的大多也都同样是独宠一人，而其他的妻子则主要是给丈夫干活儿。据说，在奥马哈印第安人中，每当分队出去打猎时，做丈夫的都要把他最宠爱的妻子带在身边。在阿帕切人中，酋长"想娶多少女人，就可以娶多少女人，但是，在诸妻之中，他最宠爱的只有一人"③。有的地方，丈夫最宠爱的是生育最多、所生子女又最健康的妻子。而据吉布斯说，在华盛顿州西部和俄勒冈州西北部的印第安

---

① Cunningham, *Uganda*, p.141.——原注

② Felkin, "Notes on the Waganda Tribe of Central Africa", in *Proceed, Roy. Soc Edinburgh*, xiii. 757. ——原注

③ Schoolcraft, *Archives of Aboriginal Knowledge*, v. 210. ——原注

人中，做丈夫的通常是和初娶之妻住在一起，至少是在他对后娶之妻的兴趣淡薄之后。但是，毫无疑问的是，谁现在具有最大的性吸引力，谁就能博得丈夫的一时之宠。莱恩在谈到现代埃及人时，曾说："妻妾中最具美貌者，往往就是丈夫一时所最宠爱者"[1]，虽说在很多情况下，丈夫持续宠爱的并不是最美貌者。有一位阿拉伯酋长曾对塞缪尔·贝克爵士说："我有4个妻子。其中一个老了，我又换了一个年轻的。就是这4个（说着，他用手杖在沙地上划出4条道子）。她们一个管打水，一个管磨玉米，一个管做面包，最后这个不怎么干活儿，因为她是最年轻的，是我最宠爱的。"[2] 我们在后面还会讲到：当初娶之妻变老之后，做丈夫的往往又会娶来一个年轻的。在这种情况下，一夫多妻制婚姻中的性关系就与一夫一妻制颇有些类似，虽然初娶之妻年老之后，仍是家中的主妇。

在具有古老文明的民族中，大都可见到一夫多妻制或与真正的一夫多妻制难以区别的某种纳妾制。在古代墨西哥人、玛雅人、奇布查人和秘鲁人中，一夫多妻制都是被允许的，虽然实行者可能大多是富人。在他们的这种婚姻制度中，初娶之妻要比后娶之妻地位高，或者说，一个男人虽然只有一个"真正合法的妻子"，却可以随意娶不太合法的妻子，可以随意纳妾。而"二等妻子"及其所生子女均不能继承财产，至少在墨西哥是这样。在墨西哥，父亲在给儿子的劝诫中甚至明确宣布：上帝为了让人传宗接代，训令每个男人只能娶一个女人。在尼加拉瓜，严格的司法意义上的重婚，要受到流放和没收财产的惩罚。

在中国，除了法律意义上的正妻之外，有的人还有妾，这也是法律所允许的。但是，法律规定：正妻在世期间，丈夫不得另外正式娶妻。妻对妾拥有相当大的权力。例如，不经特许，妾甚至不能坐在妻面前。

---

① Lane, *Manners and Customs of the Modern Egyptians*, i. 253 *sq*. n. 5. ——原注
② Baker, *Nile Tributaries of Abyssinia*, p. 265. ——原注

妻对夫所用的称谓，相当于我们所说的"丈夫"，而妾只能称他为"老爷"。一般来说，那些不曾裹脚、出身低微的女人，多是女奴或妾，而妻则几乎总是裹着小脚的女人，当然，鞑靼妇人属于例外。妻不可被降为妾，而只要妻尚在世，妾亦不可被升为妻。刑法规定，如有前一种情况，要打 100 大板；如有后一种情况，要打 90 大板。至于所生子女的合法性问题，则不取决于其母是妻还是妾，而取决于她是否已为这个男子的家庭所接受。我们对纳妾制在中国的实行范围很难猜测，因为没有这方面的统计数字。在劳动人民中，显然很难看到哪个男人娶有两个女人，而商人、官员、地主以及生活状况比较优越的人，则往往纳有一个或更多的妾。据韦尔斯·威廉斯估计，在这些人中，纳妾者约有五分之二。中国有良知的人在心底里显然都是反对纳妾的。在朝鲜，做官的人除了在家娶有数名妻子之外，甚至在"衙门"里还必须依照习俗蓄有数名妾。在日本，中国式的纳妾制也曾作为一种法律制度存在于社会，直至 1880 年刑法颁布之后才被废除。但是，"这种形成已久的习俗至今仍未完全绝迹"[①]。公元 701 年颁布的大宝律令对妻妾均给予二等亲的地位；此外，庶出子女在法律上也享有同嫡亲子女同等的权利。

在古埃及，一夫多妻制似乎是被允许的，但实行者很少。不过，重婚现象在王族之中却时有发生。例如，拉美西斯二世已有两个大"王后"，而当他与赫梯国王订立和约之后，又把那位国王的女儿带回埃及，作为妻子。法老们都是妻妾成群的，而具有相当规模的纳妾制也未必局限于王室之中，虽然我们在这一点上知道得很少。艾伦·加德纳博士曾对我谈到，埃及非王族中实行一夫多妻制的证据是很难找到的。有一个贵族在谈到其父亲、母亲、妻子和儿女时，用的都是复数。在未出版的纸莎草文献"梅耶"（Papyrus Mayer）中，有一段记载显示，某个叫"普罗"的"监护人"同时娶有两个妻子，记载中称她们为某件诉讼案中的

[①] Nakajima, "Marriage (Japanese and Korean)", in *Hastings, Encyclopaedia of Religion and Ethics*, viii. 459. ——原注

见证人。

巴比伦的《汉谟拉比法典》规定：婚姻应为一夫一妻制。但是，"男子娶妻之后，如果妻子疾病缠身"[1]，则该男子还可再娶第二个妻子。根据约翰斯的译本，"如果某个男子娶了一个出家女（即在寺庙中侍奉于圣事的女子），如果这名女子不能为他生儿育女而他又有意另娶一妾，那么，该男子可以娶之"[2]，但他不得使妾得到与妻平等的地位。而根据温克勒的译本，此段所指的是任何不能生育的妻子，不独出家者为然。在汉谟拉比时代，奴妾制很是流行，而如果女奴已为主人生儿育女，主人就不得将其出卖。另一方面，在希伯来人中，男子在任何情况下均可娶有多妻，诸妻在法律地位上没有高低之分，只是妻与奴妾有所区别。《摩西五经》中曾讲到转房婚之事，这实际上就规定了一种第二婚姻，即：一个男子无论是否已有妻室，只要寡嫂尚无后嗣，他就必须娶之为妻。有人曾根据《创世记》和《箴言》中的某些段落以及《雅歌》中的一般倾向，认为一夫一妻制乃是《圣经》中的理想。但是，《申命记》中曾假设过人有二妻的情况，而《出埃及记》中所定的规则则将女奴成为其主人或主人之子的妾视为自然之事。《塔木德》法典中的条文也常常提及一男与数女结婚的情况。不过，在古代以色列人中，正如在其他许多实行一夫多妻制的民族中一样，大多数人实行的还是一夫一妻制。而且，他们在经过流亡以后，一夫多妻制可能已成为极个别的现象。至于一个男子究竟可以娶多少妻子，古时并无限制。我们从《圣经》中可以了解到，所罗门"有妻子七百，都是公主；还有妃嫔三百"[3]；罗伯安"娶十八个妻，立六十个妾"[4]。但据说在《塔木德》中，"贤者曾有忠言，男子娶妻，以四人为限"[5]。在欧洲的犹太人中，一夫多妻制直至中世纪

---

[1] *Code of Laws Promulgated by Hammurabi*, trans. by Johns, § 145, p. 29. ——原注

[2] Johns'translation, § 145, p. 28 *sq.* ——原注

[3] 《旧约·列王记上》，11:3。

[4] 《旧约·历代志下》，11:21。

[5] Hughes, *Dictionary of Islam*, p. 462.——原注

时仍在实行，而居住在伊斯兰国家的犹太人，至今还有人实行一夫多妻制。直至 11 世纪初期在沃尔姆斯召开拉比会议时，犹太教才有明文禁止一夫多妻制。这一禁令最初是针对住在德国以及法国北部的犹太人做出的，但后来渐为欧洲各国的犹太人所采纳。但是，在犹太人的婚姻法中，还保留了很多一夫多妻制合法存在时所订的条款。

在阿拉伯，穆罕默德曾作出规定：一个男子拥有的合法妻子不得超过四人，但奴妾的人数则不受限制，尽可占有。至于先知本人，娶多少妻子都是可以的。在实行多妻制的地方，一般都是以先娶之妻的地位为最高，被称为"大夫人"。但是，诸妻所生子女在继承权上并无区分，妻与奴妾所生子女在这方面亦无区分，只要主人承认孩子是自己的。事实上，在伊斯兰世界，大多数男子过的都是一夫一妻制的生活。非洲是这样，亚洲也是这样。据麦格雷戈上校说，在波斯，只有 2% 的男子娶有多妻。在印度的穆斯林中，每 1000 名丈夫有 1021 名妻子。这就是说，在每 1000 名已婚男子中，即便没有人娶有两名以上的妻子，除去 21 人各娶两妻之外，其他所有人也都是实行一夫一妻制的。阿米尔·阿里曾说过："很多受过教育、精通祖先历史并能把它与其他国家的情况进行比较的人，对一夫多妻制的做法都不赞成，甚至怀有一种厌恶之心。"[1] 在穆尔太齐赖派之中，越来越多的人甚至认为一夫多妻制是完全非法的。早在回历第三世纪，在哈里发马蒙统治时期，最早的一批穆尔太齐赖派神学家就曾教导信徒，已制定的《古兰经》法律要向人们灌输的是一夫一妻制的思想。很多人都对这一事实加以强调：《古兰经》中确有允许男子同时娶有四妻的条文，但在这一条文之后，紧跟着就有一句话——"如果你担心你不能做到不偏不倚，那你就只能娶一个"[2]。有人争辩说，娶有多妻的普通百姓不可能全都做到对诸妻不偏不倚、一视同仁，既然如此，就应考虑让他们实行一夫一妻制的法律。

① Ameer Ali, *Mahommedan Law*, ii. 25. ——原注
② Ibid., ii. 24. ——原注

在大多数所谓"雅利安"民族中，一夫多妻制都曾被允许实行。希罗多德在谈到古波斯人时写道："他们每个人都娶有好几个妻子，至于纳的妾，就更多了。"[1] 但是，普通百姓恐怕就不是这种情况。而且，在一夫多妻制家庭中，诸妻中似应有一人是主妻。在《波斯古经》中，既没有明文谈及一夫一妻制，也没有明文谈及一夫多妻制。盖格由此得出结论说，信奉《波斯古经》的地区并不禁止一夫多妻制。其理由是，假如真的禁止的话——这与我们所了解的伊朗其他地区的婚俗显然是相反的，那么，就显然会有反对一夫多妻制的条文。印度的拜火教徒现已禁止重婚，但在半个世纪之前，一夫二妻制在他们那里是很盛行的。

一夫多妻制也实行于吠陀时代的印度人之中，这一点从《梨俱吠陀》等经籍的很多段落中均可得到清楚的证明。但是，一夫多妻制可能只限于王公显贵，而一夫一妻制则被认为是普通的、自然的婚姻形式。《梨俱吠陀》中有一首赞美诗，歌颂的是双马童的成双成对性。诗中将这一对神与人世间成双成对的诸多事物，包括恩爱夫妻以及能够发出美妙声音的上下唇，一一作了比附。齐默尔的看法是：一夫多妻制在《梨俱吠陀》时代正处于衰亡之中，而一夫一妻制正在起而代之。但是，并没有证据表明：在这之前，实行一夫多妻制的人要比实行一夫一妻制的人多。至于当国王的，一般都说他有 4 个妻子，分别是：mahisi，即天意之属，或者说是"元配"；parivrkti，即无后者，后被休弃；vavata，即最受宠爱者；以及 palagali，有人解释说她是八大臣中最末一位大臣的女儿。不过，诸妻之中，元配似乎是地位最高的，虽然另外几个也并非只是妾。印度教的各种法典虽然对男子娶妻的数目都没有作过限制，但往往也显示出某种一夫一妻制的偏向。阿帕斯坦巴就曾说过，如果做妻子的愿意并能够履行其宗教职责，而且又生有男孩，那么，做丈夫的就不应另娶。《摩奴法典》中也有这样的箴言："相互忠贞，白头到老。"这应被视为对夫妻间最高准则的概括。初婚总是被赋予一种格外神圣的

---

[1] *Herodotus*, i. 135. ——原注

意义，因为初婚的缔结乃是出于一种责任感，而不仅仅是为了满足个人的欲望。元配之妻应与丈夫属于同一种姓。她的地位高于其他妻子，她所生的长子也高于其半血亲的兄弟。在宗教仪式中，她可以坐在丈夫身边。丈夫去世时，她若无子，亦可领养一子。今天，尽管印度教的法律并不限制一夫多妻的做法，但除元配未能生养儿子、患有不治之症或身体虚弱不堪等特殊原因之外，大多数种姓都反对其成员实行一夫多妻制。而在这些情况下，男子要想再娶，一般还要事先得到种姓中潘查耶特（五人长老会）的同意。佛教徒中也有类似的规定。根据《印度帝国地理概况》的统计，在印度教徒和佛教徒中，每1000名已婚男子分别娶有1008名和1007名妻子。这里还应再提一点：富有的印度教徒纳妾，是一种为人们认可的做法。传承经籍（smritis）允许男子在诸妻之外再行纳妾。妾与妻的区别在于纳妾没有一定的手续，而且，妾在任何情况下都不能成为丈夫的继承人。但是，丈夫死后，妾可得到其兄弟的抚养。至于妾若与丈夫的兄弟发生性关系，则被视为通奸。

　　一夫多妻制也曾出现于古代斯拉夫人之中，不过一般而言，只有达官显贵醉心于此。关于俄罗斯的异教徒，尤尔斯说，在王子的诸多王妃中，有一人是地位较高的。从1249年开始，普鲁士人才废止一夫多妻制，实行一夫一妻制。在某些南部斯拉夫人中，至今仍允许实行重婚，条件是妻子不育或精神不正常。在保加利亚，据说此类情况下的重婚现象也很多见，人们称第二个妻子为"替补"。

　　在古代斯堪的纳维亚，不仅国王沉溺于佳丽之间，就是普通百姓也可以娶有数名合法妻子，还可以任意纳妾。据塔西佗说，在西日耳曼人中，只有少数出身名门望族的人才能娶有多妻。在盎格鲁－撒克逊人中，没有直接的证据表明曾存在过一夫多妻制。但是，他们的一些律书上都有禁止一夫多妻制的规定，由此看来，这样的事也并不是完全没有。在古代爱尔兰人中，一般的习俗是一夫一妻制，但我们有时也会发现，某个国王或首领娶有两个妻子。有人曾推测，古代高卢也实行一夫多妻制或纳妾制。但是，这很可能由于恺撒在某段叙述中用了 uxores

（妻子们）一词而引出的一种误会。实际上，他用这个复数词仅仅是为了与另一个复数词 viri（男人们）相对应。古代威尔士的法律是禁止一夫多妻制的。

在《荷马史诗》中，真正实行一夫多妻制的似乎只有普里阿摩斯，不过他是特洛伊人。据历史传说，斯巴达国王阿那克桑德里戴斯的第一个妻子没有子女，国王又拒绝与她离婚，于是，在五长官的建议下，国王娶了第二个妻子。但这样做是"同斯巴达的习俗完全抵触的"[①]。的确，斯巴达的任何其他一个人都不会被允许这样做。以前确有记载说，阿里司通国王已有过两个妻子，后来又娶了第三个。但是，史籍并没有说他是同时娶有这几个妻子的。在希腊，一夫一妻制是唯一得到认可的婚姻形式，这一点应当没有什么疑问。赫鲁扎曾指出：雅典的法律并未对一夫多妻制加以明确禁止，而且，这种事在雅典也确曾有之，但这些都不足以证明雅典人可同时娶有多名合法妻子。相反，我们有充足的理由相信：第二次婚姻的有效性是以第一次婚姻的解除为前提的；无论如何，娶第二个妻子被视为对第一个妻子的一种冒犯，这就可能给第一个妻子以解除婚姻的权利。但是，由于某些特殊情况，一夫二妻制也可能在公元前411—前403年的几年间在雅典成为合法的婚姻形式。O. 米勒指出，在西西里远征之后，雅典曾通过了一项法律，允许已婚男子再娶一个妻子，其目的在于增加人口，因为当时人口锐减，很多少女都找不到对象。但是，在民主制恢复之后，这一规定就被废除了。至于纳妾制，则存在于雅典的各个时期，而且几乎不受舆论的指责。但是，纳妾制显然有别于正式婚姻：纳妾制并未给予妾以任何权利，而且妾所生的子女还被视为私生子。法律几乎不对纳妾制加以注意，只有一个例外，即：如有人对某男子的妻或妾有明显犯罪行为，该男子发现后可将犯罪者杀死而免受任何惩罚。

罗马的婚姻制度是严格的一夫一妻制。已婚者缔结的第二次婚姻是

---

① *Herodotus*, v. 39 *sq.* ——原注

无效的，只是在共和国时期以及在帝国早期，这种婚姻并不受惩罚。最早对重婚加以惩处的是戴克里先。有妇之夫与有夫之妇的私通，至共和国末期已非罕见之事，但到后来，这种关系并不被视为合法的纳妾制。根据保罗的规定，已婚男子不得同时纳妾。但法律并未要求人们对婚姻忠诚。罗马人把通奸定义为男子同有夫之妇的性关系，而已婚男子同未婚女子的性关系则不被视为通奸。

　　考虑到一夫一妻制曾作为唯一合法的婚姻形式盛行于希腊和罗马，因此，不能说强制性的一夫一妻制是由基督教带到西方世界的。诚然，《新约全书》曾把一夫一妻制定为正常的或理想的婚姻形式，但它并没有明确禁止一夫多妻制，只是对主教和助祭有此禁规。有人曾争辩说，早期信奉基督教的民族都是普遍实行一夫一妻制的，因此早期基督教传播者便没有必要再去谴责一夫多妻制。但是，犹太人的情况显然就不是这样。在基督教时代初期，一夫多妻制仍是犹太人所允许的，也是为他们所实行的。有些神父曾指责犹太教士耽于声色，但教会在最初几百年间举行的会议中都不曾反对这一夫多妻制。有的国家，自异教时代起，国王就一直实行一夫多妻制，教会对此也未加以阻止。公元 6 世纪中叶，爱尔兰国王迪尔梅德就娶有二后二妃。墨洛温王朝的国王也往往实行多妻制。查理大帝亦有两后多妃。他制定的一项法律还似乎透露出这样一种情况：即使在教士中，也有实行一夫多妻制的。后来，黑森的菲利浦和普鲁士的弗里德里希·威廉二世也都有过重婚，且得到路德派教士的批准。路德本人就曾批准过菲利浦的重婚，梅兰希顿也批准过。路德在很多场合提到一夫多妻制时，态度都很宽容。上帝也不曾禁止过一夫多妻制。即使像亚伯拉罕这样的"完美基督徒"，也娶有两个妻子。诚然，上帝只是在某些特殊情况下，才允许《旧约》中的某些人实行一夫多妻制的。而一个基督徒要想效法这些先人，也就必须表明自己的处境与他们相似。不过，一夫多妻制无疑还是比离婚可取。1650 年，即在《威斯特伐利亚和约》签订后不久，鉴于 30 年战争所造成的人口锐减状况，纽伦堡的法兰克县政会议通过一项决议，规定从此以后每个男子可娶两名妻子。某些基督教派甚至不遗余力地提倡一夫多妻制。1531年，再洗礼派公开在明斯特宣扬，谁要想做一个真正的基督徒，就必须娶有多妻。至于摩门教派，正如世人所知，则视一夫多妻制为神创立的制度。理查德·伯顿爵士说，在摩门教派中，如同在实行一夫多妻制的一般群体中一样，初娶之妻乃是正妻，可用丈夫的姓，亦可袭用丈夫的头衔。

（选自《人类婚姻史》，李彬译）

第十八讲　论婚姻

[法]莫洛亚

安德烈·莫洛亚（André Maurois，1885—1967），法国著名作家。1939 年当选为法兰西学院院士。第一次世界大战时，莫洛亚应征服役，他根据军旅生活写成的《布朗勃尔上校的沉默》(1918)，使他一举成名。战后，莫洛亚潜心创作，著有长篇小说《非神非兽》(1919)、《贝尔纳·盖斯奈》(1926)、《氛围》(1928)、《家庭圈子》(1932)、《幸福的本能》(1934)、《乐土》(1945) 及《九月的玫瑰》(1956)。另有短篇小说集《栗树下的晚餐》(1951) 和《钢琴独奏曲》(1960)。

莫洛亚是 20 世纪世界上最杰出的传记作家之一，与茨威格、特罗亚被公认为三大传记作家。《雪莱传》(1923)、《迪斯雷利传》(1927)、《拜伦传》(1930)、《屠格涅夫传》(1931)、《夏多布里昂传》(1938)、《乔治·桑传》(1952)、《雨果传》(1954)、《三仲马》(1957)、《巴尔扎克传》，都是其名作。

论婚姻

[法]莫洛亚

【编者按：这是莫洛亚《人生五大问题》中的首篇，是一篇演讲词。作者用大量笔墨描述男女两性之间的天然差别，但毫无性别歧视。作者旁征博引、妙趣横生地探讨婚姻对于人性而言的艰难和挑战，他既非悲观，也不乐观，作者是客观的。】

在此人事剧变的时代，若将人类的行动加以观察，便可感到一种苦闷无能的情操。什么事情都好似由于群众犯了一桩巨大的谬误，而这个群众却是大家都参加着的，且大家都想阻止，指引这谬误，而实际上终于莫名其妙地受着谬误的行动的影响。普遍的失业呀，灾荒呀，人权剥夺呀，公开的杀人呀，生长在前几代的人，倒似乎已经从这些古代灾祸中解放出来了。在五十年中，西方民族曾避免掉这种最可悲的灾祸。为何我们这时代又要看到混乱与强暴重新抬头呢？这悲剧的原因之一，我以为是由于近代国家把组成纤维的基本细胞破坏了之故。

在原始的共产时代以后，一切文明社会的母细胞究竟是什么呢？在经济体系中，这母细胞是耕田的人借以糊口度日的小农庄，如果没有了这亲自喂猪养牛饲鸡割麦的农人，一个国家便不能生存。美洲正是一个悲惨的例子。它有最完美的工厂，最新式的机器，结果呢？一千三百万的失业者。为什么？因为这些太复杂的机器变得几乎不可思议了。人的精神追随不上它们的动作了。

　　并非美国没有农人，但它的巨大无比的农庄不受主人支配。堆积如山的麦和棉，教人怎能猜得到这些山会一下子变得太高了呢？在小农家，是有数千年的经验和眼前的需要安排好的，每一群自给自食的农人都确知他们的需要，遇着丰年，出产卖得掉，那么很好，可以买一件新衣、一件外套、一辆自由车。遇着歉收，那么，身外的购买减少些，但至少有得吃，可以活命。这一切由简单的本能统治着的初级社会，联合起来便形成稳重的机轴，调节着一个国家的行动。经济本体如此，社会本体亦是如此。

　　一般改革家，往往想建造一种社会，使别种情操来代替家庭情操，例如国家主义、革命情操、行伍或劳工的友谊等。在或长或短的时间距离中，家庭必改组一次。从柏拉图到纪德（André Gide）①，作家尽可诅咒家庭，可不能销毁它。短时期内，主义的攻击把它压倒了。精神上却接着起了恐慌，和经济恐慌一样不可避免，而人类重复向自然的结合乞取感情，有如向土地乞取粮食一般。

　　凡是想统治人类的人，无论是谁，必得把简单本能这大概念时时放在心上，它是社会底有力的调节器。最新的世界，必须建筑于饥饿、愿欲、母爱等上面，方能期以稳固。思想与行动之间的联合最难确立。无思想的行动是非人的。②不担承现实底重量的思想，则常易不顾困难。它在超越一切疆域之外，建立起美妙的但是虚幻的王国。它可以使钱币解体，可以分散财富，可以改造风化，可以解放爱情。但现实没有死灭得那么快。不论是政治家或道德家，都不能把国家全部改造，正如外科医生不能重造人身组织一样。他们的责任，在于澄清现局，创造有利于回复健康的条件；他们都应得顾及自然律，让耐性的、确实的、强有力的生命，把已死的细胞神秘地重行构造。

———————

① 现代法国名作家。
② 即无人性的，不近人情的。

在此，我们想把几千年来，好歹使人类不致堕入疯狂与混乱状态的几种制度加以研究。我们首先从夫妇说起。

拜伦有言："可怕的是：既不能和女人一起过生活，也不能过没有女人的生活。"从这一句话里他已适当地提出了夫妇问题。男子既不能没有女人而生活，那么什么制度才使他和女人一起生活得很好呢？是一夫一妻制么？有史以来三千年中，人类对于结婚问题不断地提出或拥护或反对的论据。拉勃莱（Rabelais，1483？—1553）① 曾把这些意见汇集起来，在巴奴越（Panurge）向邦太葛吕哀（Pantagruel）征询关于结婚的意见的一章中，邦太葛吕哀答道：

"既然你掷了骰子，你已经下了命令，下了坚固的决心，那么，再也不要多说，只去实行便是。"

"是啊，"巴奴越说，"但没有获得你的忠告和同意之前，我不愿实行。"

"我表示同意，"邦太葛吕哀答道，"而且我劝你这样做。"

"可是，"巴奴越说，"如果你知道最好还是保留我的现状，不要翻什么新花样，我更爱不要结婚。"

"那么，你便不要结婚。"邦太葛吕哀答道。

"是啊，但是，"巴奴越说，"这样你要我终生孤独没有伴侣么？你知道苏罗门（Solomon）经典上说：孤独的人是不幸的。单身的男子永远没有像结婚的人所享到的那种幸福。"

"那么天啊！你结婚便是。"邦太葛吕哀答道。

"但，"巴奴越说，"如果病人，不能履行婚姻的义务时，我的妻，不耐烦我的憔悴，看上了别人，不但不来救我的急难，反而嘲笑我遭遇灾祸，（那不是更糟！）窃盗我的东西，好似我常常看到的那样，岂不使我完了么？"

_____

① 法国名作家。

　　"那么你不要结婚便是。"邦太葛吕哀回答。

　　"是啊，"巴奴越说，"但我将永没有嫡亲的儿女，为我希望要
永远承继我的姓氏和爵位的，为我希望要传给他们遗产和利益的。"

　　"那么天啊，你结婚便是。"邦太葛吕哀回答。

　　在雪莱的时代，有如拉勃莱的时代一样，男子极难把愿欲、自由不
羁的情操和那永久的结合——婚姻——融合一起。雪莱曾写过："法律
自命能统御情欲底不规则的动作：它以为能令我们的意志抑制我们天性
中不由自主的感情。然而，爱情必然跟踪着魅惑与美貌的感觉；它受着
阻抑时便死灭了；爱情真正的原素只是自由。它与服从、嫉妒、恐惧，
都是不两立的。它是最精纯的最完满的。沉浸在爱情中的人，是在互相
信赖的而且毫无保留的平等中生活着的。"

　　一百年后，萧伯纳重新提起这问题时说，如果结婚是女子所愿欲
的，男子却是勉强忍受的。他的《唐·璜》(*Don Juan*)[①] 说："我对女人
们倾诉的话，虽然受人一致指责，但却造成了我的妇孺皆知的声名。只
是她们永远回答说，如果我进行恋爱的方式是体面的，她们可以接受。
我推敲为何要有这种限制，结果我懂得：如果她有财产，我应当接受，
如果她没有，应当把我的贡献给她，也应当欢喜她交往的人及其谈吐，
直到我老死，而且对于一切别的女人都不得正眼觑视。我始终爽直地回
答，说我一些也不希望如此，如果女人的智慧并不和我的相等或不比我
的更高，那么她的谈吐会使我厌烦，她交往的人或竟令我不堪忍受，我
亦不能预先担保我一星期后的情操，更不必说终生了，我的提议和这些
问题毫无关系，只凭着我趋向女性的天然冲动而已。"

　　由此可见反对结婚的人底中心论据，是因为此种制度之目的，在于
把本性易于消灭的情绪加以固定。固然，肉体的爱是和饥渴同样的天然
本能，但爱之恒久性并非本能啊。如果，对于某一般人，肉欲必须要变

―――――――――――――
① 萧氏名作之一。

化，那么，为何要有约束终生的誓言呢[1]？

也有些人说结婚足以减少男子的勇气与道德的力量。吉伯林（Kipling）在《凯芝巴族的历史》中叙述凯芝巴大尉，因为做了好丈夫而变成坏军官。拿破仑曾言："多少男子的犯罪，只为他们对于女人示弱之故！"白里安坚谓政治家永远不应当结婚。"看事实罢，"他说，"如何我能在艰难的历程中，长久保持我清明的意志？因为晚上，在奋斗了一天之后，我能忘记；因为在我身旁没有一个野心勃勃的嫉妒的妻子，老是和我提起我的同僚们的成功，或告诉我人家说我的坏话……这是孤独者的力量。"婚姻把社会底痼狂加厚了一重障蔽，使男子变得更懦怯。

即是教会，虽然一方面赞成结婚比蓄妾好，不亦确言独身之伟大而限令它的传教士们遵守么？伦理家们不是屡言再没有比一个哲学家结婚更可笑的事么？即令他能摆脱情欲，可不能摆脱他的配偶。人家更谓，即令一对配偶间女子占有较高的灵智价值，上面那种推理亦还是对的，反对结婚的人说："一对夫妇总依着两人中较为庸碌底一人底水准而生活的。"

这是对于婚姻的攻击，而且并非无力的；但事实上，数千年来，经过了多少政治的宗教的经济的骚乱剧变，婚姻依旧存在，它演化了，可没有消灭。我们且试了解它能久存的缘故。[2]

生存本能，使一切人类利用他人来保障自己的舒适与安全，故要驯服这天然的自私性格，必得要一种和它相等而相反的力量。在部落或氏族相聚而成的简单社会中，集团生活的色彩还很强烈，游牧漂泊的本能，便是上述的那种力量。但疆土愈广，国家愈安全，个人的自私性

---

[1] 指婚姻而言。

[2] 以下所述，可参看孔德（Auguste Comte）：*Politique Positive*（卷2、3）；*Théorie Positive de la Famille*。——原注

即愈发展。在如此悠久的历史中，人类之能建造如此广大如此复杂的社会，只靠了和生存本能同等强烈的两种本能，即性的本能与母性的本能。必须一个社会是由小集团组成的，利他主义方易见诸实现，因为在此，利他主义是在欲愿或母性的机会上流露出来的。"爱的主要优点，在于能把个人宇宙化。"①

但在那么容易更换对象的性本能上面，如何能建立一种持久的社会细胞呢？爱，令我们在几天内容受和一个使我们欢喜的男人或女子共同生活，但这共同生活，不将随着它所由产生的愿欲同时消灭么？可是解决方案的新原素便在于此。"婚姻是系着于一种本能的制度。"人类的游牧生活，在固定的夫妇生活之前，已具有神妙的直觉，迫使人类在为了愿欲②之故而容易发誓的时候发了誓，而且受此誓言的拘束。我们亦知道在文明之初，所谓婚姻并非我们今日的婚姻，那时有母权中心社会，多妻制及一妻多夫制社会等。但时间的推移，永远使这些原始的形式，倾向于担保其持久性的契约，倾向于保护女子之不受别的男人欺凌；保幼、养老，终于形成这参差的社会组织，而这组织的第一个细胞即是夫妇。

萧伯纳的唐·璜说："社会组织与我何干？我所经意的只是我自身的幸福盖于我个人人生之价值，即在永远有'传奇式的未来'之可能性；这是欲愿和快乐的不息的更新；故毫无束缚可言。"那么，自由的变换是否为幸福必不可少的条件？凡是享有此种生活的人，比他人更幸福更自由么？"造成迦撒诺伐(Casanova，1725—1798)③与拜伦的，并非本能。而是一种恼怒了的想象，故意去刺激本能。如果唐·璜之辈只依着愿欲行事，他们亦不会有多少结合的了。"④

唐·璜并非一个不知廉耻的人，而是失望的感伤主义者。"唐·璜自

---

① 见 D. H. Lawrence: *Fantaisie de l'Inconscient*。——原注
② 本文所言愿欲大抵皆指性本能。
③ 以放浪形骸著名。
④ 见 D. H. Lawrence: *Femmes A Moureuses*。——原注

幼受着诗人画家音乐家的教养，故他心目中的女子亦是艺术家们所感应他的那一种。他在世界上访寻他们所描写的女人，轻盈美妙的身体，晶莹纯洁的皮肤，温柔绮丽，任何举止都是魅人的，任何言辞都是可爱的，任何思想都是细腻入微的。"换一种说法，则假若唐·璜（或说是太爱女人的男子）对于女子不忠实[①]，那也并非他不希望忠实，而是因为他在此间找不到一个和他心目中的女子相等的女子之故。拜伦亦在世界上寻访一个理想的典型：温柔的女人，有羚羊般的眼睛，又解人又羞怯，天真的、贤淑的、肉感的而又贞洁的；是他说"聪明到能够钦佩我，但不致聪明到希望自己受人钦佩"的女子。当一个女人使他欢喜时，他诚心想她将成为他的爱人，成为小说中的女主人、女神。等他认识较深时，他发现她和其他的人类一样，受着兽性的支配，她的性情亦随着健康而转移，她也饮食（他最憎厌看一个女人饮食），她的羚羊般的眼睛，有时会因了嫉妒而变得十分犷野，于是如唐·璜一般，拜伦逃避了。

但逃避并不曾把问题解决。使婚姻变得难于忍受的许多难题（争执、嫉妒、趣味的歧异），在每个结合中老是存在。自由的婚姻并不自由。你们记得李斯特（Liszt）[②] 和亚果夫人（Mmed'Agoult）的故事么？你们也可重读一次《安娜·卡列尼娜》[③] 中，安娜偕龙斯基私逃的记述。龙斯基觉得比在蜜月中的丈夫更受束缚，因为他的情人怕要失去他[④]。多少的言语行动举止，在一对结了婚的夫妇中间是毫无关系的，在此却使他们骚乱不堪。因为这对配偶之间没有任何联系，因为两个人都想着这可怕的念头："是不是完了？"龙斯基或拜伦，唯有极端忍心方得解脱。他应当逃走。但唐·璜并非忍心的人。他为逃避他的情人而不使她伤心起见，不得不勉强去出征土耳其。拜伦因为感受婚姻的痛苦，甚至希望恢复他的结合，与社会讲和。当然，且尤其在一个不能离婚的国家中，

---

① 即男子对于女子不贞。

② 19 世纪大音乐家。

③ 托尔斯泰名著。

④ 即她怕他不爱她。

一个男人和一个女子很可能因了种种原因不得不和社会断绝关系，他们没有因此而不感痛苦的。

往往因了这个缘故，唐·璜（他的情人亦如此）发现还是在婚姻中男子和女子有最好的机会，可以达到相当完满的结合。在一切爱的结合之初，愿欲使男女更能互相赏识，互相了解。但若没有任何制度去支撑这种结合，在第一次失和时便有解散的危险。"婚姻是历时愈久缔结愈久的唯一的结合。"① 一个结了婚的男子（指幸福的婚姻而言），因为对于一个女子有了相当的认识，因为这个女子更帮助他了解一切别的女子，故他对于人生的观念，较之唐·璜更深切更正确。唐·璜所认识的女子只有两种：一是敌人，二是理想的典型。蒙丹朗（Montherlant）②在《独身者》一书中，极力描写过孤独生活的人底无拘束，对于现实世界的愚昧，他的狭隘的宇宙，"有如一个系着宽紧带的球，永远弹回到自身"。凡是艺术家，如伟大的独身者巴尔扎克、史当达（Stendhal）③、洛弗贝、普罗斯德（Proust）④辈所能避免的缺点——如天真可笑的自私主义与怪癖等，一个凡庸之士便避免不了。艺术家原是一个特殊例外的人，他的一生，大半消磨于想象世界中而不受现实律令的拘束，且因为有自己创造的需要而使本能走向别的路上去，⑤姑且丢开他们不论，只是对于普通人，除了婚姻以外，试问究竟如何才是解决问题的正办？

漫无节制的放纵么？一小部分的男女试着在其中寻求幸福。现代若干文人也曾描绘过这群人物，可怪的是把他们那些模型加以研究之后，发觉这种生活亦是那么可怕，那么悲惨。恣意放纵的人不承认愿欲是强

---

① 阿仑语。——原注
② 现代法国作家。
③ 法国 19 世纪大作家，首以心理分析著名。
④ 法国 19—20 世纪大作家。
⑤ "英国三个最大的诗人，雪莱、勃莱克、弥尔顿，都曾愿望一夫多妻制。这虽是奇怪却并不见得令人惊异的事。他们的才具使他们自有绝对的主见；一个艺术家不由自主地以为他的第一件责任是对于艺术的责任。如果他关心艺术以外的事，便是错误，除非这以外的事实在特别重要。"（见 Aldous Huxley：*Textes et Prétextes*）——原注

烈而稳固的情操。机械地重复的快乐一时能帮助他忘掉他的绝望，有如
鸦片或威士忌，但情操绝非从抽象中产生出来的，亦非自然繁殖的，恣
意放纵的人自以为没有丝毫强烈的情操，即或有之，亦唯厌生求死之心，
这是往往与放浪淫逸相附而来的。"在纵欲方面的精炼并不产生情操上的
精炼……幻想尽可发明正常性接触以外的一切不可能的变化，但一切变
化所能产生的感情上的效果总是一样：便是屈辱下贱的悲感。"[1]

　　更新换旧式的结合么？那我们已看到这种方式如何使问题益增纠
纷；它使男人或女人在暮年将临的时光孤独无伴，使儿童丧失幸福。一
夫多妻制么？则基于此种制度的文明常被一夫一妻制的文明所征服。现
代的土耳其亦放弃了多妻制，它的人民在体格上、在精神上都因之复兴
了。自由的婚姻么[2]？合法的乱交么？则我们不妨研究一下俄国近几年
来的风化演变。革命之初，许多男女想取消婚姻，或把婚姻弄得那么脆
弱，使它只留一个制度上的名词。至今日，尤其在女子的影响之下，持
久的婚姻重复诞生了。在曼奈（Mehnert）比论俄罗斯青年界一书中，
我们读到一般想避免婚姻的两性青年们所营的共同生活的故事。其中一
个女子写信给她的丈夫说："我要一种个人的幸福，小小的、简单的、
正当的幸福。我希望在安静的一隅和你一起度日。我们的集团难道不懂
得这是人类的一种需要么？"吾人所有关于叙述现代俄罗斯的感情生活
的记载，都证明这"人类的需要"已被公认了。

　　还有什么别的解决法么？探求合法结合的一种新公式么？在美洲有
一位叫做林特赛（Lindsay）的推事，曾发明一种所谓"伴侣式"结合。
他提议容许青年男女作暂时的结合，等到生下第一个孩子时，才转变为
永久的联系。但这亦犯了同样的错误，相信可以智慧的运用创造出种种
制度。法律只能把风化予以登录，却不能创造风化。实际上，似乎一夫
一妻制的婚姻，在有些国家中加以离婚的救济，在有些国家中由于不贞

---

① 见 Aldous Huxley：*Proper Studies*。——原注
② 指男女在结婚以后，在性的关系上在结合的久暂上各有相当的自由而言。

的调剂，在我们西方社会中，成为对于大多数人不幸事件发生最少的解决法。

可是人们怎样选择他终生偕老的对手呢？先要问人们选择不选择呢？在原始社会中，婚姻往往由俘虏或购买以定。强有力的或富有财的男人选择，女子被选择。在 19 世纪时的法国，大多数的婚姻是安排就的，安排的人有时是教士们，有时是职业的媒人，有时是书吏，最多是双方的家庭。这些婚姻，其中许多是幸福的。桑太耶那（Santayana）[①]说："爱情并不如它本身所想象的那么苛求，十分之九的爱情是由爱人自己造成的，十分之一才靠那被爱的对象。"如果因了种种偶然之故，一个求爱者所认为独一无二的对象从未出现，那么，差不多近似的爱情也会在别一个对象身上感到。热烈的爱情常会改变人物的真面目。过于狂热的爱人对于婚姻期望太奢，以致往往失望。美国是恋爱婚姻最多的国家，可亦是重复不已的离婚最盛的国家。

巴尔扎克在《两个少妇的回忆录》中描写两种婚姻的典型，这描写只要把它所用的字汇与风格改换一下，那么在今日还是真确的。两个女主人中的一个，勒南（Renée de l'Estorade）代表理智，她在给女友的信中写道："婚姻产生人生，爱情只产生快乐。快乐消灭了，婚姻依旧存在；且更诞生了比男女结合更可宝贵的价值。故欲获得美满的婚姻，只需具有那种对于人类的缺点加以宽恕的友谊便够。"勒南，虽然嫁了一个年纪比她大而她并不爱的丈夫，终于变得极端幸福。反之，她的女友鲁意丝（Louise de Chaulieu）虽然是由恋爱而结婚的，却因过度的嫉妒，把她的婚姻生活弄得十分不幸，并以嫉妒而置丈夫于死地，随后自己亦不得善果。巴尔扎克的论见是：如果你联合健康、聪明、类似的家世、趣味、环境，那么只要一对夫妇是年轻康健的，爱情自会诞生。"这

[①] 现代美国哲学家。

样，曼斐都番尔（Méphistophèès）① 说，你可在每个女人身上看到海伦（Hélène）②。"

　　事实上，大战以来，如巴尔扎克辈及其以后的二代所熟知的"安排就的"婚姻，在法国有渐趋消灭以让自由婚姻之势。这是和别国相同的。可是为何要有这种演化呢？因为挣得财富保守财富的思想，变成最虚妄最幼稚的念头了。我们看到多少迅速的变化，多少出人意料的破产，中产者之谨慎小心，在此是毫无用处了。预先周张的原素既已消失，预先的周张便无异痴想。加之青年人的生活比以前自由得多，男女相遇的机会也更容易。奁资与身家让位了，取而代之的是美貌、柔和的性情、运动家式的亲狎等。

　　是传奇式的婚姻么？不完全是。传奇式的结晶特别对着不在目前的女子而发泄的。流浪的骑士是传奇式的人物，因为他远离他的美人；但今日裸露的少女，则很难指为非现实的造物。我们的生活方式倾向于鼓励欲愿的婚姻，欲愿的婚姻并不必然是恋爱的婚姻。这是可惋惜的么？不一定。血性有时比思想更会选择。固然，要婚姻美满，必须具备欲愿以外的许多原素，但一对青年如果互相感到一种肉体的吸引，确更多构造共同生活的机会。

　　"吸引"这含义浮泛的名词，能使大家怀有多少希望。"美"是一个相对的概念。"它存在于每个赏识'美'的人的心目中。"某个男人，某个女子，认为某个对手是美的，别人却认为丑陋不堪。灵智的与道德的魅力可以加增一个线条并不如何匀正的女子的妩媚。性的协和并不附带于美，而往往是预感到的。末了，还有真实的爱情，常突然把主动者与被动者同时变得极美。一个热恋的人，本能地会在他天然的优点之外，增加许多后天的魅力。鸟儿歌唱，有如恋人写情诗。孔雀开屏，有如男子在身上装饰奇妙的形与色。一个网球名手，一个游泳家，自有他

――――――――――

① 《浮士德》剧中人物。
② 希腊神话中的美女，在譬喻中不啻吾国之西施。

的迷力。只是，体力之于我们，远不及往昔那么重要，因为它已不复是对于女子的一种安全保障。住院医生或外交官的会试，代替了以前的竞武角力。女子亦采用新的吸引方法了。如果我看到一个素来不喜科学的少女，突然对于生物学感到特别兴趣时，我一定想她受着生物学者的鼓励。我们亦看到一个少女的读物往往随着她的倾向而转变，这是很好的。再没有比精神与感觉的同时觉醒更自然更健全的了。

但一种吸引力，即使兼有肉体的与灵智的两方面，还是不足造成美满的婚姻。是理智的婚姻呢，抑爱情的婚姻？这倒无关紧要。一件婚姻的成功，其主要条件是：在订婚期内，必须有真诚的意志，以缔结永恒的夫妇。我们的前辈以金钱结合的婚姻所以难得是真正的婚姻的缘故，因为男子订婚时想着他所娶的是奁资，不是永久的妻子，"如果他使我厌烦，我可以爱别的"。以欲愿缔结的婚姻，若在未婚夫妇心中当做一种尝试的经验，那么亦会发生同样的危险。

"每个人应当自己默誓，应当把起伏不定的吸引力永远固定。""我和她或他终生缔结了；我已选定了；今后我的目的不复是寻访使我欢喜的人，而是要使我选定的人欢喜。"想到这种木已成舟的念头，固然觉得可怕，但唯有这木已成舟的定案才能造成婚姻啊。如果誓约不是绝对的，夫妇即极少幸福的机会，因为他们在第一次遇到的阻碍上和共同生活的无可避免的困难上，即有决裂的危险。

共同生活的困难常使配偶感到极度的惊异。主要原因是两性之间在思想上在生活方式上天然是冲突的。在我们这时代，大家太容易漠视这些根本的异点。女子差不多和男子作同样的研究；她们执行男人的职业，往往成绩很好；在许多国家中，她们也有选举权，这是很公道的。这种男女间的平等，虽然发生极好的效果，可是男人们不应当因之忘记女人终究是女人。孔德[①]对于女性所下的定义，说她是感情的动物，男子则是行动的动物。在此我们当明白，对于女子，"思想与肉体的关联

---

① 法国 19 世纪实证主义派哲学家。

比较密切得多"。女人的思想远不及男人的抽象。

男人爱构造种种制度，想象实际所没有的世界，在思想上改造世界，有机会时还想于行动上实行。女子在行动方面的天赋便远逊了，因为她们有意识地或无意识地潜心于她的主要任务，先是爱情，继而是母性。女人是更保守，更受种族天性的感应。男子有如寄生虫，有如黄蜂，因为他没有多大的任务，却有相当的余力，故发明了文明、艺术与战争。男人心绪的转变，是随着他对外事业之成败而定的。女人心绪的转变，却是和生理的动作关联着的。浑浑噩噩的青年男子，则其心绪的变化，常有荒诞、怪异、支离、拗执的神气；巴尔扎克尝言，年轻的丈夫令人想到沐猴而冠的样子。

女人亦不懂得行动对于男子的需要。男子真正的机能是动，是狩猎，是建造，做工程师、泥水匠、战士。在婚后最初几星期中，因为他动了爱情，故很愿相信爱情将充塞他整个的生命。他不愿承认他自己固有的烦闷。烦闷来时，他寻求原因。他怨自己娶了一个病人般的妻子，整天躺着，不知自己究竟愿望什么。可是女人也在为了这个新伴侣的骚动而感到痛苦。年轻的男子，烦躁地走进一家旅馆：这便是蜜月旅行的定型了。我很知道，在大半情形中，这些冲突是并不严重的，加以少许情感的调剂，很快便会平复。但这还得心目中时常存着挽救这结合的意志，不断地互相更新盟誓才行。

因为什么也消灭不了性格上的深切的歧异，即是最长久最美满的婚姻也不可能。这些异点可被接受，甚至可被爱，但始终存在。男子只要没有什么外界的阻难可以征服时便烦闷。女人只要不爱了或不被爱了时便烦闷。男人是发明家，他倘能用一架机器把宇宙改变了便幸福；女人是保守者，她倘能在家里安安静静做些古老的简单的工作便幸福。即是现在，在数千万的农家，在把机器一会儿拆一会儿装的男人旁边，还有女人织着绒线，摇着婴孩睡觉。阿仑（Alain）[①] 很正确地注意到，男子

①　现代法国哲学家。

所造的一切都带着外界需要的标识，他造的屋顶，其形式是与雨雪有关的；阳台是与太阳有关的；舟车的弧线是由风与浪促成的。女子的一切作业则带着与人体有关的唯一的标识。靠枕预备人身凭倚，镜子反映人形。这些都是两种思想性质的简单明了的标记。

男人发明主义与理论，他是数学家、哲学家、玄学家。女子则完全沉浸于现实中，她若对于抽象的主义感到兴趣，亦只是为了爱情（如果那主义即是她所喜欢的男人的主义），或是为了绝望之故（如果她被所爱的男子冷淡）。即以史太埃夫人(Mme de Stael)① 而论，一个女哲学家，简直是绝了女人的爱情之路。最纯粹的女性的会话，全由种种故事、性格的分析，对于旁人的议论，以及一切实际的枝节组成的。最纯粹的男性的会话却逃避事实，追求思想。

一个纯粹的男子，最需要一个纯粹的女子去补充他，不论这女子是他的妻，是他的情妇，或是他的女友。因了她，他才能和种族这深切的观念保持恒久的接触。男人的思想是飞腾的。它会发现无垠的天际，但是空无实质的。它把"辞句的草秆当做事实的谷子"。女人的思想老是脚踏实地的：它每天早上都是走的同样的路，即是女人有时答应和丈夫一起到空中去绕个圈子，她也要带一本小说，以便在高处也可找到人类、情操和多少温情。

女子的不爱抽象观念，即是使她不涉政治的理由么？我以为若果女人参与政治而把其中的抽象思想加以驱除时，倒是为男子尽了大力呢。实用的政治，与治家之道相去不远：至于有主义的政治却是那么空洞、模糊、危险。为何要把这两种政治混为一谈呢？女人之于政治，完全看做乐观的问题与卫生问题。男人们即是对于卫生问题也要把它弄成系统问题，自尊自傲问题。这是胜过女人之处么？最优秀的男子忠于思想；最优秀的女子忠于家庭。如果为了政党的过失以致生活程度高涨，发生战争的危险时，男人将护卫他的党派；女人将保障和平与家庭，即是因

---

① 法国 19 世纪初浪漫派女作家。

此而改易党派亦所不惜。

但在这个时代，在女子毫不费力地和男子作同样的研究，且在会考中很易战败男子的时代，为何还要讲什么男性精神女性精神呢？我们已不是写下面这些句子的世纪了："人家把一个博学的女子看做一件美丽的古董，是书房里的陈设，可毫无用处。"当一个住院女医生和她的丈夫——亦是医生——谈话时，还有什么精神上的不同？只在于一个是男性一个是女性啊！一个少女，充其量，能够分任一个青年男子的灵智生活。处女们是爱研究斗争的。恋爱之前的华尔姬丽（Walkyrie）[1] 是百屈不挠的。然而和西葛弗烈特（Siegfried）[2] 相爱以后的华尔姬丽呢？她是无抵抗的了，变过了。一个现代的华尔姬丽，医科大学的一个女生和我说："我的男同学们，即在心中怀着爱情方面的悲苦时，仍能去诊治病人，和平常一样。但是我，如果我太不幸了的时候，我只能躺在床上哭。"女人只有生活于感情世界中才会幸福。故科学教她们懂得纪律是有益的。阿仑有言："人类的问题，在于使神秘与科学得以调和，婚姻亦是如此。"

女子能够主持大企业，其中颇有些主持得很好。但这并不是使女子感到幸福的任务。有一个在这种事业上获得极大成功的女子对人说："你知道我老是寻访的是什么？是一个能承担我全部事业的男人，而我，我将帮助他。啊！对于一个我所爱的领袖，我将是一个何等样的助手！……"的确，我们应当承认她们是助手而不是开辟天地的创造者。人家可以举出乔治桑，勃龙德姊妹（Bronte）[3]，哀里奥（Eliot）[4]，诺阿叶夫人（Mme de Noailles）[5]，曼殊斐儿，以及生存在世的若干天才女作家。固然不错，但你得想想女子的总数，不要以为我是想减低她们的价

---

[1] 华葛耐歌剧中之女英雄。
[2] 华葛耐歌剧中之男英雄。
[3] 英国 19 世纪三位女作家。
[4] 英国 19 世纪女作家 Mary Ann Evans 之笔名。
[5] 法国现代女诗人，已故。

值。我只是把她们安放在应该安放的位置上。她们和现实的接触，比男人更直接，但要和顽强的素材对抗、奋斗——除了少数例外——却并非她们的胜长。艺术与技巧，是男性过剩的精力的自然发泄。女人的真正的创造却是孩子。

那些没有孩子的女子呢？但在一切伟大的恋爱中间都有母性存在。轻佻的女人固然不知道母性这一回事，可是她们亦从未恋爱过。真正的女性爱慕男性的"力"，因为她们稔知强有力的男子的弱点。她们爱护男人的程度，和她受到爱护的程度相等。我们都知道，有些女人，对于她所选择的所改造的男子，用一种带着妒意的温柔制服他们。那些不得不充作男人角色的女子，其实还是保持着女性的立场。英后维多利亚（Queen Victoria）并非一个伟大的君王，而是一个化装了的伟大的王后。狄斯拉哀利（Disraëli）和洛斯贝利（Rosbery）固然是她的大臣，但一部分是她的崇拜者，一部分是她的孩子。她想着国事有如想着家事，想着欧洲的冲突有如想着家庭的口角。"你知道么？她和洛斯贝利说，因为是一个军人的女儿，我对于军队永远怀有某种情操？"又向德皇说："一个孙儿写给祖母的信，应当用这种口气么？"[1]

我是说两性之中一性较优么？绝对不是。我相信若是一个社会缺少了女人的影响，定会堕入抽象，堕入组织的疯狂，随后是需要专制的现象，因为既没有一种组织是真的，势必至以武力行专制了，至少在一时期内要如此。这种例子，多至不胜枚举。纯粹男性的文明，如希腊文明，终于在政治、玄学、虚荣方面崩溃了。唯有女子才能把爱谈主义的黄蜂——男子，引回到蜂房里，那是简单而实在的世界。没有两性的合作，绝没有真正的文明。但两性之间没有对于异点的互相接受，对于不同的天性的互相尊重，也便没有真正的两性合作。

现代小说家和心理分析家最常犯的错误之一，是过分重视性生活及

[1] 德皇威廉二世系英后维多利亚之外孙。

此种生活所产生的情操。在法国如在英国一样，近三十年来的文学，除了少数的例外，是大都市文学，是轻易获得的繁荣底文学，是更适合于女人的文学。在这种文学中，男人忘记了他的两大任务之一，即和别的男子共同奋斗，创造世界，"不是为你们的世界，亲爱的女人"，而是一个本身便美妙非凡的世界，男人会感到可以为这世界而牺牲一切，牺牲他的爱情，甚至他的生命。

女子的天性，倾向着性爱与母爱；男子的天性，专注于外界。两者之间固存着无可避免的冲突，但解决之道亦殊不少。第一，是创造者的男子底自私的统治。洛朗斯曾言："唤醒男子的最高感应的，绝不是女子。而是男子的孤寂如宗教家般的灵魂，使他超脱了女人，把他引向崇高的活动。……耶稣说'女人，你我之间有何共同之处？'凡男子觉得他的灵魂启示他何种使命何种事业的时候，便应和他的妻子或母亲说着同样的话。"

凡一切反抗家庭专制的男子，行动者或艺术家，便可以上述的情操加以解释或原恕。托尔斯泰甚至逃出家庭；他的逃避只是可怜的举动，因为在这番勇敢的行为之后，不久便老病以死；但在精神上，托尔斯泰早已逃出了他的家庭；在他的主义和生活方式所强制他的日常习惯之间，冲突是无法解救的。画家高更（Paul Gauguin）[①] 抛弃了妻儿财产，独自到泰伊蒂岛（Tahiti）上过活，终于回复了他的本来。但托尔斯泰或高更的逃避是一种弱点的表现。真正坚强的创造者会强制他的爱人或家庭尊重他的创造。在歌德家中，没有一个女人曾统治过。每逢一个女子似乎有转变他真正任务的倾向时，歌德便把她变成固定的造像。他把她或是写成小说或是咏为诗歌，此后，便离开她了。

当环境使一个男子必须在爱情与事业（或义务）之间选择其一的时候，女人即感到痛苦，有时她亦不免抗拒。我们都熟悉那些当水手或士兵的夫妇，他们往往为了情操而把前程牺牲了。白纳德（Arnold Benett）

---

① 法国近代大画家。

以前曾写过一出可异的剧本，描写一个飞行家经过了不少艰难，终于取得了他所爱的女子。这女子确是一个杰出的人才，赋有美貌、智慧、魅力、思想，她在初婚时起决心要享受美满的幸福。他们在山中的一家旅店中住下，度着蜜月，的确幸福了。但丈夫忽然得悉他的一个劲敌已快要打破他所造成的最得意的航空纪录。立刻，他被竞争心鼓动了，妻子和他谈着爱情，他一面听一面想着校准他的引擎。末了，当她猜到他希望动身时，她悲哀地喁喁地说："你不看到在我女人的生涯中，这几天的光阴，至少和你在男子生活中的飞行家的冒险同样重要么？"但他不懂得，无疑，他也应该不懂得。

因为如果情欲胜过了他的任务，男子也就不成其为男子了。这便是萨松的神话，① 便是哀克尔（Hercule）跪在翁华尔（Omphale）脚下的故事。② 一切古代的诗人都曾歌咏为爱情奴隶的男子。美丽的巴丽斯（Paris）是一个恶劣的兵士③；嘉尔曼（Carmen）诱使她的爱人堕落；玛侬（Manon）使她的情人屡次犯罪。即是合法的妻子，当她们想在种种方面支配丈夫的生活时，亦会变成同样可怕的女人。"当男子丧失了对于创造活动的深切意识时，他感到一切都完了，的确，他一切都完了。当他把女人或女人与孩子作为自己的生命中心时，他便堕入绝望的深渊。"一个行动者的男子而只有在女人群中才感到幸福，绝不是一种好现象。这往往证明他惧怕真正的斗争。威尔逊，那个十分骄傲的男子，不能容受人家的抵触与反抗，故他不得不遁入崇拜他的女性群中。和男子冲突时，他便容易发怒，这永远是弱的标识啊，真正强壮的男子爱受精神上的打击，有如古代英雄爱有刀剑的击触一样。

---

① 萨松为希伯来法官，以勇力过人著名。相传其勇力皆藏于长发中，后萨松惑一女名达丽拉（Dalila），伊乘萨松熟睡，将其长发剃去，自此遂失其勇。

② 哀克尔为希腊神话中最有勇力之神，惑李地女后 Omphale，伊命其在膝下纺织为女工，哀克尔从之。

③ 希腊神话，巴丽斯以美貌著名，恋美女海伦，掳之以归，遂被希腊人围攻特洛伊城（Troie）。

　　然而在一对幸福的配偶中，女子也自有她的地位和时间，"因为英雄并非二十四小时都是英雄的啊……拿破仑或其他任何英雄可以在茶点时间回家，穿起软底鞋，体味他夫人的爱娇，绝不因此而丧失他的英雄本色。因为女人自有她自己的天地；这是爱情的天地，是情绪与同情的天地。每个男子也应得在一定的时间脱下皮靴，在女性宇宙中宽弛一下，纵情一下。"而且一个男子在白天离家处于男子群中，晚上再回到全然不同的另一思想境界中去，亦是有益的事。真正的女子绝不妒忌行动、事务、政治生活或灵智生活；她有时会难受，但她会掩饰痛苦而鼓励男子。安特洛玛克（Andromaque）在哀克多（Hector）动身时忍着泪。她有她为妻的任务。

　　综合以上所述，我们当注意的是：不论一件婚姻是为双方如何愿望，爱情如何浓厚，夫妇都如何聪明，他俩至少在最初数天将遇到一个使他们十分惊异的人物。

　　可是初婚的时期，久已被称为"蜜月"。那时候，如果两人之间获得性生活方面的和谐，一切困难最初是在沉迷陶醉中遗忘的。这是男子牺牲他的朋友，女子牺牲她的嗜好的时期，在《约翰·克里司朵夫》（Jean-Christophe）[①]中，有一段关于婚期的女子的很真实的描写，说这女子"毫不费力地对付抽象的读物，为她在一生任何别的时期中所难于做到的。仿佛一个梦游病者，在屋顶上散步而丝毫不觉得这是可怕的梦。随后她看见屋顶，可也并未使她不安，她只自问在屋顶上做些什么，于是她回到屋子里去了"。

　　不少女人在几个月或几年之后回到自己屋子里去了。她们努力使自己不要成为自己，可是这努力使她支持不住。她们想着：

　　——我想跟随他，但我错误了。我原是不能这样做的。

　　男子方面，觉得充满着幸福，幻想着危险的行动。

―――――――――

① 罗曼·罗兰名作。

拜伦所说在蜜月之后的"不幸之月",便是如此造成的;这是狂热过度后的颓丧。怨偶形成了。有时夫妇间并不完全失和,虽然相互间已并不了解,但大家在相当距离内还有感情。有一次,一个美国女子和我解释这等情境,说:

——我很爱我的丈夫,但他住在一个岛上,我又住在另一个岛上,我们都不会游泳,于是两个人永远不相会了。

奥特曾言:"两个人尽可过着同样的生活,而且相爱,但大家竟可互相觉得谜样的不可测!"

有时候这情形更严重,从相互间的不了解中产生了敌意。你们当能看到,有时在饭店里,一个男人,一个女子,坐在一张桌子前面,静悄悄的,含着敌意,互相用批评的目光瞩视着。试想这种幽密的仇恨,因为没有一种共同的言语而不能倾诉,晚上亦是同床异梦,一声不响地,男子只听着女子呻吟。

这是不必要的悲剧么?此外不是有许多幸福的配偶么?当然。但若除了若干先天构成的奇迹般的和谐之外,幸福的夫妇,只因为他们不愿任凭性情支配自己而立意要求幸福之故。我们时常遇到青年或老年,在将要缔婚的时候,因怀疑踌躇而来咨询我们。这些会话,老是可异地和巴奴越与邦太葛吕哀的相似。

——我应当结婚么?访问者问。

——你对于你所选择的他(或她)爱不爱呢?

——爱的,我极欢喜见到他(或她);我少不了他(或她)。

——那么,你结婚便是。

——无疑的,但我对于缔结终身这事有些踌躇……因此而要放弃多少可能的幸福真是可怕。

——那么你不要结婚。

——是啊,可是这老年的孤寂……

——天啊,那么你结婚就是!

这种讨论是没有结果的。为什么?因为婚姻本身(除了少数幸或不幸的例外）是无所谓好坏的。成败全在于你。只有你自己才能答复你的问句，因为你在何种精神状态中预备结婚，只有你自己知道。"婚姻不是一件定局的事，而是待你去做的事。"

如果你对于结婚抱着像买什么奖券的念头："谁知道？我也许会赢得头彩，独得幸运……"那是白费的。实在倒应该取着艺术家创作一件作品时那样的思想才对。丈夫与妻子都当对自己说："这是一部并非要写作而是要生活其中的小说。我知道我将接受两种性格的异点，但我要成功，我也定会成功。"

假如在结婚之初没有这种意志，便不成为真正的婚姻。基督旧教的教训说，结婚的誓约在于当事人双方的约束，而并非在于教士的祝福；这是很好的思想。如果一个男人或女人和你说，"我要结婚了……什么？才得试一试……如果失败，也就算了，总可有安慰的办法或者是离婚"，那你切勿迟疑，应得劝他不必结婚。因为这不是一件婚姻啊。即使具有坚强的意志，热烈的情绪，小心翼翼的谨慎，还是谁也不敢确有成功的把握，尤其因为这件事业的成功不止关系一人之故。但如果开始的时候没有信心，则必失败无疑。

婚姻不但是待你去做，且应继续不断把它重造的一件事。无论何时，一对夫妇不能懒散地说："这一局是赢得了，且休息罢。"人生的偶然，常有掀动波澜的可能。且看不战曾破坏掉多少太平无事的夫妇。且看两性在成年期间所能遭遇的危险。所以要每天重造才能成就最美满的婚姻。

当然，这里所谓每天的重造，并不是指无穷的解释、互相的分析与忏悔。关于这种危险，曼尔蒂（Meredith）与夏杜纳（Chardonne）说得很对："过分深刻的互相分析，会引致无穷尽的争论。"故"重造"当是更简单更幽密的事。一个真正的女子不一定能懂得但能猜透这些区别，这些危险，这种烦闷。她本能地加以补救。男子也知道，在某些情形中，一瞥，一笑，比冗长的说明更为有益。但不论用什么方法，总得永远重造。人间没有一样东西能在遗忘弃置中久存的，房屋被弃置时会坍毁，布帛被弃置时会腐朽，友谊被弃置时会淡薄，快乐被弃置时会消散，爱情被弃置时亦会溶解。应当随时葺理屋顶，解释误会才好。否则仇恨会慢慢积聚起来，蕴藏在心魂深处的情操，会变成毒害夫妇生活的恶数。一旦因了细微的口角，脓肠便会溃发，使夫妇中每个分子发见他自己在别一个人心中的形象而感到骇怕。

因此，应当真诚，但也得有礼。在幸福的婚姻中，每个人应尊重对方的趣味与爱好。以为两个人可有同样的思想，同样的判断，同样的欲愿，是最荒唐的念头。这是不可能的，也是要不得的。我们说过，在蜜月时期，爱人们往往因了幻想的热情的幸福，要相信两个人一切都相似，终于各人的天性无可避免地显露出来。故阿仑曾言："如果要婚姻成为夫妇的安乐窝，必得要使友谊慢慢代替爱情。"代替么？不，比这更复杂。在真正幸福的婚姻中，友谊必得与爱情融和一起。友谊的坦白在此会发生一种宽恕和温柔的区别。两个人得承认他们在精神上、灵智上是不相似的，但他们愉快地接受这一点，而且两人都觉得这倒是使心灵上互相得益的良机。对于努力解决人间纠纷的男子，有一个细腻、聪明、幽密、温柔的女性在他身旁，帮助他了解他所不大明白的女性思想，实在是一支最大的助力。

所谓愿欲，虽然是爱情的根源，在此却不能成为问题。在这等结合中，低级的需要升华了。肉体的快乐，因了精神而变成超过肉体快乐远甚的某种境界的维持者。对于真正结合一致的夫妇，青春的消逝不复是不幸。白首偕老的甜蜜的情绪令人忘记了年华老去的痛苦。

拉·洛希夫谷（La Rochefaucauld）[①] 曾有一句名言，说："尽有完满的婚姻，绝无美妙的婚姻。"我却希望本文能指出人们尽可想象有美妙的。但最美妙的绝不是最容易的。两个人既然都受意气、错误、疾病等的支配，足以改变甚至弄坏他们的性情，共同生活又怎么会永远没有困难呢？没有冲突的婚姻，几与没有政潮的政府同样不可想象。只是当爱情排解了最初几次的争执之后，当感情把初期的愤怒化为温柔的、嬉戏

---

① 法国 17 世纪名作家。

似的宽容之后，也许夫妇间的风波将易于平复。

归结起来是：婚姻绝非如浪漫底克的人们[1] 所想象的那样；而是建筑于一种本能之上的制度，且其成功的条件不独要有肉体的吸引力，且也得要有意志、耐心、相互的接受及容忍。由此才能形成美妙的坚固的情感，爱情、友谊、性感、尊敬等等的融和，唯有这方为真正的婚姻。

（选自《傅雷译文集》，傅雷译）

---

[1] 即热情的富于幻想的人。

第十九讲　现代婚姻与智慧

[英]罗素

伯特兰·亚瑟·威廉·罗素（Bertrand Arthur William Russell，
1872—1970），英国著名哲学家、数学家、逻辑学家、现代分析哲学
的创始人之一，也是著名的社会活动家和反核斗士，于 1950 年获得
过诺贝尔文学奖。他一生著述甚丰，涉及哲学、数学、逻辑、伦理、
社会学、教育、历史、宗教、政治、文化等各个领域，深刻影响了 20
世纪的西方思想文化界，有"世纪智者"的称谓。他的主要哲学著作
有《数理哲学导论》《逻辑与知识》《人类的知识》《西方哲学史》《罗
素自传》等。

婚姻

[英]罗素

【编者按：本篇主要探讨知识时代人们婚姻的幸福可能。作者敏锐地发现，越是有知识的人，婚姻越不容易幸福，于是结论说，在差别不大的人群中，婚姻稳定性更高。因此，知识男女婚姻幸福的条件就是要尊重、自由和价值观的趋同。】

在这一章里，我打算讨论一下与孩子无关而只是作为男女间关系的婚姻。诚然，婚姻与其他性关系不同，事实上，它是一种法律制度。在大多数社会中，婚姻还是一种宗教制度，但是，主要的仍是在它的法律方面。法律制度所包括的行为，不但在原始人中存在，就是在猿猴以及其他的各种动物中，也是存在的。动物也有和婚姻一样的行为，因为在养育幼子时，雄性的合作是必需的。通常，动物的婚姻是一夫一妻的，按照一些权威人士的说法，在类人猿中，情况尤其如此。如果这些权威人士的话是可信的，幸运的动物们似乎并没有那些困扰人类社会的问题，因为雄性动物一旦结婚，就会失去对于其他雌性动物的吸引力，而雌性动物一旦婚配，也会失去对于其他雄性动物的吸引力。因此，在类人猿中，虽然它们没有宗教的帮助，却不知道罪孽为何物，因为本能已足以产生道德。有证据表明，在最低级的原始民族中，也存在着类似情形。据说，澳洲丛林中的居民是绝对一夫一妻的，而且据我所知，塔斯马尼亚人（现已绝迹）对他们的妻子极为忠实。甚至在开化的人们当中，有时也可以隐约看到一夫一妻本能的痕迹。说到习惯对于行为的影响，我们也许会感到吃惊，因为一夫一妻对于本能的约束不是万能的。然而，这正是人类智力的特点，并由此产生出人类的罪恶和智能，即所谓打破旧习惯和创造新行为的想象能力。

首先破坏原始的一夫一妻制度的东西，大概要算是经济动机的侵扰。这种动机会影响性行为，是极为有害的，因为它可以用奴隶制的或买卖的关系取代以本能为根据的关系。在古代农业和畜牧业社会中，妻子和孩子都是男人的经济财产。妻子要为他干活，孩子在五六岁之后，也开始在田里或畜牧场上被派上用场。因此，那些极有能力的男人总是以获得尽可能多的妻子为其目的。一夫多妻制很少成为社会的普遍做法，因为女性的数量有限，所以只能成为首领和富人的特权。众多的妻子儿女是一种有价值的产业，那些占有者的特权地位也因此而更高了。这样，妻子的主要功能就成了赚钱的家畜的功能，而她的性功能则变成次要的了。在文明的这个阶段中，男人休妻通常是很容易的，虽然他必须偿还她的嫁妆。然而，总的说来，妻子休掉丈夫是不可能的。

大多数半开化的社会对于通奸的态度也是根据这种观念的。在非常低级的文明阶段中，通奸有时是默许的。据说，萨摩亚人在外出时，十分希望他们的妻子当他们不在家时能够寻求安慰自己的方法。[①] 然而，在稍稍高级一些的文明阶段中，女人通奸会被判处死刑，至少也要受到极为严厉的惩罚。在我年轻时，芒戈·帕克描写的摩包君波是非常出名的，但是，最近几年我发现一些很有文化修养的美国人竟把摩包君波视为刚果神，这使我感到痛心。实际上，他既不是神，且和刚果毫无关系。他是上尼日尔人杜撰的妖怪，目的在于恐吓那些犯罪的女人。芒戈·帕克关于他的描写，暗示了福耳特尔对于宗教起源的观念，这种观念一直被那些现代人类学者谨慎地遮掩着，因为他们不能容忍理智的罪恶行为去侵扰野蛮人的行为。一个男人和他人的妻子

---

① 玛格丽特·米德：《萨摩亚人时代的到来》，1928 年，第 104 页。

性交，当然是犯罪，但是他和一个未婚女子性交却不会受到指责，除非他毁掉了她在婚姻市场上的价值。

随着基督教的产生，这种观念发生了变化。宗教在婚姻中的地位得到极大提高。破坏婚姻法的行为会受到指责，但原因不是财产，而是忌讳。和另一个人的妻子性交，当然是对于那个人的犯罪，但婚姻以外的性交行为也是对上帝的犯罪，而且按照教会的观点，是更为严重的犯罪。由于这个原因，以前轻而易举就能办到的离婚，现在成了一件不能允许的事情。婚姻变得神圣起来，因此必须保持终生。

这对于人类的幸福是得还是失？很难说。在农民中，已婚妇女的生活通常是很苦的，而且一般说来，已婚妇女的生活，在极无文化的农民中，乃是最苦的。在最原始的民族中，一个女人在25岁时就已经人老珠黄，在这个年龄是不能企望有任何姿色了。那种以女人为家畜的观念，对于男人无疑是乐事，但对女人来说，则仅仅意味着劳作和艰苦的生活。基督教虽然在某些方面使妇女的地位变得更为低下，尤其是在那些有钱的阶层中，但它至少承认，妇女在神学上是和男人平等的，而且还拒绝将女人当成男人的绝对财产。当然，一个已婚女子没有离开自己的丈夫而改嫁他人的权利，但她可以离开自己的丈夫去过一种宗教生活。总的说来，按照基督教的观点比按照前基督教的观点，妇女更容易在大多数人们中间提高自己的地位。

如果我们纵观整个社会而反躬自问，总的说来，究竟哪种状况能够造成婚姻的幸福，哪种状况会带来婚姻的不幸，那么，我们将会得到一种奇怪的结论，那就是，越是有文化的人，就越不能与他们的伴侣共享白头偕老的幸福。爱尔兰农民的婚姻虽然至今仍由父母包办，但据那些了解他们的人说，他们总的说来是幸福的，而且他们的夫妻生活是纯洁的。从整体上说，婚姻在那些没有多少差别的人们中，是极容易的。如果一个男人和其他男人没有多少差别，而且一个女人和其他女人也没有多少不同，那就不会存在因没有和其他人结婚而后悔的理由。但是，如果人们的情趣、追求和事业千差万别，那么，他们就会要求他们的伴侣情投意合；当他们发现他们所得到的比他们所能得到的要少时，他们就会感到不满足。教会对于婚姻的观念完全是从性的观念出发的，因此它看不到这一个伴侣不会和那一个伴侣完全一样的原因，所以，它总是主张永久的婚姻，而意识不到其中所包含的痛苦。

造成幸福婚姻的另一个条件是，无主女人的稀少和男人与其他女人社交机会的匮乏。如果除了和自己的妻子，再没有和其他女子性交的可能，那么，大多数男人都会满足于现状，除了反常的不良情况，他们会感到这是完全可以忍受的。对于妻子也是如此，尤其是那些不奢望婚姻会带来很多幸福的女人。这就是说，如果双方都不奢望从婚姻中得到很多幸福，那么，婚姻也许就可以称得上是幸福的。

因此，社会风尚的稳定也是可以防止所谓不幸福的婚姻的。如果我们承认婚姻的契约是最后的和无法改变的，那就没有什么能刺激我们去胡思乱想，以致认为可以得到更迷人的幸福。为了保证家庭和睦，凡是存在这种思想的地方，无论丈夫或妻子，只要他们和人们所公认的高尚举止的标准（不管这标准如何）相差不远就够了。

在当代世界有文化的人们当中，那些可以造成所谓幸福的条件，是不存在的，因此，那种历经数年而仍然是幸福的婚姻，是非常罕见的。有些不幸福的原因与文化有关，但是，如果男女比现在更有文化，另外一些原因是会消除的。让我们首先讨论一下后者。在这些原因中，最重要的是不良的性教育，而这种性教育在富人中间，比在农民中间要普遍得多。农家子弟很早就对所谓生活的事实司空见惯，因为这些事实，他们不但在人类中，而且在动物中也可以见到。因此，他们既不无知，也不过分讲究。相反，那些受过精心培养的富家子弟却一点也没有关于性问题的实际知识。即使那些最现代派的父母，虽然他们根据书本教育子女，但他们无法使自己的子女见识到农家子弟早已熟知的现实中的亲昵行为。基督教学说的胜利是：男女结婚时，双方都不曾有过性的经验。但是，十分之九的结果都是不幸的。人类中的性行为不是本能的，所以没有性经验的新郎和新娘，也许会对于这一事实一无所知，以致感到羞耻和不快。如果只是女方无知，而男方已经从娼妓那里得到了知识，那会稍好一些。大多数男人都不知道，求爱过程在结婚之后仍是必需的，而许多大家闺秀也不知道，如果她们害羞，把自己的身体看成是神圣不可侵犯的，这对她们的婚姻是有害的。这一切可以通过良好的性教育去解决。事实上，现代青年所受到的性教育，比他们父母和祖父母所受到的，要好得多。过去，在妇女中普遍存在着这样一种信念：她们在道德上比男人高尚。因为她们从性中所得到的快感要少些。这种态度使得夫妇之间无法形成坦率的伴侣关系。其实，这种态度的本身就是完全错误的，因为不能从性中得到快感，暂且抛开道德不谈，实属生理或心理上的缺憾，正如不能从食物中得到快乐一样。早在一百年前人们就对漂亮的女性寄予这种希望。

然而，造成婚姻不幸的其他现代原因，并不是很容易消除的。我认为，那些放荡不羁的有文化的人，无论男女，就他们的本能而言，一般都是主张多配偶的。他们也许会深深地相爱，而且在若干年里只钟情于一个人，但是性的爱抚迟早会失去热情的锋芒，于是他们就开始在别的地方寻求恢复那原有的冲动感。当然，为了道德，我们可能会控制这种冲动感，但是我们很难阻止它的发生。随着女性自由的增长，私通的机会较之以前大大增加了。机会产生思想，思想产生欲望，如果没有宗教上的顾虑，欲望就会产生行动。

妇女解放在许多方面使婚姻变得更加困难。过去，妻子必须顺从丈夫，而丈夫却不必顺从妻子。现在，许多妻子根据妇女对于个性和事业的权利，不愿意过分地顺从她们的丈夫，而那些仍在向往男性统治旧传统的男人，却又看不到他们应当顺从的理由。这种现象的发生与私通很有关系。过去，男人偶然不忠，他的妻子是不知道的。如果她知道了，那男人便承认他错了，并使她相信他会悔过。另一方面，妻子通常是贞洁的，如果她不贞洁，而且这一事实又为她丈夫所知，婚姻就会破裂。现代的许多婚姻表明：即使无须相互间的忠诚，也还存在着妒忌的本能，而这种本能往往会使亲密的关系不能持久，哪怕夫妻间从未有过公开的争吵。

在现代婚姻中还存在着另外一种困难，那些最能意识到爱的价值的人对此感受最深。爱会发展，只要它是自由和自发的；如果认为爱是一种责任，它就会被消灭。如果有人说，爱某某人是你的责任，这无疑会使你去恨他或她。如果把爱情和法律联系在一起，婚姻就会变成两头落空的事。雪莱说：

> 我从没有和那伟大的宗教发生过关系，
> 因为按照那伟大的宗教的伟大的教义，
> 谁都只能从那人群中选出一男或一女，
> 不论其余的是何等的聪明何等的美丽，
> 我们却只能从惨淡记忆中把他们忘记，
> 啊，这就是当今所具有的道德和法律。
> 在这条路上行走着可怜而疲倦的奴隶，
> 唉，他们终于来到坟墓似的家庭那里，
> 这家庭从来立足于这世界的大道上面，
> 带上被束缚的朋友或许是吃醋的劲敌，
> 从此踏上那漫漫的旅途既遥远又迷离。

毫无疑问，因为婚姻而拒绝来自他方的一切爱情，这就意味着减少感受性、同情心以及和有价值的人接触的机会。从最理想的观点出发，这是在摧残人生中最美好的东西。就像一切含有约束性的道德那样，这会助长所谓警察的人生观———种总是在寻找机会禁止点儿什么的观念。

由于所有这些原因（许多原因与美好的事物有联系），婚姻成了一件困难的事。如果不想使它成为幸福的障碍，必须找到一种新的方式才行。人们时常提到一种解决办法，事实上，这种办法已在美国广泛采用，那就是容易实现的离婚。当然，我和其他人一样主张，只要其理由超过英国法律允许的范围，就应当准许离婚，但我并不认为容易实现的离婚是解决婚姻痛苦的方法。对于没有孩子的婚姻，离婚往往是解决问题的正确途径，即使双方的品行都很端庄。但是，如果有了孩子，婚姻的稳定性，照我看来，就将成为一件至关重要的事情（我在讨论家庭时，将要谈到这个问题）。我认为，如果婚姻已经导致生育，而且双方对于婚姻的态度是理智而高尚的，那么，我们就应当希望这婚姻是终身的，但是这并不排除其他性关系的存在。如果一个婚姻起初有过热恋，而且产生了双方所希望和喜爱的孩子，那么，这种婚姻应当在男女中间形成一种深切的关系，使他们感到在他们的夫妻生活中存在着某种极其宝贵的东西，即使在性欲衰退之后，即使在一方或双方都感到自己的性欲只有为他人才会存在的时候，也是如此。嫉妒是美满婚姻的障碍，但嫉妒，虽然它属于一种本能的情感，也是可以克制的，只要我们承认它是恶的，并且不把它当成是正当的道德上的愤怒体现。一种持续多年，而且有过许多深切经历的伴侣生活，具有爱情初期所不具有的丰富内容，尽管爱情初期可能是非常快乐的。因此，任何人，只要他懂得这种价值需要很长时间才能获得，他就绝不会为了新的爱情而轻易抛弃这种伴侣生活。

因此，有文化的男女从婚姻中得到幸福是可能的，但是他们必须满足几个条件。那就是，双方必须有绝对平等的感觉；对于相互间的自由不能有任何干涉；身体和肉体必须亲密无间；对于各种价值标准必须有某种相似之处。（例如，如果一个人仅以金钱为价值，而另一个人却以出色的工作为价值，则是不幸的。）只有具备了所有这些条件，我才相信婚姻是两个人之间最高尚和最重要的关系。以前这种关系之所以很少实现，主要是因为丈夫和妻子都把自己视为是对方的警察的缘故。既然婚姻可以实现它的可能性，丈夫和妻子都必须明白，无论那法律如何规定，他们在自己的私生活中必须是自由的。

（选自《婚姻革命》，靳建国译）

现代家庭

[英]罗素

【编者按：本篇探讨了家庭对于孩子的重要性，作者意识到家庭对于孩子的重要性不是一个可以轻易下定论的那种重要性，他很客观地分析了家庭对孩子可能存在的正反两方面影响，最后他设想了人类婚姻的全面变革可能导致的孩子未来。】

现在我们要继续讨论家庭问题，因为家庭是限制性自由的唯一合理根据。人们普遍认为性和罪是有联系的，这种联系虽然不是古代基督教徒的发明，但确实为他们所充分利用，而且现已成为我们大多数人自动的道德判断力中的一部分。我不想多费精力去讨论神学上的观念，因为按照这种观念，性中间存在着某些恶的东西，而这些东西只能通过那种以孩子为目的的婚姻结合来消灭。我们现在所要讨论的问题是，孩子们的利益要求性关系巩固到何种程度。这就是说，我们必须把家庭看成是稳定的婚姻的理由。这绝不是一个简单的问题。显而易见，一个孩子作为家庭成员所得到的利益依赖于以下的代替法：我们应当拥有一批极好的育婴堂，这些育婴堂应能胜过绝大多数家庭。我们还要注意父亲在家庭生活中是否起主要作用，因为女性的道德被视为对家庭至关重要全是父亲的缘故。我们必须研究家庭对孩子个人心理的影响——这是弗洛伊德曾用不正当的精神讨论过的问题。我们必须注意经济制度在提高或减少父亲的重要性方面所具有的影响。我们必须问自己，我们是否应当希望国家取代父亲，甚至像柏拉图所说的那样，取代父亲和母亲。而且即使我们都认为在正常情况下父母能为孩子提供最好的环境，我们还必须注意其他许多情况，因为有时某一方不能承担父母的职责，或者双方都不适合，为了孩子的利益，那还是分开为好。

在那些根据神学而反对性自由的人中间，流行着一种反对离婚的论调，因为在他们看来，离婚是不利于孩子的。不过这种论调并不地道，因为既然主张这种论调的人是有神学思想的，那他们不但不能容忍离婚，也不能容忍避孕，即使一方父母有性病，而且孩子们也许会染上性病，也不能容忍。这类事情表明，如果仅仅为了孩子的利益而走向极端，那这只能是残酷的借口而已。总之，有关婚姻和孩子利益的关系问题，需要公正地去探讨，同时也要认识到，有关这一问题的答案绝不是一下子就能得到的。因此，对于这个问题，还是概括地说几句为好。

家庭是一种人类以前的制度，它所以存在，从生理的角度来看，是因为在怀孕和哺乳期间，父亲的帮助是孩子生存的必要条件。但是，正如我们从特罗布里恩德岛的岛民们那里所看到的，而且从类人猿的情况中也可以得出同样的结论：这种帮助，在原始的情况下，并不是父亲存在的理由，这是和文明社会所不同的一点。原始的父亲不知道孩子和他有生理上的联系，以为孩子只是他所爱恋的女人的后裔。这是他所知道的事实，因为他曾亲眼看到孩子的降生，正是这一事实产生了他与孩子之间的本能的联系。在这个阶段，男人在保护他妻子的贞操时，并不注意生理上的重要性，虽然当他发现他妻子另有新欢时，也会产生本能的妒忌。而且在这一阶段，他并不把孩子当成财产。孩子是他妻子及其兄弟的财产，他与孩子的关系只是感情上的关系。

随着智力的发展，人类迟早会吃伊甸园中那智慧之树上的果子。男人开始意识到孩子是他播种的结果，因此他必须保证他妻子的贞操。于是妻子和孩子成了他的财产，而且在经济发展的某个阶段中，他们也许是极有价值的财产。他通过宗教使妻子和孩子对他产生责任感。对于孩子，这种责任感尤其重要，因为他虽然比年幼的孩子健壮，但他终究是要衰老的，而他们则将进入生机勃勃的成年期。到那时，他们应当孝敬他，这对于他的幸福是至关重要的。关于这个问题的那句圣训是骗人的鬼话。它应当这样说："孝敬你的父母，让他们在这块土地上生活得长久些。"古代文化中存在的杀父母的恐怖对我们并无多大影响，因为一种我们不会想象自己会犯的罪行，如吃人肉的行为，是不能使我们真的感到恐怖的。

使家庭进入鼎盛时期的，是古代畜牧和农业社会的经济条件。当时，大多数人都得不到奴隶，因此，获得劳动者的最便利的途径就是繁殖劳动者。为了使孩子们确信他们应当为他们的父亲干活，他们不得不借用宗教和道德的全部力量，使家庭成为一种神圣的机构。逐渐地，长子继承权把家庭单位扩展为若干附属的小家庭，并且提高了一家之主的权力。君主和贵族主要就是依据于这一思想，甚至连神祇也不例外，因为宙斯是神和人的父亲。

这样，文化的发展增加了家庭的力量。然而，从这时起，也出现了一种相反的现象。西方世界的家庭已经变得模糊不清了。家庭衰落的原因，一部分是经济的，一部分是文化的。充分发展的家庭，无论对于城市居民还是对于以航海为业的人，都不是很适合的。除了现代之外的各个时代，贸易历来是文化发展的主要因素，因为贸易可以使人们与其他民族的风俗习惯发生联系，并能使人们克服种族偏见。因此，我可以看到，在以航海为业的希腊人中，家庭的约束比在他们同时代的人们当中要少得多。另外，我们还可以在威尼斯、荷兰和女王伊丽莎白时代的英国，看到航海对于摆脱家庭束缚的影响。当然，这些大都是题外话。唯一与我们有关的是，当家庭某一成员长期外出，而其他成员留在家中时，他无疑摆脱了家庭的约束，而家庭的力量也就相应地减弱了。农村人口涌入城市（这是文化增长时期的特点），也会产生和海上贸易一样的结果，即减少家庭的力量。另一种影响是奴隶制，在下层社会中，这种影响也许更为重要。主人很少关心他的奴隶的家庭关系。他可以按照他的意愿把男女奴隶配为夫妻，当然，他也可以和任何他喜欢的女仆进行性交。诚然，这些影响是不会削弱贵族家庭的，因为贵族家庭的建立是依据对于门第的欲望，以及古代城市生活中所特有的家族之争的胜利——这很像中世纪下半叶和文艺复兴时代意大利的城市生活。然而，在罗马帝国最初的世纪中，贵族制度曾失去过它的地位，因为最终获胜的基督教起初是一种奴隶和无产阶级的宗教。以前家庭在社会各阶级中的力量所以减弱，无疑是因为古代基督教反对家庭，而且规定了一种把家庭放在次要位置上的道德标准的缘故，其位置之低，是以前的道德标准中所没有的，只有佛教的道德标准除外。在基督教的道德标准中，重要的不是人与人的关系，而是灵魂和上帝的关系。

　　然而，佛教的情况却提醒我们不能过于强调宗教的纯粹经济上的原因。我并不十分清楚，当佛教传播的时候，印度是怎样一种情况，而佛教所以注重个人的灵魂是不是经济的原因，同时我也十分怀疑，当时是否存在着这种原因。其实，当初佛教盛行于印度时，它原是一种掌权者的宗教，所以有关家庭的思想按理应当对他们比对任何其他阶级更为有利。不过，后来人们开始普遍轻视现实世界而寻求灵魂拯救，结果，在佛教的道德标准中，家庭处于一种极不重要的位置。除了穆罕默德之外，所有伟大的宗教领袖——如果孔教可以称为宗教，孔子也在其列——一般都对社会和政治十分冷淡，因为他们的目的在于通过反省、训诫和自我否定使灵魂达到尽善尽美的程度。有史以来所产生的那些宗教与有史以前的宗教相反，它们都是个人主义的，而且都认为，一个人可以在孤独的生活中履行他的一切责任。当然，这些宗教也都说，如果一个人有社会关系，他必须履行那些与社会关系有关且为人们所承认的责任，但是它们一般都不把社会关系的结构视为责任之内的事。这一点尤其适用于基督教，因为基督教对于家庭历来持反对态度。我们在《圣经》中可以看到这样的话，"爱父母胜过爱我者，不配做我的门徒"。这句话的意思是，一个人应当做他认为是正确的事情，即使他的父母认为是错误的——这种观念是古罗马人和旧式的中国人所不能接受的。基督教中这种个人主义的色彩逐渐削弱了一切社会关系，尤其是在那些最热心的人中间。这种影响在天主教中比在新教中要小，因为在天主教中，包含在我们应当服从上帝而不是服从人这样一个原则中的混乱成分最为显著。服从上帝实际上意味着服从良心，但人们的良心是不同的。因此，当良心和法律之间发生冲突时，真正的基督徒将会感到应该尊重服从自己良心的人，而不是法律的命令。在古代文化中，父亲就是上帝，而在基督教中，上帝则是神父，结果，父亲的权威被削弱了。

现代家庭的衰落无疑主要是由于工业革命的影响，但是这种衰落早在工业革命之前就已经开始了，家庭衰落起源于个人主义的理论。青年人都坚持按照自己的意愿，而不是依从父母之命选择配偶的权利。已婚的儿子住在父母家中的风俗已经不复存在了。儿子从学校一毕业就要离家谋生，这已成为一种习惯。过去，只要儿童可以在工厂做工，他们就会成为父母生计的财源之一，直到他们死于过度劳累，但是《工厂法令》已经取消了这种剥削形式，虽然那些以此为生的人对此表示抗议。从此，孩子从谋生工具变为经济负担。在这个阶段，人们学会了避孕法，于是人口出生率开始下降了。人们普遍认为，在各个时代，人类都是视他们的收入情况而生育孩子的。无论如何，这种说法适用于澳大利亚的土著居民、兰开夏的纺织业工人和英国的贵族。我不敢断言这种观念可以用理论来确定，但它的确与事实相去无几。

现代家庭的地位由于国家的作用而大为降低，即使是最牢固的家庭也不例外。在家庭的鼎盛时期，一个家庭包括年迈的父亲、若干成年的儿子，以及他们的妻子儿女——也许还有更小的辈分。所有这些人同处一幢房子，大家通力合作，犹如一个经济单位。他们联合起来一致抗外，就像现代军国主义国家的国民一样。今天，家庭成员仅限于父母和他们年幼的孩子，而且即使是这些孩子，也根据国家的法律规定，把大部分时间用在学校中，学习国家认为有益于他们，而不是父母所希望于他们的事情（当然，宗教是一个例外）。现在，英国的父亲非但不能像罗马的父亲那样拥有对于孩子的生杀之权，而且如果他按照一百年前大多数父亲认为是不可或缺的道德观去对待孩子，他还会被指控犯有虐待罪。如果父母一贫如洗，国家会免费提供医疗帮助，并供给孩子食物。这样，父亲的作用就被降到最低限度，因为父亲的作用大都被国家取代了。随着文明的进步，这是不可避免的。在原始状态中，父亲是必不可少的，就像飞禽和类人猿中的父亲一样。考虑到经济原因，以及为了保护孩子和孩子的母亲免遭伤害，父亲的确是不可缺少的。后一个作用早已被国家取代了。一个丧父的孩子，大概不会比一个父亲健在的孩子易受伤害。至于父亲的经济作用，对有产阶级来说，父亲去世比父亲健在，其效果更佳，因为如果他没有为自己的生活费用而花光所有的钱的话，他会把财产留给他的孩子。在那些靠工资生活的人中间，父亲还是有经济功用的，但是就整个雇佣劳动者而言，这种功用正由于社会人道主义的观念而不断减少着，因为这种观念主张，孩子应当得到一定程度的照顾，即使他没有父亲方面的经济帮助。现在，最具有重要意义的父亲存在于中层阶级中，因为只要他活着并有丰厚的收入，他就能使他的孩子得到那费用昂贵的教育，而这种教育又将使他们保持住他们的社会地位和经济地位，反之，如果他去世，而孩子们还很幼小，这些孩子就很有可能失去他们的社会地位。然而，这种危险可以通过人寿保险的方式大大减少，因为通过这种方式，即使在自食其力的阶级中，一个有远见的父亲也可以大大减少他的功用。

在当代世界，绝大多数父亲都因忙于工作而不能常见到他们自己的孩子。早上，他们因急于上班而无暇与孩子们交谈；晚上，当他们回到家时，孩子们已经（或者应该）上床了。人们时常听到这样的说法，即孩子们心目中的父亲只是"一个前来过周末的人"。父亲很少能参加照看孩子的繁重工作，事实上，这种责任是由母亲和教育工作者分担的。毫无疑问，父亲对于自己的孩子常有一种很强烈的感情，尽管他很少有时间与他们相处。每逢星期天，在伦敦所有的贫民区中，人们都可以看到许多父亲和他们的孩子在一起，而且可以看到他们因能有这短暂的机会与孩子们相处而感到由衷的高兴。但是，无论父亲怎样想，从孩子的观点出发，这只是一种没有重要意义的游戏关系而已。

在上层社会和以职业为生的阶级中，人们的习惯是，当孩子还很小的时候就把孩子交给保姆，以后再把他们送去上学。母亲负责选择保姆，父亲负责挑选学校，这样他们就完整地保持了他们控制孩子的思想，而这是工人阶级的父母所做不到的。但是就密切交往而言，母亲和孩子之间的关系在大户人家通常不如在雇佣劳动者家密切。大户人家的父亲虽然在节假日与他们的孩子有游戏关系，但是他们对于孩子的实际教育并不比工人阶级的父亲多。当然，他们负有经济上的责任，而且能够决定孩子受教育的地点，但是他们与孩子的个人接触并不具有特别重要的意义。

当孩子进入青春期时，父母和孩子之间很容易发生冲突，因为后者认为他自己已经完全能够管理他自己的事情，而前者则依然充满父母所固有的担心，这种担心往往是爱好权力的伪装。做父母的通常都认为，孩子青春时代的各种道德问题是他们特权范围之内的事情。然而，他们所发表的意见往往是极武断的，以致青年人很少能接受，于是他们总是悄悄地按照自己的想法行事。因此，我们不能说，在这个时代大多数父母是非常有用的。

到此为止，我们所讨论的只是现代家庭的不足之处。现在我们该讨论家庭依然强有力的地方了。

今天，家庭所以重要，主要是因为它能使父母获得情感。父母的情感无论对于男人还是对于女人，恐怕都是最重要的东西，因为它最能影响人类的行为。有孩子的男女通常都是主要根据孩子来规划他们的生活，而且孩子最能使普通男女的行为在某些方面变得无私，其中人人寿保险恐怕要算是最明确、最显著的例子了。一百年以前在经济上负有责任的人，在教科书中是没有孩子的，尽管这种人在经济学家们的想象中无疑是有孩子的。然而，这种经济学家却想当然地认为，他们所假设的那种普遍的竞争，在父子之间是不存在的。人人寿保险的心理显然完全在经典政治经济学所说的动机之外。但是，这种政治经济从心理上说并不是自动的，因为一个人对于财产的欲望是与父母的感觉密切相关的。里夫斯甚至说，所有的私人财产都起源于家庭感。他指出，鸟类只是在孵卵的时候才有私产，而其他时间是没有的。我相信，大多数人都会证明，他们有孩子以后比有孩子以前要贪得多。这种结果，通俗点说，是属于本能的，这就是说，它是自动的，是从下意识中产生的。我认为，从这一点上来看，家庭对于人类的经济发展具有极其重要的意义，而且也是那些富人所以攒钱的主要因素。

对于这一点，父子之间常出现一种奇特的误会。一个在公司奋力工作的人会对他那个游手好闲的儿子说，他一生做苦工全是为了他的孩子。然而，那儿子宁愿现在就得到一张金额不大的支票和些微爱抚之情，也不愿待他父亲死了之后得到一大笔遗产。而且，那儿子还清楚地意识到，他父亲到城里上班，完全是由于习惯的支配，而不是出于爱子之心。因此，那儿子就断定他父亲是个骗子，正像那父亲认为他儿子是个不肖之子一样。然而，那儿子是不公正的。他只看见他父亲在中年时所形成的一切习惯，而没有看到那形成习惯的无形的和无意识的原因。那父亲在青年时代也许遭受过贫困的磨难，所以当他的头一个孩子呱呱落地时，他的本能使得他发誓说，他的孩子绝不能再遭受他所经历过的痛苦。这种决心是庄重而又富有生命力的，因此用不着有意识地再三重复，即使不再重复，这种决心也会永远支配父亲的行动。这就是家庭仍然具有极大力量的原因之一。

按照孩子的观念，那关于父母的重要事情，就是孩子可以从父母那里得到除了他的兄弟姐妹之外别人所得不到的爱抚。这一部分是善的，一部分是恶的。我打算在下一章里讨论家庭对于孩子心理上的影响。因此，关于这个问题，我现在只想再说一句：毫无疑问，父母的爱抚在孩子的性格形成中是非常重要的，不在父母身边长大的孩子必然与正常的孩子非常不同，且不管这不同是好是坏。

在贵族社会或是在任何容纳卓越人才的社会中，家庭对于某些重要人物来说，是与历史的延续性相连接的标志。调查表明，那些起名叫达尔文的人，在科学方面要比那些在婴孩时期把名字改为斯努克斯的人更有造就些。我认为，如果人们的姓根据于母系而不是根据于父系，这种做法的结果将和我们现在一样卓有成效。虽然我们根本不可能对遗传和环境的成分做出这样的划分，我仍然完全相信，家庭的传统在高尔顿和他的学生所说的那些遗传现象中起着极其重要的作用。我们也许可以以导致塞缪尔·巴特勒创立无意识记忆学说并推崇新拉马克派的遗传理论的因素作为家庭传统影响的例子。造成上述情况的因素是，由于家族上的一些原因，塞缪尔·巴特勒认定他必须反对查尔斯·达尔文。他的祖父（好像）和达尔文的祖父争论过，他的父亲也和达尔文的父亲争论过，所以他也必须和达尔文争论。萧伯纳所以撰写《麦修彻拉》，也正是因为达尔文和巴特勒都有一个性情古怪的祖父。

在当今普遍实行避孕的时代，家庭最大的意义也许在于它能保持生孩子的风俗习惯。如果一个人看不到孩子的用处，而且又没有机会和孩子发生密切的关系，他就会感到生孩子没什么必要。当然，如果我们把现有的经济制度稍微改变一下，家庭的成员也许只剩下母亲了，但是我现在所要讨论的并不是这种家庭，因为这种家庭与性道德毫无关系，所以与我们目前讨论有关的，只是那种能够造成稳固婚姻的家庭。也许——我认为这不是不可能的——除了大户人家之外（如果社会主义允许富人存在的话），父亲不久就会被完全取代。这样，妇女就可以和国家，而不是和父亲，共同哺养孩子了。她们想要多少孩子就可以要多少孩子，而且父亲也不必负责任了。的确，如果母亲乱交成性，父亲的身份就会很难确定。但是，如果真的出现这种情况，它必然会使人们的心理和活动产生深刻的变化，其深刻程度，我认为，将远远超出大多数人的想象。至于这种影响对于人类有益无益，我不敢妄加评说。它将从人们的生活中消除那种与性爱同样重要的唯一情感。它将使性爱本身变得更加微不足道。它将使人们对于自己死后的事情更难发生兴趣。它就减少人类的活动，也许还会使人们提前退休。它将消除人们对于历史的兴趣以及对于历史传统的延续感。同时，它还将消除文明人所特有的那种极凶残、极野蛮的狂热，即在保护妻子儿女不受有色人种攻击时所具有的那种热情。我认为，它还会使人们减少对于战争的兴趣，也许还会使他们变得不那么贪婪。把好的影响和坏的影响作一番结算怕是不可能的，但影响的深刻性和广泛性则是不容置疑的。因此，父权家庭还是重要的，尽管谁也说不准它将维持多久。

（选自《婚姻革命》，靳建国译）

离婚

[英] 罗素

【编者按：在这篇中，作者认为离婚并不是解决婚姻问题的好方法。作者还提出了一个惊人的观点，即将婚姻与纯粹的性关系分离，这意味着人们要容忍通奸——如果我们需要稳定的婚姻的话。纵观百年，这个世界所正在发生的一切，作者的预见力可谓惊人。】

　　由于某些原因，在大多数时代和国家，离婚制度已为人们所普遍承认。离婚的目的并不是要取代一夫一妻的家庭，而只是想减少痛苦，因为有些人由于一些特殊的原因已经无法忍受婚姻的继续。有关这个问题的法律，在各个时代和各个地区是极为不同的。当今时代，甚至在美国本土之内，离婚法也是有别的：在南卡罗来纳不准离婚，而在内华达则离婚极易。[①] 在许多非基督教的文明国家中，丈夫极易获准离婚，在一些国家，妻子也不难获准离婚。摩西的法律允许丈夫提交离婚申请；中国的法律也允许离婚，条件是妻子的嫁妆如数奉还。天主教视婚姻为圣礼，无论何种原因也不准离婚，但实际上，如果确有许多证据表明婚姻无效，这事情还是可以通融的，尤其是涉及大人物的时候。我们也许还

_____

① 在内华达，以下情况均可作为离婚的依据：执意分居，犯有重罪或丧失廉耻罪、长期酗酒、自结婚之日至离婚之时始终阳痿、极端虐待、一年不提供生活费、精神病达两年以上。见《文明中的性》，V. F. 卡尔弗顿和 S. D. 施马尔豪森编，1929 年，第 224 页。

记得马尔巴勒公爵和公爵夫人一案。他们要求宣判他们的婚姻无效，因为公爵夫人是被迫成婚的。这理由被认定成立，虽然他们已同居多年，而且有了孩子。

在各基督教国家，对离婚的宽大程度是与人们信奉新教的程度成正比的。大家知道，米尔顿曾撰文赞成离婚，因为他是新教的忠实信徒。过去，当英国教会认为自己属于新教时，它曾承认因通奸而离婚，虽然其他原因不在考虑之列。现在，英国教会的绝大多数教士都是反对离婚的。斯堪的纳维亚拥有非常宽松的离婚法。美国大多数新教地区也是如此。苏格兰比英国更赞成离婚。在法国，反教权主义拥护离婚自由。在苏联，只要一方提出离婚，即可获得批准，但是由于通奸或私生在苏联不受社会或法律惩罚，所以那里的婚姻也就失去了它在其他地方所具有的那种重要性，至少这适用于统治阶层。

关于离婚，那最奇怪的现象之一，就是法律和习俗往往是两回事。最宽松的离婚法绝不是总能产生最多的离婚事件。在革命前的中国，人们几乎不知道离婚为何物，因为虽有儒家之先例，离婚仍被视为是一件极不体面的事。在瑞士，经双方同意即可离婚，而在美国这不能作为离婚的依据。但是，我所了解的数字表明，1922 年，每 1 万人中离婚的数量，在瑞士为 24 起，在美国则为 136 起。我认为，法律和习俗之间的这种差别是很重要的，因为我虽然主张对离婚一事应有宽松的法律，但只要父母双全的家庭仍被视为是标准模式，习俗就会成为反对离婚的强大因素，只有极个别的情形例外。我所以持有这种观点，是因为我不光把婚姻看成是性的结合，而且首先把它看成是生育和抚养孩子的一种合作。正如我们在前几章所看到的，由于各种因素，首先是经济因素的作用，我们通常所说的婚姻是会破裂的，但是如果婚姻会破裂，离婚也会遭到破坏，因为离婚是因婚姻存在而有的一种制度，离婚是婚姻的安全阀。因此，我们现在所进行的讨论，应当完全局限于人们所公认的父母双全家庭的框架之内。

总的说来，新教和天主教对于离婚的看法，都是根据神学对于罪的观点，而不是根据家庭的生物目的。既然天主教徒认为，按照上帝的意图，婚姻是不可解除的，他们自然会主张，一旦两个人结了婚，无论哪一方，只要对方还活着，就不可能与第三者有圣洁的性关系，不管他们的婚姻会是怎样一种情况。新教教徒虽然赞成离婚，但他们所以这样做，一方面是由于他们反对天主教关于圣礼的说教，另一方面则是由于他们断定，不可解除的婚姻将会导致通奸，而且他们还确信，较为自由的离婚可以减少消灭通奸现象的困难。因此，我们可以看到，在婚姻容易解除的新教国家，通奸被视为大逆不道，而在那些不允许离婚的国家里，通奸虽说也被视为犯罪，但总有点默许的意思，至少对男人如此。在离婚极其困难的沙皇时代的俄国，高尔基从未因他的私人生活遭到非议，且不管人们认为他的政治见解如何。在美国则相反，虽然没有一个人指责他的政治主张，他却因道德问题遭到驱逐，而且没有一家旅馆愿意供他夜宿。

根据理性，新教和天主教在这个问题上的观点都是不能拥护的。首先让我们以天主教的观点为例。假如结婚之后，丈夫或妻子成了精神病，那么这样的家庭就不能生孩子了，而且那些已经出生的孩子也不能与精神病患者接触。因此，从孩子的利益出发，即使有精神病的一方还有神志清醒的时候，父母的彻底分离仍是必要的。但是，假如我们规定，在这种情况下，那精神正常的一方也不能有法律所承认的性关系，这是一种荒唐的残酷行为，是与社会的意愿背道而驰的。那精神正常的一方需要作出困难的抉择。他或她是应当继续那种法律和社会道德所希望的婚姻，还是应当有不生孩子的秘密的性关系，或是应当进行所谓不管有否孩子的公开的犯罪生活？对于以上几种方式，我们都有充分的反对理由。完全避免性，尤其对于一个在婚姻中已经有了性习惯的人，是非常痛苦的。这往往导致男女过早地衰老。这很可能会引起神经错乱，而且在任何情况下，这种情形所包含的挣扎将产生令人不快的、充满嫉妒的和暴躁的性格。对男人来说，主要危险在于他的自制力会突然丧失，使他变得残暴起来，因为如果他真的相信婚姻以外的一切性交都是罪恶的，他很可能会由于他寻求婚外性交的欲望，产生一不做、二不休的感觉，以致视一切道德约束于不顾。

第二种方式，即不生孩子的秘密的性关系，是我们现在所谈到的在实践中最为广泛采用的一种方式。对此，我们也是有充分的反对理由的。一切见不得人的事都是不好的，而且既无孩子又无共同生活的性关系是不会产生良好效果的。另外，如果男女双方都是年富力强且生机勃勃的，按照社会的利益，我们不应说："你们不能再生孩子了。"事实上，如果法律规定说："你不能再要孩子，除非你选择一个有精神病的人做孩子的父亲或母亲。"那么，这与社会利益更为不符。

第三种方式，即"公开的犯罪生活"，是对个人和社会危害最小的一种方式，但是由于一些经济上的原因，这种方式在大多数情况下是行不通的。一个企图过公开犯罪生活的医生或律师，会失去他的病人或顾客；一个在教育部门工作的人会立刻失掉他的职业。[①] 即使经济状况使这种公开犯罪生活成为可能，大多数人仍会受到社会影响的制约。男人希望与俱乐部有联系，女人则希望受人尊敬，而且常有别的女人拜访。失去这些乐趣显然是一件非常痛苦的事情。因此，公开的犯罪生活是很难实现的，除非他是富翁、艺术家、作家，以及其他拥有能使他随意生活的职业的人。

由此可见，在那些不允许因精神不正常而离婚的国家，例如英国，那些有患精神病的妻子或丈夫的人就落入了难以忍受的境地。其实，除了神学的迷信之外，我们没有任何根据去拥护这种情形。这不但适用于精神病，而且也适用于花柳病、习惯性犯罪和习惯性酗酒。从各个角度来看，所有这些都会给婚姻带来危害。它们使伴侣生活成为一句空话，使生育成为一件不应有的事，使孩子和犯罪的父母得到不应有的接触。因此，在这种情况下，反对离婚的理由只能是：婚姻是一个圈套，我们要用这个圈套把那些上当者骗入炼狱，让他们经受痛苦的煎熬。

---

① 除非他碰巧在一所历史悠久的大学任教，而且与一位当阁员的人物关系密切。

　　当然，真正的遗弃应当成为离婚的理由，因为在这种情况下，法律只是把已有的事实，即婚姻已经破裂的事实，追认一下罢了。然而，从法律的观点出发，这种做法会带来一个非常棘手的问题，因为如果遗弃可以作为离婚的理由，那就会引起连锁反应，使遗弃现象变得普遍得多。至于其他各种能够自行生效的原因，也都是同样的问题。许多已婚男女渴望离婚的心情极为迫切，以致他们去主动创造法律所承认的一切离婚条件。过去在英国，如果一个人想离婚，他必须有虐待和通奸的行为，所以常发生这样的事情，丈夫和妻子预先约定在用人面前殴打妻子，以作为虐待的依据。对于两个迫切希望离婚的人，是否应当通过法律的压力，使他们忍受伴侣生活的痛苦，我们姑且不论。但是，我们必须坦率地承认，无论离婚的理由如何规定，许多人还是会故意照着去做，以得到这些理由。然而，我们现在还是抛开这些法律问题不谈，继续讨论为什么婚姻的勉强持续是不应该的。

　　我认为，通奸本身不应作为离婚的依据。除了那些受教权停止命令和强烈的道德自责心约束的人以外，其他人都不可能在一生中对于通奸从不产生强烈的冲动。但是这种冲动绝不意味着婚姻再不能有它的功用了。即使有了这种冲动，夫妇之间仍会具有热烈的爱情，而且双方仍会希望婚姻能够继续。例如，一个出差数月的男人，如果他的身体机能是健全的，他必定很难始终压制住他的性欲，尽管他可能很爱他的妻子。这同样适用于他的妻子，如果她对传统道德的正确性有所怀疑的话。这种情况下的不忠行为不应成为日后幸福生活的障碍，事实上，它也不会成为日后幸福生活的障碍，因为夫妇俩都会认为他们没有必要沉浸在嫉妒的喜剧式的酒神节中。我们也许可以进一步说，每对夫妇都应当有这种暂时的兴致，因为只要那种潜在的爱仍然存在，这种兴致总是会产生的。传统道德歪曲了通奸的心理，它认为，在实行一夫一妻制的国家中，若对一个人有了爱情，那就不可能同时再对另一个人有真正的爱情了。所有的人都知道这不是事实，但是由于妒忌的影响，所有的人又都根据这一伪理论，把蚂蚁说成大象。因此，通奸并不能构成离婚的充分根据，除非人们在通奸的时候，真的认为第三者比自己的丈夫或妻子好。

我说这番话当然指的不是那种导致生孩子的通奸式的性交。一旦牵涉私生子，问题就变得复杂多了。如果孩子是妻子生的，事情就更复杂了，因为在这种情况下，假如婚姻仍在继续，丈夫不但要抚养自己的孩子，也要抚养别的男人的孩子，而且还要把别的男人的孩子当成自己的（如果丑闻能遮掩住的话）。这是违反婚姻的生物根据的，而且会带来几乎无法忍受的本能上的痛苦。因此，在避孕法产生以前的时代，通奸也许确实是一件值得重视的事情，但是避孕法的产生已经使得我们很容易把性交和生男育女的伴侣生活区别开来。因此，通奸现在已经不是一件大不了的事情，我们应当转变我们的传统观念。

合理的离婚理由有两类。第一类是由于某一方有问题，如精神病、酗酒和犯罪行为。第二类是根据丈夫和妻子的关系。理由可能是：双方虽然从不争吵，但无法和睦生活；双方均从事重要工作，而且这工作要求双方必须分居两地；其中一方虽然不讨厌另一方，但对第三者一往情深，以致感到婚姻是一种无法忍受的约束。在这种情况下，如果法律不能给予帮助，仇恨无疑会接踵而来。的确，正如大家所知道的那样，这种状况很可能会导致谋杀。如果婚姻破裂是由于双方合不来或某一方对第三者怀有极为深切的爱慕之情，法律不应作出否定的判决。因此，双方自愿是最好的离婚理由。只有当婚姻破裂是由于某一方具有确凿无疑的重大问题时，才可不要求征得双方的同意。

制定离婚法是一种极为困难的事情，因为无论法律如何规定，法官和审判员还是要为他们的情感所支配，丈夫和妻子也会极力歪曲立法人的本意。按照英国的法律，虽然夫妇之间的协议并不能作为离婚的依据，但众所周知，事实上，夫妇之间是常有这种协议的。在纽约，人们往往走得更远，他们会雇用伪证人，以作为可依法处罚的通奸的凭据。从理论上说，虐待完全可以作为离婚的充分根据，但是对虐待的解释可以达到荒诞无稽的程度。一位最有名的男影星因虐待而被判处离婚，他妻子提出了许多虐待的证据，其中一条是，他经常把那些谈论康德的朋友带到家里来。我很难相信加利福尼亚的立法者们会因为某位妻子的丈夫时常当着她的面谈论知识，而同意这位妻子离开她的丈夫。避免出现这类混乱、欺骗和荒诞现象的唯一途径是，在任何情况下，如果没有那种显而易见的理由，如精神病，来证实一方的离婚要求，离婚必须求得双方的同意。这样，双方就会在法庭之外解决一切经济问题，而且双方也都没有必要雇用精明之人，去证实对方的不法行为。应当补充的一点是，当不能性交导致没有生育的婚姻时，我们应当同意解约。这就是说，如果没有孩子的夫妇希望离婚，而且持有关于妻子不能怀孕的医生证明，他们便可以离婚。孩子是婚姻的目的，把人们束缚在一种没有生育的婚姻中，是一种残酷的欺骗行为。

上面所说的都是有关离婚法的事情，风俗则是另外一个问题。正如我们已经看到的那样，法律虽然能使离婚成为一件非常容易的事情，风俗却可以使离婚率大为降低。离婚在美国所以极为普遍，我认为，一部分是由于美国人在婚姻中所寻求的并不是他们所应当寻求的东西，另一部分则是由于通奸得不到宽容的缘故。双方都应当把婚姻看成是一种至少在他们的孩子幼小时必须持续的伴侣生活，而不应当把婚姻当成暂时的私通。如果社会舆论或当事人的良心能够谴责这种私通，我们就可以得到美满的婚姻。这种视婚姻为私通的做法很容易彻底毁灭父母双全的家庭，因为如果一个女人每隔两年换一个丈夫，并从每个丈夫那里得到一个孩子，那些孩子就会失去他们的父亲，婚姻也就因此而失掉了它的意义。我们又想起了圣保罗的观点。在美国，正如《新约·哥林多前书》中所说的那样，婚姻被视为私通的替换形式，所以当一个人得不到离婚就会去私通时，那他就必须离婚。

如果完全根据孩子的利益来看待婚姻，我们就会得出一种截然不同的道德观。凡是疼爱孩子的父母都应当约束自己的言谈举止，以使他们的孩子获得幸福和健康成长的最好机会。有时这需要父母具有极大的自我克制力，而且无疑要求父母认识到孩子的权利远在他们自己的浪漫感情之上。其实，如果父母的感情是真实的，而且虚伪的道德不会燃起妒忌的烈火，这一切都是会自然而然产生的。有些人说，如果夫妻不再彼此热烈相爱，如果他们不防止对方会有婚姻以外的性经历，他们就不能在教育孩子的问题上通力合作。因此，沃尔特·李普曼先生说："没有爱情的伴侣，在生儿育女一事上，是不会像伯特兰·罗素先生所要求的那样真诚合作的，因为他们总是心不在焉，而最为糟糕的是，他们认为夫妻关系只是一种责任而已。"在这里，有一点也许是偶然的微小纰漏。没有爱情的伴侣在生儿育女一事上当然不会通力合作，但是在孩子出生以后，他们是不会像沃尔特·李普曼先生所说的那样失去父母的养育的。对于那些具有自然情感的理智之士来说，即使在他们热烈的爱情衰落之后，生儿育女一事上的合作也绝不是一项超人的事情。关于这一点，我能举出大量我所熟知的事实加以证明。至于说这些父母"认为夫妻关系只是一种责任而已"，那是因为他并不了解父母的爱情——只要这种爱情是真挚而热烈的，那么在肉体的欲望衰落很久之后，它还是要保持夫妻间那种牢不可破的联系的。李普曼先生大概从未听说过法国的情形，因为法国家庭非常稳固，父母也是十分尽职的，尽管他们在通奸一事上享有特殊的自由。美国人的家庭感是极为淡薄的，那里的离婚率非常之高，正是这个缘故。如果家庭感很浓厚，离婚率就会很低，即使在法律方面离婚是很容易的。美国目前存在的轻易离婚现象，应当看成是从父母双全家庭向纯粹母性家庭过渡的一个阶段。然而，这是一个会给孩子带来极大痛苦的阶段，因为在现在的世界上，孩子们都希望既有母亲又有父亲，而且在父母离婚之前，孩子可能与父亲已经有了相当深的感情。只要父母双全的家庭仍被公认为是一种标准模式，离婚的父母，因重大原因离婚的除外，在我看来，实属没有尽到父母的责任。我认为，从法律上对已婚男女进行强制，很可能于事无补。照我看来，真正需要的是：第一，给双方一定程度的自由，使婚姻变得更为人们所接受；第二，认识到孩子的重要性，因为圣保罗和浪漫主义运动已把人们的注意力引到了性上。

　　我们的结论似乎应当是，虽然离婚在许多国家，其中包括英国，是一件过于困难的事，但轻易地离婚也不是解决婚姻问题的真正途径。如果婚姻将继续下去，那么为了孩子的利益，稳固的婚姻是很重要的，但得到稳固婚姻的最好途径是，把婚姻和单纯的性关系区别开来，注重夫妻之爱的生理方面，而不是浪漫方面。我不敢断言婚姻可以摆脱法律上的义务。按照我所建议的制度，人们无疑可以摆脱夫妻间性忠实的义务，但他们还是应当有控制妒忌的责任。美满的生活离不开自我约束，但是与其约束那丰富而广博的爱情，倒不如约束那狭窄而充满敌意的妒忌之心。传统道德的错误并不在于它要求自我约束，而在于它没有要求到点上。

（选自《婚姻革命》，靳建国译）

第二十讲　传统婚姻中的夫唱妇随与御夫术

[法]波伏娃

西蒙·德·波伏娃（Simone de Beauvoir, 1908—1986），又译做西蒙·波娃。法国著名存在主义作家、思想家、女权运动的创始人之一。出生于巴黎，毕业于巴黎高等师范学院，1929 年通过考试，和萨特同时获得哲学教师资格，并从此成为萨特的终身伴侣。

波伏娃最重要的作品《第二性》，被认为是女权运动的"圣经"，也是 20 世纪人类最重要的思想作品之一。

传统婚姻中的夫唱妇随与御夫术

[法] 波伏娃

【编者按：波伏娃从浩瀚的史料中整理出来一条线索——女人，尤其是婚姻中的女人在历史上是如何被压迫，被男权社会所束缚和弱势化的，实际上这是一部女性受压迫简史（本文未全选）。阅读这惊心动魄的历史，对于理解或者说建设新的健康的婚姻模式当有裨益。本选文中，作者着力分析传统婚姻中夫妻双方的权力关系。】

婚姻对男人往往也是个大危机，有些人的神经不正常，起始于他的订婚期或初婚的日子。他和家人的关系，不像他的姐妹那样密切，但年轻时，他有自己的兄弟会——高中的、大学的、工作的、各种小组、党派等——使他不觉寂寞。这些，在他开始了真正的成人生活时，他抛弃了，他往往以结婚来逃避孤独。一般人错把夫妻两人看成一个"伉俪社会"（conjungal society），他也往往受到这种蒙骗。其实，两口儿除了片刻的欢愉之外，不可能构成一个可以遗世独立的团体，这在他们婚后第二天便已明白了的。不久之后，妻子日常的亲近与和顺，不再能遮盖他的孤立状态；她是一个负荷，不是逃避之途；她不但未减轻他的负担，反而增加他的负担。性别的相异，加上年龄、教育和环境的不同，使彼此不能真正互相了解；两人虽亲热，其实是陌生的。婚前，他们两人之间即存在着一个不可测量的深渊；女孩子在无知与天真中被养大，她没有不可告人的"过去"，而她的未婚夫则曾"生活"过；他应引导她认识生活的各面真相。有些男人乐于担当这个细腻的角色；有些有远见的，便不安地打量着他和未来伴侣之间的距离。在《无邪的年岁》（*The Age of Innocence*）里，华顿（Edith Wharton）夫人记载 1870 年一位美国青年面对着未婚妻而起的不安。

　　　　他怀着敬畏之心，望着少女那坦然的前额，认真的眼睛和天真活泼的双唇，她的灵魂从此将由他来监护。他的社会和他所信赖的社会制度，制造出来这个可怕的产物——一个什么事都不懂却期望一切的女孩子，她像陌生人似的回头望着他。……既然他是一个"好"女婿，他有隐瞒他那不可告人的过去的责任，而她是一位端庄的淑女，没有不可告人的过去可隐瞒，那么，他和她怎么能真正互相认识呢？女孩子是这种神秘而繁缛的婚姻制度的中心，她的坦然和自信，使他觉得深不可测。可怜的人儿，她是那么坦然，因为她无可隐瞒；那么自信，因为她无须卫护；而在如此毫无准备之中，她却要在一个晚上投身于人们拐弯抹角地称之为"生活真相"里。……但当他和她亲热了片刻之后，他很丧气地发觉，原来她的坦然和天真，只是人工的产品？……人为的纯洁，是通过母亲、姑娘、祖母和已逝去的女祖先们的共谋，狡猾地制造出来的。因为她们以为那种雪人般的纯洁是他所要求的，是他有权享有的，也要让他在击碎它时，享受做主爷的快乐。

今天，新婚夫妻之间的隔阂没有这么深邃，因为年轻女子不再那么虚伪，她知道得多些，较能应付新生活。然而她往往仍比丈夫年轻些。这一些从未被充分强调过；成熟程度上的差别，时常被误认为是男女性格的不同，许多妻子幼稚无知，并非因她是女人，而是因她实在还很年轻。丈夫和他的朋友都冷静而老成，使她觉得闷气。托尔斯泰的妻子苏菲（Sophie）婚后一年如此写道：

　　他老迈而沉着，我呢，我觉得这般年轻，如醉如狂！我不想上床，我想疯狂地跳舞，但是和谁跳呢？

　　一种衰老的气氛笼罩着我，四周围的人都老气横秋。我强迫自己压抑盎然的生气，那似乎与这僵直的环境不相称的青春气息。

　　在丈夫的眼里，妻子只是个"婴儿"，她不是他所期望的伴侣，他让她知道他这个感觉，使她觉得受辱一般。离开娘家后，她自然很高兴有一个新的向导者，但她仍旧希望被看成"大人"；她虽还想当个小孩，但也希望成为女人；一个比她年纪大的丈夫，永远也不会以恰到好处的态度对待她。

　　即使年龄的差别不大，男女也在不同的环境里被养大；女孩从小就被灌输女德女行，男孩则被训练如何做一个大丈夫。要他们彼此了解是很困难的，冲突的产生也是免不了的。

　　正常的婚姻是"夫唱妇随"，妻子附属于丈夫，因此女方对两人之间的问题感到格外尖锐。婚姻的矛盾，就在于同时要有性爱和社会服务双重作用。在少妇眼中，丈夫是具有男性气概的半神，他取代了她父亲的地位；他是她的保护者和扶养者，是她的教师、向导。妻子的生存是在丈夫的影响里展开的；他是社会价值的监护者、真理的主持人、夫妻人伦的拥护者。另一方面，他又是那个要与她一起干那羞人的、怪诞的和令人憎恶的勾当的男人；他邀请妻子陪他共溺于肉欲之中，同时又坚决地领导她迈向理想。毛里亚克（Mauriac）的《娣黑丝·德葛芙》*Thérese des gueyroux*）中有这么一段，正阐明这一点：

　　一个晚上，伯纳在巴黎一家戏院里看到一幕大胆而惊人的表演，当场起立走出戏院。"成何体统！想想看，被外国人看了成什么话，他们会拿这种事来评断我们的。"娣黑丝惊异地发现，这个道貌岸然的君子，不过是待一会儿就要和她在床上缠绵的人。

　　男人是恩师和淫神的合身。有时他兼有父亲和爱人双重身份，性行为便成为神圣的欢宴，可爱的妻子在驯服之中获得了超度。这种爱的热情，在婚姻生活中是罕有的。有时，妻子很纯洁地爱着丈夫，却不愿将身体投入她所敬爱的人怀抱里。史德克（Stekle）的报告中，叙述一个少妇嫁给一位她所崇拜的伟大艺术家，却完全不能和他履行夫妇之道。反之，她若和他尽情欢乐，她觉得他也具有普通人的劣根性，对他的估价和尊敬便要大打折扣。此外，妻子受到肉体摧残后，也许会永远将丈夫贬低为禽兽，怀恨他的身体，也就蔑视他的人格；反过来，轻蔑、反感、怀恨也会使女方成为性冷淡。但一般的情形是，在性经验之后，丈夫仍保持受尊敬的优越地位，他那动物性的弱点是可以原谅的，举一例，雨果的妻子爱黛儿（Adile），似乎便属这类。不然，丈夫也可能仅仅是一个没有特权但愉快的伴侣，被爱也被唾弃。凯瑟琳·曼丝菲（Katherine Mansfield）在她的短篇小说《前奏曲》（*Prelude*）中，描写了夫妻之间的这种暧昧：

　　　　她真是喜欢他；她十分爱他、景仰他、尊敬他，比世界上任何人都深刻啊！她了解他非常透彻。他是个真诚而规矩的人，他虽有处世经验，却很单纯、爽直。

　　　　只要他不那么样地蹦到她身上来，对她那么样地大声咆哮，用那么饥渴而热烈的眼睛盯住她，该多好啊。他太强烈了，她从小就顶恨粗暴。有时，他可怕极了——真是可怕极了。她差不多要撕破嗓子尖叫："你会把我弄死。"在那时刻，她总想说些最粗鄙、最愤恨的话……是的，不错……她那么爱他、尊敬他、景仰他，却仍怀恨他……她从来没有像这一刻看得这么清楚。这是她对他的一切感觉，尖锐而分明，爱和恨两者都这般真实。她可以把这两种感觉，分别捆在包裹里给他寄送去。她急盼将这第二个包裹——恨——交给他，给他一个意外的惊奇。她可以看到他打开它时，两眼的表情。

年轻的妻子极少如此诚恳地对自己承认自己的感觉。爱丈夫和快乐是女子对自己以及对社会的责任，是娘家对她的期望；若婚前父母曾反对她的婚事，那么这也是向他们表示他们是错误的一种方法。通常在结婚之初，她对婚姻生活不具信心，她必须随时说服自己她是极爱丈夫的，妻子在性生活上愈得不到满足，她的热情也愈容易演变成疯狂、霸道和善妒。为了补偿她最初连自己都不肯承认的失望，她永远渴望丈夫守在她身边。史德克曾举出许多这种不健全的亲密关系的例子；从苏菲·托尔斯泰的日记里，我们也可以看出，她为了补偿对丈夫缺乏真诚的爱，做了许多徒劳的努力，包括对丈夫精神上的褒扬，以及向丈夫作热烈而妒忌的要求。

妻子时常以道德、虚伪、骄傲或胆怯来维持她伪装的爱。少妇多多少少想尽办法避免丈夫的控制。过了蜜月以及随后的沉醉时期，妻子便开始努力地去恢复她的独立人格，这是一件不容易办到的事。丈夫往往比她年长，有男性权威，在法律上是"一家之主"，在伦范与社会上皆占优越地位。他往往，或至少表面上看起来，在知识上也比她优秀。他受过比较优越的文化熏陶或职业训练；从少年开始，他即对世界大事感兴趣——世界大事是他的大事——他晓得一些法律，他随时注意政治动态，他是某一个党、某一个会或某些社会组织的一分子；他是一个生产者或公民，他的思想配合着他的行动。他认识严酷的现实：那就是，一般男人均具备论理的技术，对现实和经验均能感受，并且能应付危急。

这便是大多数年轻女子所缺乏的。她们即使读过书，上过课，听过讲，游戏般地追逐过她们的成就，那点琐碎的知识也不能对文化有所贡献，并非因她的智力有缺陷，使她们不能适当地讲理，而是因为她们没有严格讲理的经验；对她们，思想是趣味，而非工具；甚至她们之中若干有才华、有灵性、有诚心的，也不能陈述她们的观点，归纳成结论，因为她们缺乏知识的技术。这便是为什么，她们的丈夫，即使比较平庸一点，也能轻易地支配她们，错的时候，也能证明他们是对的。在男人的手里，逻辑往往是暴力，是狡猾的虐政：丈夫若是比太太年龄大些，教育程度高些，他便倚仗着这个优势，当他不同意的时候，对她的意见不予以重视；他不厌其烦地向她证明他是对的。她呢？则固执地拒绝在丈夫的议论中看出什么道理；他硬是固执己见。两人之间于是产生深的误会。他一点儿也不设法去了解她所不善于表达的感觉和反应，虽然这些感觉和反应在她的心里是根深蒂固的。她未能把握丈夫向她倾泻的迂腐的逻辑背后所含的真义。她无可依仗，只好一声不响，或哭泣、或发疯，最后朝他身上扔东西。

有时候妻子会想继续争辩，但通常她往往大方地或丑态毕露地放弃了。易卜生的《玩偶之家》里的娜拉，迫使丈夫为她着想——至少这一次。她对丈夫说："你依照你的趣味安排生活上的一切——我的趣味得和你的一样，否则，也要假装同你的一样——我搞不清是前者是后者——也许两者都是——有时是前者，有时是后者吧。"也许是由于胆小、笨拙或懒惰，妻子可能让丈夫决定大大小小的事。一位聪明、教育良好并且有独立个性的妇人，在听从了丈夫十五年后，告诉我说，她在丈夫去世之后，每当必须对自己的行为举止作决定时，她感到十分烦恼，她仍旧按照他可能选择的方向，去决定每一件事。

丈夫大都对这一个导师和向导的角色引以为乐。娜拉的丈夫向她保证道："只要靠着我——听我的话，让我来指导你！你这种女性的无助，若没有使你在我的心目中增加吸引力，那我真不算是个大丈夫了……我有宽阔的翅膀卫护着你。"丈夫在外和同事并肩奋斗，在上司面前低声下气，如此一天辛苦下来，晚上回到家里，他喜欢觉得自己是个优越的施主。他提起白天的事情，解释他与对方的争论，他是如何的对，而很快乐地发现妻子也支持他，增加他的自信心，他批评报纸和政治新闻，他有意地高声朗诵，使她不能独立地去接触文化。为了增长他的权威，他夸大女性的无能，她则以或多或少的温柔，来接受这个附庸的角色。如果丈夫离开家一段时候，让妻子去自食其力、独挑大梁，她也许会真心地思念丈夫，但往往更惊喜地发现，她自己也有能力主持一切，养儿育女，作各种决定，无须丈夫帮忙也可过日子。所以，当丈夫回来时，她反因自己又要成为不能干的人而不开心了。

婚姻制度鼓励男人成为任性的帝国主义者：统治权是一般人最抵挡不住的诱惑；孩子屈服于母亲，妻子顺从于丈夫，等于在促进世界暴政。丈夫往往觉得受拥护、被崇拜、担任教师与向导，意犹未尽，还要发号施令，要摆老爷架子。在儿童和少年时代积聚的一切怨愤，在日常生活中从其他男人那儿所受的委屈和伤害——都在家里对妻子作威作福中发泄了。他专横、他独断；他以严厉的声调发布命令，他咆哮、拍桌子；这个闹剧对他的妻子是家常便饭。他对自己拥有的权利是这样坚定，妻子若有丝毫独立的征象，他便以为她要造反了；没有得到他的同意，她连呼吸都要被阻止。

妻子也的确会造反。即使刚开始时她被男性的声威所吸引，这种着迷不久也就蒸发掉了。孩子有一天觉察父亲的言行不一致，太太不久发现她面前的不是一位高尚的君主，而只是一个普通的人；她看不出有何理由她必须屈从他；在她看来，他似乎只不过代表不愉快和不公平的负担而已。她有时会端出受虐待狂的态度，以顺从他为快乐：她扮演一个牺牲者的角色，她忍从只是一种漫长而沉默的抗议；但她也可能与他公开对抗，坚决要反过来暴虐他。

只有幼稚的丈夫才以为他可以轻易地驯服妻子，把她"改造"成他要的样子，"妻子是丈夫塑造出来的"，巴尔扎克这么写道，但在两三页之后，他又说了相反的话。在抽象和推理的领域里，妻子往往听从丈夫的权威，但是一碰到她真正在乎的事情，她会倔犟地反抗丈夫。童年和少年时代对女子的影响比对男孩子要深刻得多，因为女子比较被局限在她个人历史的境界里。通常她绝不放弃早年所获得的知识。丈夫也许可以强迫她接受他的政治观点，但绝不可能改变她的宗教信仰或动摇她的迷信。

尽管她吸收了新见解，尽管她有像鹦鹉一样学着叫的原则，她仍保持着自己对事物的特殊看法。这里，固执使她不能了解才智比她高超的丈夫；或者相反，把她提高到超出了男性愚蠢的尊严所可忍耐的地步，如司汤达、易卜生和萧伯纳的女主角们的境遇。有时她为了要和丈夫作对——不论是由于他在性爱方面使她失望，或者相反，她要报复他的作威作福——她故意墨守和他不同的价值观念；为了超胜他，她倚仗母亲、父亲、兄弟或其他认为比丈夫"优秀"的男人的权威，或者倚仗牧师或姊妹。或者，她不提出反对的意见，而拼命地去设法顶撞他、打击他、伤害他，非要使他有自卑感不可。倘若她有货可恃，当然乐于在丈夫面前炫耀，强迫他接受她的判断、她的意见和她的命令，她会担当起一切道德的权威来。

如果她觉得不可能和丈夫作智力竞赛，那么她会想办法在性爱时施以报复，她以拒绝拥抱来敲诈他，以冷感来侮辱他；或者，以刁钻及妖冶的行为，令丈夫向她乞求恩赐；她以卖弄风骚来令他吃醋，以种种方法欺骗他，使他觉得做男人的可耻。假若她不敢做得太过分，那么她会把自己的性冷感，很骄傲地怀在心里头；她往往把这秘密写在日记里，但她多半把这秘密偷偷地告诉朋友。许多已婚妇女互相奔告假造性爱的"技巧"。她们残酷地嘲笑她们的笨伯们太憨直。这种心语的交换，往往代表更多的作伪，因为自然的冷感和故意的冷感之间的界线是模糊不清的。不论如何，她们自以为缺乏性的感觉，并以此来满足她们的怨怼。

有些女人像只母老虎，她们希望日里夜里都占上风：她们做爱时冷冰冰的，说话时指桑骂槐，行为举止暴虐无道。根据鲁汉（Mabel Dodge Luhan）的记载，劳伦斯的妻子弗莱黛（Frieda），便是这一类型的女人。她既不能否认丈夫的才华比她高，便坚持要他接受她的世界观，而她的世界观不过是性爱至上而已。"谁晓得呢……他一切全靠我。他的书大部分是由我替他写的。"她宣扬道。她觉得她必须不断地证明她对他的重要性，而且永远不让他们的婚姻归于平淡。她时时投入一颗新炸弹，因此他们的婚姻生活发生一连串的风波，双方都不肯让步。其他女人或许也有相似的"御夫"欲，不断地藐视丈夫的外貌、能力和赚钱的本领，或者以收入的钞票来估价丈夫的工作。这些都是她们用来否定男性卓越性的战略。男人总以为女人朝思暮想去阉割他们，其实女人的态度是相当矛盾的：她们渴望去侮辱男性，而并不要去阉割他们。更确切地说，她们想剥夺他们的事业和他们的前途。她最得意的丈夫和小孩疲倦了或生病了，那时他们缩减到只剩肉体，不过是许多东西之中的一样而已，像壶、罐、锅、钵之类需要她有效率地处置。病夫身上那只沉重的血肉之手，是为了让他觉得，他也不过是个血肉之躯而已。

女人要的是一个被动的肉体，而不是一个主动的人。她要的是仅仅生活下去；她反对精神之物，要求肉体之物，她相信"男人的一切苦恼，来自他的不安于室"；她会很高兴地把他关在家里。一切不直接对家庭有益的活动，她都视之如仇，贝尔纳·帕利西①的妻子对于丈夫把家里的家具当燃料去发明一种新的釉质这件事，十分不满，她认为未发明这种釉质之前人们不也过得蛮好的；拉信（Racine）的太太要丈夫去注意她园子里的红醋栗，自己却不愿去读他的悲剧剧本。

这些冲突，严重的话，可能引起夫妻的决裂。但通常，女人在抗拒丈夫的支配时，还想要"守住"他。她为了维护自己的独立而和丈夫斗争，同时为了保存她依赖的"处境"而和世界上其他一切人作战。这个双重的游戏可不好演，许多妇女之所以在焦躁不安和神经质的状态中过着日子，部分是这个缘故。

要"擒住"一个丈夫，是一种艺术，要"守得住"他，则是一件差事，需要费一番工夫。一位聪明世故的妇人忠告她那年轻任性的弟媳妇道："小心点，同马赛吵翻了，你可是会丢掉这份差事的。"丢掉这份差事，其后果极为严重：诸如失去物质上和精神上的安全感，失去了一个属于自己的家，失去了做妻子的尊荣以及爱情和快乐。妻子不久就认清了她对丈夫的性吸引力短暂，是她最弱的武器，而且，老天啊，到处都有吸引他的女人呢。但是，她仍尽量把自己打扮得妖冶动人，去讨好

---

① 贝尔纳·帕利西（Bernard Palissy），16 世纪法国作家、化学家、陶瓷艺术家。

他。她时常犹豫不决，一方面由于自尊心作祟，免不了态度矜持些；另一方面，又想以自己的肉感和热情去向丈夫献媚，赢取他的宠爱。她也赖习惯的力量、居处的安逸、他喜欢吃的菜以及他对子女的眷恋等来拴住他；她用劝告或建议去影响他；她甚至要使自己成为他事业成功不可或缺的助手。

但最重要的，还是几千年来的传统教会了每个妻子一套"御夫术"；她必须去寻出他的弱点，幽默他的弱点；她也必须精明地、恰到好处地使用各种手段，去奉承他或辱骂他、对他温顺或不听话、对他严厉或随和。这些态度的糅合，尤其是轻不得重不得的。对丈夫不能太放任，又不能过分管束。妻子若太听任丈夫，她会失去他；他在别的女人身上所花的钱和所付出的热情，都是从她身上分过去的；而且，外边的情妇一旦能够相当影响丈夫的时候，就会逼他与妻子离婚，即使不迫他离婚，也要在他的生活中霸占主要位置。另一方面，妻子若管束丈夫太严，也可能造成夫妇反目。所以关键在妻子懂得如何故意"让步"，譬如丈夫小小"欺瞒"，她不妨闭一只眼，但是在有的场合，她可要睁大双眼。尤其妻子必须谨慎提防那些有意抢走她的"差事"的年轻女人。如果已经有了危险的信号，为了要把丈夫和那个女人扯开，有的妻子会带丈夫出去旅行一趟，把他的心思引开，甚至，必要的话——学学蓬巴杜夫人（Mme de Pompadour）的榜样——为他找一个新的、较不危险的对手，去同那个野狐狸竞争。如果仍然不成功，则采取一哭二闹三上吊等诸如此类的手段，但是若吵闹辱骂过了分，反而会把他赶出门去。所以当妻子发现丈夫有外遇时，也就是她最要收回他的时候，她的哭闹可能使丈夫在家受不了、待不住；为了赢得这场战争，她必须采取假泪和强笑，威胁和撒娇等混合攻势。

这的确是一门悲哀的学问——装假，使用小手段，恨在心里，怕在心头，玩弄男人的虚荣和弱点，学会捣他的蛋、欺骗他、"驾驭"他。但女人之所以如此做，是因为有个最好的借口，即婚姻是她的一切。她既无有收入的职业，又没有法定行为能力，没有私人关系，连自己的姓也已改成了夫姓，她除了是丈夫的"另一半"以外，什么也不是。丈夫若离开她，她既不能自食其力，也不能求外援。去批评托尔斯泰夫人苏菲是容易的，但她若拒绝在婚姻生活里扮演伪君子，你叫她到哪儿去呢？她的命运又何如呢？固然，她似乎是个可恨的泼妇，但你难道要求她在爱一个暴君的同时庆幸自己被奴役吗？夫妻之间，若要维持忠实及友善，最主要的条件是双方关系要自由，在事务分配上要平等，既然只有男人拥有经济上的独立权，在法律和习俗上握有种种男性的权益，他自然要摆出暴君的姿态，这便驱使女人装假和造反了。

（选自《第二性》，陶铁柱译）

第二十一讲　把虚线连起来

[美] 理安·艾斯勒

理安·艾斯勒（Riane Eisler），1937 年出生于维也纳，后移居美国，洛杉矶大学法学博士，后一直任教于加州大学和洛杉矶大学圣心学院，是奥裔美籍文化人类学家，现代文艺复兴的代表人物之一，国际伙伴关系研究中心的创始人，也是当代最重要的女性主义思想家之一。

艾斯勒在女性主义思想界最重要的是提出了系统的男女伙伴关系学说，《圣杯与剑》、《神圣的欢爱》以及《国家的真正财富——创建关怀经济学》都是她很著名的著作，印刷十多次，并有多达数十种文字流行于世，对之前的女性主义理论有着极强的纠偏价值。其中后两部书已经重印十几次，并被译成二十多种文字。

艾斯勒也是国际公认的具有高度原创性的思想家，她对历史的研究和对未来的构想已经对全球各人文学科产生了深远影响。

把虚线连起来

[美] 理安·艾斯勒

【编者按："伙伴关系/统治关系"是艾斯勒在研究历史和构想未来时最重要的一组概念，本文就是阐述这两种人类普通关系模式，并在此基础上对整个奠基于男性统治女性的男女统治关系历史，与作者所设想的男女伙伴关系的世界部分地区现状作了比较，作者于是提出未来的人类、男女伙伴关系构想。作者这一思想虽然并不是专门用于婚姻，但不言而喻对婚姻有着重要的启发意义，在伙伴关系这一概念之下，婚姻变得没那么需要特殊对待了。】

有一则古老的寓言讲述三个盲人和一只大象的故事。第一个盲人摸到大象的鼻子，说它是皮革般的大蛇。第二个盲人摸到大象的腿，就说它是棵树。第三个盲人摸到大象的尾巴，说它是根绳子。这是个古老的寓言，已经老掉牙了。但是它形象地描述了基本经济与社会变革的根本障碍。

今天，成千上万的专家都在从他们特定的视野来分析我们的经济、社会和生态问题，却对这些问题的背景没有一致的看法。正如无法只通过描述局部来了解大象一样，如果我们不考虑整个体系，就不可能了解全球问题的背景。

我们仅仅关注经济学是无法改变经济体系的。经济体系包藏在更大的社会体系之内。要有效改变功能失调的经济政策与措施，我们需要了解它们更大的社会基质。

通过伙伴关系／统治关系连续体的分析镜头重新观察社会动力学，可以帮助我们把虚线连起来。这将使看到科学家所谓的**系统自我组织**（systems self-organization）———一个体系中核心成分的相互作用保持了它的基本性质[①]———成为可能。本章将描述这些相互作用，审视伙伴关系体系和统治关系体系的对比性结构，举出趋向伙伴关系／统治关系连续体两端的社会实例，并表明这些体系如何直接影响了经济学。

一个新的社会与经济架构

我出生于欧洲，其时统治关系体系正大规模倒退至僵化程度：纳粹先控制了德国，然后是我的祖国奥地利。我当时太小，不懂得发生了什么，但是当纳粹控制奥地利以后，我的生活发生了剧变，恐怖常与我们相伴。1938 年 11 月 10 日，在臭名昭著的"水晶之夜"（因一夜之间所有犹太人的房屋、店铺和犹太教堂的玻璃全被砸破而得名），一帮纳粹党徒来到我家并抓走了我的父亲。所幸我的母亲奇迹般地把他弄了回来，然后我们逃到了维也纳。要是我们没有逃走，可能就已经在大屠杀中被杀害了，就像 600 万欧洲犹太人那样，这其中包括我的祖父母、我的大多数姑母姨母、叔叔伯伯和表兄弟姊妹，这还是我在第二次世界大战结束后才惊骇地发现的。

这些早期生活经历深深地影响了我。这促使我用一生的时间来探究这种事情发生的原因，我们怎样做才能使它永不重现。最后这也促使我多年来从事多学科、跨文化的历史研究，它们反过来又使我发现了伙伴

---

① 系统自我组织指将系统学、非线性动力学、混沌论和其他新观点引进生活系统的研究。它并不集中于简单的因与果，而集中于系统各组成成分之间的连续不断和相互加强的互相作用。

关系体系和统治关系体系结合的新的社会类型。

当我们研讨的性别双重标准得到普通接受时，旧的社会范畴如资本主义与社会主义、西方与东方、工业与前工业或后工业，就不合时宜了。因此，它们将无力解释性别角色与关系的建构如何影响到整个社会体系的结构。不但如此，这些范畴都忽视早期童年关系——即使这些关系深刻影响人们长大后会接受和保持何种社会。①

与之相反的是，伙伴关系体系和统治关系体系的范畴考虑人类**整体**——男性一半和女性一半——和我们生活的**整体**——不久前还被称为"男子世界"的公共领域，以及家庭私人领域和其他传统上仅限于妇女与儿童的亲密关系。

如果观察这个较大的图像，就有可能看到以前没有识别的格局。这些格局只有当我们注意到构成一个社会的角色分工和关系总和的全部面貌时才能看到，它们是伙伴关系体系和统治关系体系的双建构造。

一个特定社会走向这个或另一个体系的程度深刻影响到我们大量人类品性和行为中哪些得到加强或抑制。伙伴关系体系显示我们自觉、关怀和创造的能力。统治关系体系往往抑制这些能力，它显示——实际上是要求——冷漠、残忍和毁灭。

所有这些品性和行为在人类的生物潜能中都有。有些人可能有这种或那种遗传倾向。②但是心理学和神经科学表明，人们的生活经历，特别是他们的早年关系，深刻地影响着这些倾向是被抑制还是表露。人类学和社

---

① 这些社会体系未能包罗早期童年关系，部分的是由于关怀儿童被视为"只是妇女的工作"。

② 例如，基因中一个被称为单胺氧化酶 A（MAOA）的低活动型影响暴力的较高倾向。但是对具有这种基因变体的男子的一项研究发现，仅仅这点并不预示他将变得暴烈。只有这些人在童年时受到过虐待（定义为受到肉体凌辱或性凌辱，被母亲抛弃或者主要照看者不断改变），他们长大成人后才可能从事反社会的行为，包括暴力犯罪。见 Avshalom Caspi, Joseph McClay, Terrie E.Moffitt, Jonathan Mill, Judy Martin, Ian W.Craig, Alan Taylor, and Richie Poulton, "Role of Genotype in the Cycle of Violence in Maltreated Children", *Science*, Aug. 2002, 297（5582），pp.851-854. 亦见 Emily Singer, "Mistreatment during Childhood and Low Enzyme Activity May Make Men More Violent", *Los Angeles Times*, Aug. 2, 2002。

会学表明人们的生活经历与关系在很大程度上是由他们的文化所塑造的。

一个文化或亚文化走向伙伴关系 / 统治关系连续体中的哪一端的程度将导致不同的生活经历并支持不同种类的关系。统治关系体系的结构支持基于僵化的统治等级并最终依靠恐怖与武力的关系。伙伴关系体系的结构支持基于相互尊重、相互承担责任和相互尊重利益的关系。所以，了解伙伴关系体系和统治关系体系的结构是我们走向与自己、他人和大地母亲相处方式积极转变的重要一步。

统治关系结构

20 世纪最野蛮、最残暴和最具压迫性的社会包括希特勒的德国（技术上先进的西方"极右"社会）、斯大林的苏联（非宗教的"极左"社会）、霍梅尼的伊朗、阿富汗的塔利班（东方宗教社会）和阿明的乌干达（部落主义社会）。虽然它们之间有明显的不同，但它们都有一个共同点：它们都趋向于统治关系体系结构，包括自上而下的经济体制以及由非关怀价值观而不是由关怀价值观指引的种种措施。

统治关系结构的第一个核心成分是由物质、心理和经济控制所维持的自上而下的僵化等级架构。这种独裁主义架构存在于家庭、国家或部落中，是一切社会机构的样板或模式。

第二个核心成分是严重的打骂和暴力，从打骂妻子儿女到长期战争。每个社会都有一些打骂和暴力现象。但是在统治关系体系中我们发现打骂和暴力被体制化、理想化了。他们需要这样来维持统治关系的僵化等级——男子凌驾妇女，男子凌驾男子，种族凌驾种族，宗教凌驾宗教，以及国家凌驾国家。

统治关系体系的第三个核心成分是人类的一半凌驾于另一半之上的僵化等级。[1] 当希特勒掌权时，有一个纳粹口号就是"妇女回到她们原有

---

[1] 从理论上说，这可以是女性一半凌驾于男性一半之上。但在实践中，那只是男性一半凌驾于女性一半之上。

的场合去"[①]。这也是伊朗的霍梅尼和阿富汗的塔利班的口号。斯大林的政策从早先男女地位平等的尝试后退了。[②] 在阿明的乌干达，妇女非常屈从于男子，迟至 20 世纪 80 年代，农村中的妇女仍然要跪着向男子说话。[③]

我们人类的这种优等 / 劣等观是不公正、专制和暴力文化的中心成分。它提供了一种心理图景，使儿童学着用上等或下等来类比一切差异——不论是基于种族、宗教还是民族。

我们人类的这种等级观也表现在扭曲的价值观体系上。随着男性凌驾女性的等级，出现了称为"强悍"或"阳刚"的性格与行为凌驾于称为"柔弱"或"阴柔"的性格与行为之上的局面。提供武器和战争经费的"英勇"暴力和"男子气概的"征服被评价为优于关怀、非暴力和给予关怀。这些"阴柔的"价值观和活动被归于妇女和"女子气的"男子，得不到政策支持。

这就导向了统治关系体系的第四个核心成分：承认统治和暴力的观念和事情是不可避免的甚至是道德的。紧密面向统治关系体系的文化与亚文化教导称：杀死邻国或邻近部落的人、把妇女用乱石砸死、奴役"劣等"民族、殴打儿童使之听命都是高尚的和道德的。战争是"神圣的"——不但宗教统治文化认为如此，而且世俗统治文化也如此认为。纳粹青年认为出去杀死敌人和净化种族是神圣的使命，正如今天的恐怖主义分子乞灵于上帝来把他们的非人行径视为正当。

这四个核心成分——自上而下的僵化等级架构、严重的打骂和暴力、人类的男尊女卑模式，以及认可统治和暴力的观念为不可避免的和道德的——构成了统治关系体系的所有社会与经济体制。

---

① 关于希特勒接管德国时妇女的情况，请看 Claudia Koonz, "Mothers in the Fatherland：Women in Nazi Germany", in Renate Bridenthal and Claudia Koonz (eds.), *Becoming Visible：Women in European History* (Boston：Houghton Mifflin, 1977), pp.445-473。

② 见 Sheila Robotham, *Women, Resistance, and Revolution* (New York：Vintage, 1974)。

③ 参见网页 www.country-data.com/cgi-bin/query/r-14074.html.

统治关系与经济学

统治关系经济学基于"优等"凌驾"劣等"的等级。经济规章、政策与措施都有利于社会顶层而不大考虑或不考虑社会底层，后者被视为"天然"劣等，或者因不努力改变状况而理当如此。

深处于统治关系体系中的经济体制结构保持自上而下的等级，把经济控制集中于顶层者手中。这些结构不但通过专门掌管经济学的法律与规章，而且通过法律、规章、观念、习惯与规范的更大社会体系来建立和保持。

人性：神话与现实

我们的人性图景被统治关系背景下的人类心理状况所扭曲。例如，弗洛伊德以他提出的恋母情结出色地描述了男性的统治心理。他认为每个儿子都要杀死父亲并取代其地位，无尽无休地争夺统治。这一理论后来就被接受为对男性心理的描述而不是对弗洛伊德时期更僵化的统治关系文化的扭曲心理的描述。弗洛伊德关于妇女抱有"男性生殖器妒忌"的理论也被接受为对女性心理的描述，这掩盖了妇女在统治关系体系中所妒忌的不是男性身体而是男性特权、男性自主和男性行动机会的事实。虽然弗洛伊德的这些理论已失去信誉，但统治关系的许多观念和体制仍然在世界上流行。我们应当揭穿这些观念并改变这些体制。

正如我们看到的，诸如家庭、教育、宗教和政府等体制都和经济体制互相作用以维持社会的基本性质。我们也看到，早期童年和性别关系的文化规范是特别重要的，因为正是通过这些关系，人们才首次学到何种关系、社会结构和行为是正常的和合意的。

出于"男人工作"和"妇女工作"的双重标准，统治关系经济学主张贬低和利用妇女和大地母亲支持生命的活动。虽然男子从性别双重标准中得到一些好处，但这些好处却被不利所抵消了。统治关系体系对男子抽取的代价是巨大的——在不断的战争中受到残害和伤害，被他们的上级控制和压迫。

当孩子们被教导说人类的一半天生是受人服侍的而另一半是服侍人的，他们就有了经济不公正的心理图像，然后这延伸到其他关系上。他们就不自觉地接受了"劣等"人服从"优等"人并受其经济剥削的思想。

男子凌驾于妇女之上的等级以及不公正的经济体系这种互相加强的联系在封建和君主制时代是十分明显的。在男子统治的僵化时代，国王、君主和贵族生活奢华。但是为这些"上等人"从早到晚干活、供应他们饮食、充实他们金库的男子与妇女则勉强维持生存。

后来在妇女卑劣论的教条再度兴起的时期，我们还能看到这种相互联系。这也是以社会顶层与社会底层之间经济鸿沟的扩大为特征的时期。例如，在早期工业资本主义的"强盗大亨"日子里，工人们经常受到无情的剥削。社会达尔文主义者反对女权主义，声称妇女天然劣于男子。目前，正当社会生物学家主张男性统治女性是进化的必要时，经济分层也加强了：公司的千万美元高薪与无家可归和饥饿形成尖锐对比。

我要再次强调，经济不公正不仅仅是无节制资本主义的特点，还是统治关系经济学的一个特征。在苏联的共产党政权下，社会顶层人士吃着鱼子酱，住在舒适的套房和乡间别墅里，而大多数家庭则住在拥挤的公寓内，妇女要排许多个小时的队去购买稀缺的必需品。

统治经济学的另一个特点是腐败。常言道，权力造就腐败。虽然这是完全无法避免的，但是为自身或自己集团得利而不顾他人，特别是不顾那些社会等级低下的人的腐败，则是统治关系体系所固有的。在企业和政府中不守信的传统存在已久，只有走向伙伴关系体系时，企业和政府"透明度"等思想才会开始发展起来。①

---

① 例如，根据"价格水房合作社"制定的"不透明指数"和"透明国际"的"贪污感知指数"（CPI），可见贪污在世界范围内到处存在。见"Global Corruption：Measuring Opacity" at www.helleniccomserve.com/opacity.html。

在僵化的统治文化中，向各级政府行贿——从最小的地方工作人员到最高的官员——仍然是常被接受的行为。即使在美国，大的政治献金者常常起草有利于他们的立法而牺牲纳税人。科学研究收受对研究结果有既得利益的医药公司或其他公司的资助，是常有的做法。就像发生在安然公司、世通公司和泰科公司的情况，公司高管往往假造公司账目，牺牲雇员和股东而肥了自己。这一切并不是我们有时听说的是由于存在内在缺陷的"人性"所致。它也不是仅仅由于在企业和政府篮子中的少数"坏苹果"造成的。它深深植根于统治关系等级所固有的腐败传统，在那里，关怀和同情是系统地受到禁止的。

统治经济学以这些和其他方式阻碍市场的运行。当一个社会走向统治关系体系时，市场不是作为供求的仲裁者，而是偏向于牺牲社会底层人利益而使社会顶层人受益。

赤裸裸地剥夺他人财产是许多僵化的统治政权的又一特点。斯大林剥夺了上百万富农的产业，他们是被他的政权杀害的有地小农。霍梅尼没收库尔德人和巴哈依人的财产。他的原教旨主义政权对这些外群集团实行恐怖主义，让他们逃走，或者干脆以上帝和道义的名义将其杀害。在纳粹统治下，另一个被鄙视的外群集团犹太人的财产被没收来资助纳粹德国的经济复兴。纳粹国家强力没收犹太家庭的（包括我父母的）住房、艺术品、企业和银行存款。纳粹党人从这些合法化的武装抢劫战利品中得到奖励。犹太妇女、男子和儿童被赶进集中营或者被迫逃亡（例如我的父母和我）。

自由市场：神话与现实

新古典主义经济理论的一项原则认为，当市场摆脱了政府管制，它们就会通过供求的相互作用而有效分配社会资源。因此，"自由市场"成为反对政府管控的一个口号。

但现实情况却是，在统治关系体系的背景下，市场不可能是"平坦的游乐场"。在这种关系体系下，与其说是通过市场供求保证

公平的价格和工资，不如说是通过误导的广告、薄弱或缺乏工作条件的标准、干预劳工谈判权、极少或没有消费者保护以及让富人和有权者为所欲为的政府政策而使市场受到扭曲。

在统治关系体系内，垄断盛行，较小的竞争者被淘汰出局。此外，统治关系体系产生人为稀缺和人为需求。这一切还由于统治关系体系贬低关怀和给予关怀以及其他一切被视为"柔弱"或"女性化"的事物而进一步加剧。

总之，只要一个社会走向统治关系体系，市场就会被有权有势的人控制——不论是通过政府的手段还是私人的手段。确实，在统治关系体系内，自由往往是那些当权者不负责任地使用权力的代号。

这一切都是以种族纯洁、上帝意志、抗击私有财产罪恶以及其他认可冷漠、野蛮与贪婪的口号为名而干的。这些口号掩盖了一个根本真理：伤害和压迫他人是不人道的和不道德的。

确实，统治关系体系通过否定来维护自己。它压制自觉，使得人们难以看到对他人甚至对自己的伤害。如果要实行并维持内群对外群的等级制，这种缺乏自觉是必要的。

甚至在并不接近上述伙伴关系／统治关系系列中统治关系一端的社会中，也可以看到一些同样的势力，虽然在形式上较不明显和粗糙。在最近几十年中，美国已退向统治关系模式，政治与经济权力重新集中到最高层，试图使我们回到"以父亲为首的"家庭，并在对外关系中越来越多地使用暴力。这种后退导致从早先的经济安全网政策退却，并且回复到有利于强大内群集团的规章、政策、措施而不关心无权无势的外群。

虽然美国政府官员肯定没有直接没收"下等"外群的资产来奖赏他们的亲朋好友，他们却通过使税收流向社会顶层、向业绩不佳的亲朋公司提供优厚合同、削减对穷人提供重要服务的社会计划而有效地做到了这一点。所以在向统治关系体系后退的年代里，援助贫困儿童和家庭的经费被削减，税收被用来奖赏大公司以及其他主要政治献金者，其手法是：不用竞标的合同、减税、取消或不厉行环境保护和消费者保护；而政府则对明目张胆的违反反托拉斯法[①]行为视而不见。

这些并不是偶发情况。它们是统治关系体系所固有的。一个更多偏向于这种体系的社会不可能有公平的经济政策。关怀的和可持续的经济体系只能在走向伙伴关系的社会中兴旺发展。

伙伴关系结构

以伙伴关系／统治关系系列中伙伴关系一端为取向的文化超越了常规的范畴，诸如宗教或世俗，东方或西方，工业、前工业或后工业。它们可以是部落社会，如加利福尼亚大学人类学家斯图尔特·施莱格尔所研究的菲律宾的泰杜雷（Teduray）；或者是农业社会，如宾夕法尼亚大学人类学家佩吉·里夫斯·桑迪研究的苏门答腊的米南卡包（Minangkabau）。它们可以是技术高度发达的社会，如瑞典、挪威和芬兰。事实上，今天我们看到许多国家正在走向伙伴关系体系。

伙伴关系体系的第一个核心成分是家庭和整个社会的民主与平等结构。然而，伙伴关系体系的取向并不意味着一个平坦的、无领袖的结构。在伙伴关系体系中，父母仍然负责儿童，老师负责学生，经理负责工人。但与统治关系体系相比，它有一个很大的不同。这就是基于控制与恐惧的**统治关系等级**与父母、老师、经理启发、支持和授权而不是剥夺别人权利的**现实化等级**之间的区分——以后我将再讨论这个问题。

伙伴关系体系的第二个核心成分是打骂与暴力在文化上是不能接受的，所以它有着更多的信任和相互尊重。这并不意味着没有打骂或暴力。但是因为它们并不需要用以维持僵化的统治关系等级，所以它们就不必被体制化或理想化。

[①] 例如，在2005年通过的"医疗照顾项目"处方药计划中，并未要求政府与药物公司协商谈判最佳价格，而是明确禁止政府这样做。

　　第三个核心成分是男女之间平等的伙伴关系。在随之出现的价值观体系中，诸如非暴力和给予关怀等在统治关系体系下被贬损为"女子气"的品性和行为被妇女和男子高度重视。

　　这些价值观对于一个支持以互助互惠、相互负责和相互关怀为基础的关系的经济体系来说，是根本性的。还要说一句，这并不意味着每个人都同其他人有着同样的经济地位。但是在伙伴关系经济中，贫富之间没有巨大差异。而且，由于关怀和给予关怀没有被贬低，商业行为和经济政策可以被关怀自身、他人和我们自然家园的精神气质所引导。

　　这就导向了伙伴关系体系的第四个核心成分：提供关于人性观的更加平衡和积极的信念和看法。伙伴关系体系承认残忍、暴力和压迫是人性的可能成分。但是它们并不是不可避免的，而且更不是合乎道德的，文化价值观和信念支持同情和相互尊重的关系。而且，这种体系更加依靠积极的而不是消极的人性动机。

　　（虽然）以伙伴关系／统治关系系列中伙伴关系一方为取向的（伙伴关系）社会并不是理想的社会，但是它们的观念和体制——从家庭和教育到政治和经济——支持尊重人权，尊重我们的自然环境。它们是民主的文化，那里没有巨大的贫富差距，那里把养育和非暴力视为适合于男子和妇女的事，并得到社会的支持。

伙伴关系和统治关系体系

成分	统治关系体系	伙伴关系体系
1. 结构	统治关系僵化等级的独裁和不公正的社会与经济结构	实际化等级与民主和经济公平的联系结构
2. 关系	高度的恐惧、打骂与暴力，从打孩子、打妻子到受家庭、工作场所和社会"上级"的辱骂	相互尊重和信任，低度的恐惧与暴力，因为人们并不要求维持统治关系的僵化等级
3. 性别	人类一半的男子凌驾于另一半的妇女之上，被视为"阳刚"的品性与活动凌驾于被视为"阴柔"的品性与活动之上，诸如关怀和给予关怀	对人类一半的男子与另一半的妇女有同等的评价，对妇女、男子及社会和经济政策中的同情、关怀、给予关怀和非暴力有高度评价
4. 观念	把统治和暴力视为合理和理想化的观念，认为那是不可避免的、道德的和合意的	对同情、互相助益和关怀关系给予高度评价的观念，认为那是道德的和合意的

人的基本动机有二：一是避免痛苦，二是追求欢乐。这些动机不仅运行于伙伴关系体系，而且也运行于统治关系体系，只不过两者侧重点不同而已。

在统治关系体系中，害怕痛苦是主要的动机。这可以是害怕受"上级"惩罚，也可以是害怕失去权力和地位。所以，许多早先关于有效的工作场所的想法建立于这样一种信念的基础之上：雇员感受威胁越多，

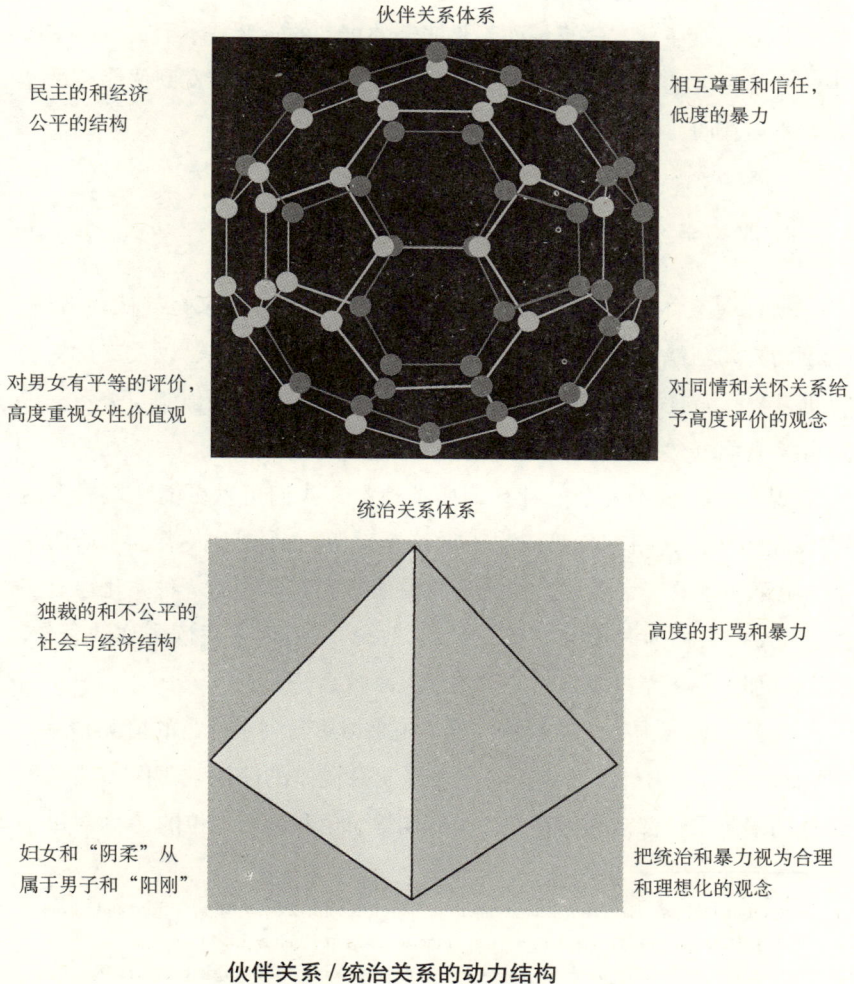

伙伴关系体系

民主的和经济
公平的结构

相互尊重和信任，
低度的暴力

对男女有平等的评价，
高度重视女性价值观

对同情和关怀关系给
予高度评价的观念

统治关系体系

独裁的和不公平的
社会与经济结构

高度的打骂和暴力

妇女和"阴柔"从
属于男子和"阳刚"

把统治和暴力视为合理
和理想化的观念

伙伴关系／统治关系的动力结构

工作就越加努力。

今天，大多数商业专家认识到，当人们不感到害怕时，当他们感到安全和受到关怀而不是受到威胁和不安全时，实际表现将会更好。他们认识到，基于这些原则的工作场所不但培育了更高的生产率和对公司的忠诚，而且培育了吉福德和伊丽莎白·平肖称之为"内在创业精神"①的创造性、敢冒风险和革新。结果，许多成功的公司正在逐渐认识到：受到重视和关怀的喜悦激发人们最持久的工作热情。

但是，从主要依靠喜悦而不是痛苦的推动的转变并不会在真空中发生。它是更大的社会运动的一部分：从统治关系体系转变到伙伴关系体系，不但在商业组织中，而且在所有机构与关系中。

伙伴关系结构、价值观和关系

伙伴关系体系的四大核心成分——民主和平等的家庭与社会结构，低度的打骂与暴力，人类男女两半之间的平等伙伴关系，以及支持基于互助互惠、责任和关怀关系的观念——形成了一切社会体制与关系，包括经济方面（参见上页图中的"伙伴关系体系"）。

观察一下较不复杂的社会，如泰杜雷，我们可以更清楚地看到这些成分的相互作用。我第一次听说这个部落社会源于人类学家斯图尔特·施莱格尔的一个电话。他告诉我说他研究菲律宾的一种文化已有多年。"我将其称为激进的平等主义，"他说，"但现在我读了你的著作，我觉得那个林区泰杜雷显然是个伙伴关系社会。"

在其著作《雨林中的智慧》里，施莱格尔写到泰杜雷的情况时说："所有的人，不论男女老少，不论是最复杂微妙的萨满教巫医，还是最普通的编筐工，都被视为在社会上有同等价值和同等地位的。"②对每个

① Gifford Pinchot, *Intrapreneuring*(San Francisco: Berrett-Koehler,2000). 亦见 Gifford and Elizabeth Pinchot, *The Intelligent Organization* (San Francisco:Berrett-Koehler,1994)。

② Stuart Schlegel, *Wisdom from a Rainforest* (Athens:University of Georgia Press ,1998)，p.111.

人的这种评价贯穿在工作和生活的所有方面。

正如施莱格尔所说：

> 虽然妇女专长于育儿，但男子和妇女都带领小孩，养育他们，帮助他们成长。大家承认男子力气大，但这丝毫不能说明一种性别对于另一种性别具有优势，也不能为社会压迫的任何形式有组织的打斗或敛聚私人财富提供理由。除草和砍树，织筐和猎野猪，生育和抚养子女——这一切真的只不过是不同但同等的专业分工而已。
>
> 家庭和社会结构是平等的，社会关系没有等级，是和平的。决策是典型的参与制，温柔，已被说滥了的"女性"美德得到重视，社群福利是工作和其他活动的主要动机。大自然和人身受到很大尊敬。对技术的强调目的在于增强和支持生命。①

当然，泰杜雷并非总是以关怀方式行事。如施莱格尔所写，"他们偶尔以暴力解决问题，即使他们的信仰和体制都说暴力永远是不对的"②。但他们的文化精心阐述了防止仇怨的机制。双方的法律高人设法制定出一个解决办法，而这是男女都可以起的作用。

有两百多万人口的农业文化米南卡包为说明伙伴关系体系的四大核心成分如何相互加强提供了另一个例子。人类学家佩吉·里夫斯·桑迪在苏门答腊贝卢巴斯的米南卡包村住过，往返其间 20 余年，他报告称该文化的社会结构和家庭结构是以相互尊重和关怀为基础，而不是以统治关系等级和屈从为基础。③因为米南卡包趋向伙伴关系体系，妇女和

---

① Schlegel, *Wisdom from a Rainforest*, p.244.

② Ibid., p.249.

③ Peggy Reeves Sanday, *Women at the Center: Life in a Modern Matriarchy* (Ithaca, N. Y.: Cornell University Press, 2002)，她在此书中使用**母权制**一词来形容米南卡包，因为在这里男子并不统治妇女。但是米南卡包并不是由妇女管制的，它并不具有像父权制那样的母权制特征。桑迪所描述的实际上是一个以伙伴关系体系为取向的社会。

男子都不统治。家庭和社会结构比较平等。暴力未被制度化或理想化。

首先，像在泰杜雷一样，暴力并不是米南卡包育儿的一部分。"照看儿童不是独裁的或惩罚性的，"桑迪写道，"孩子们从来不会挨打，我从来没有听到过哪位母亲对孩子大声吼叫……那里的观念是他们迟早要学会的，以便像个良好的米南卡包人那样行为。"①

虽然男女都被平等地评价，米南卡包以母系定血缘，但是继承男方财产在生物系源上不是问题。社会学家会认为，在这种情况下，父亲对他们儿子的一生不会起多大作用。但事实上，他们是起作用的，只不过父亲与孩子的关系不在于传承土地和房屋。这是一种感情纽带而不是物质纽带。正如米南卡包长者纳戈·贝萨尔说的："关注生物学父权会忽视对孩子福利的更重要强调"②。

米南卡包还与人类学家克劳德·列维－施特劳斯所说的男人们交换女人以形成家庭或家族之间的社会纽带的著名论断相矛盾。在米南卡包，母亲在儿子结婚时向其他氏族的赠礼培育了民族之间的社会纽带。与统治关系取向的文化中的婚姻关系不同，这些纽带并不靠聘礼之类来加强。按照该文化的伙伴关系取向，婚姻关系是相互的，新娘和新郎的家庭都对婚宴出资。

当然，像其他伙伴关系取向的文化一样，米南卡包的生活并非完美。但是男子和妇女都可望在这种文化中得到培育。如桑迪所观察的，培育（而不是统治）是米南卡包从大自然得来的首要社会课程。因此，社会体制保护弱者并促进关怀。此外，像泰杜雷那样，米南卡包用静思来防止暴力，并鼓励和平的生活方式。

自然、养育和进化

米南卡包把养育视为自然界的一个核心原则。如人类学家佩吉·里夫斯·桑迪写道："不像 19 世纪的达尔文，米南卡包把男性统

---

① Peggy Reeves Sanday, personal communication, Jan. 30, 2002.

② Sanday, *Women at the Center*, p.25.

治与竞争（我们认为是人类社会秩序与进化的根本）从属于母亲的培育（他们认为是共同福利和健全社会所必要的）……婴儿犹如自然界的种子，必须加以培育，他们才能开花和充分成长到如成人那样有力。这意味着文化必须集中于培育弱者和反对粗暴势力。"①

这种对于维护生命的自然力的关注是以伙伴关系体系为取向的文化的特点，今天它构成了环境保护运动的一部分。它和与自然对立的观点形成尖锐对比，那种观点鼓吹一度被奉为神圣的"征服自然"，按照当今技术发展的水平，这种观点会把我们带到进化的死胡同。

北欧国家的伙伴关系

有些人可能会说上述两个例子表明伙伴关系可以在诸如泰杜雷和米南卡包等技术不发达的文化中发挥作用，而更复杂的工业化文化则要求统治关系组织。但是技术高度发达的、工业化的北欧国家却正由于它们的伙伴关系取向而极为成功。

如瑞典、挪威和芬兰等北欧国家建立了政治民主和经济民主的社会。这些国家没有统治关系取向的国家所特有的巨大贫富差距。它们虽然不是理想社会，但它们却成功地使所有人都有普遍良好的生活水平、更多的性别平等以及低度的社会暴力。研究还表明北欧国家的大多数工人比国民生产总值更高的美国等国的人民更加满意和幸福。②

20世纪初，北欧国家极其贫困，生活水平低，预期寿命短。甚至有饥荒，导致大量移民去美国和其他国家。但是今天，这些国家经常在联合国衡量生活质量的年度《人类发展报告》中名列前茅。它们也在世界经济论坛的年度《全球竞争力报告》中位居前列。③

① Sanday, *Women at the Center*, pp. 22-24.

② 参见 Layard, *Happiness*。

③ World Economic Forum, *Global Competitiveness Report*, 2006-2007. 参见网页 www.weforum. org/en/initiatives/gcp/Global %20 Competitiveness% 20 Report/index. htm。

北欧国家的经济成功有时被归因于它们人口较少和比较同质。但是一些人口更少和更加同质的社会如富产石油的中东国家却要求绝对一致的一个教派、一个部落或贵族首领，我们发现那里具有贫富差距巨大和统治关系体系的其他不公平特点。我们必须通过观察其他因素来理解为什么北欧国家能走出贫困并发展起一个繁荣的、更具关怀和公正的经济体系。

使得北欧国家成功的是它们走向伙伴关系的结构。我们已经看到，除了更加民主和平等的家庭与社会架构以及低度暴力以外，这项结构的一个关键成分是男女之间具有大得多的平等。

在瑞典、挪威、冰岛、丹麦和芬兰，妇女可以而且确实占据着政治领导的职位。的确，在北欧世界，妇女担任最高政治职位。全国大约40%的立法议员是女性，比世界上任何地方都多。

就像在泰杜雷和米南卡包一样，北欧妇女的较高地位对男子如何界定"阳刚"具有重要影响。随着妇女地位的提高，给予关怀、非暴力以及在统治关系社会里认为和"低等"阴柔有关而不适合男性的其他品质的地位也提高了。在伙伴关系取向的文化中，男子可以就他们自己以及社会来评价这些品质和活动，因为妇女不再是从属的了。[①]

一位经济学家解释为何北欧国家能繁荣

全球竞争力网络首席经济学家与主任奥古斯托·洛佩兹－克拉罗斯认为，"在许多方面，北欧国家已进入良性循环，各种因素相互加强而使它们成为世界上竞争力最强的经济体"。他在2005年9月28日世界经济论坛发布的《2005—2006年全球竞争力报告》（芬兰居第一位）的采访中指出："没有证据表明高税收对北欧国家在世界市场上的有效竞争能力或对使它们各国人民取得极高生活水平有

[①] 妇女的更高地位不应混同为妇女进入统治关系规范仍然流行的"男子"领域。在这种情况下，当妇女进入时，该领域就贬值了。这发生在19世纪和20世纪初的秘书类工作领域，以及今天正发生在美国的医疗领域。

任何不利影响。"相反，他看到，"当高税率产生的资源被用于提供世界级的教育设施、有效的社会安全网以及热情高涨和技术熟练的劳动力时，竞争力就大大加强而不是削弱了"。①

随着北欧妇女地位的提高，出现了财政优先支持更多"女性"价值观和活动的局面。这些更加以伙伴关系为取向的国家创始了给予关怀的政策，诸如政府支持的育儿、普遍医疗以及父母带薪休假，使得家庭生活更加安适和幸福，使得劳动者较少紧张并带来更高生产率。

当北欧国家走向伙伴关系结构时，它们也倡导了禁止对儿童施加家庭暴力的法律。它们倡导非暴力解决冲突，建立了第一个和平研究计划，而当时世界其他地方只有战争研究院。它们有强大的男子运动致力于制止男人对女人的暴力。②

此外，北欧国家还倡导了环境健康的产业观，诸如瑞典的"大自然步伐"。它们最近倡导了禁止以儿童为对象的商业广告以阻止影响了大多数工业化国家的猖獗的物欲主义。毫不奇怪，这些国家比其他发达国家贡献更多百分比的国内生产总值（GDP）用于关怀性国际计划：争取公平经济发展的计划、环境保护计划和人权计划。

不但如此，北欧国家还最先采用更多伙伴关系取向的经济结构。工业民主方面的一些最早试验来自瑞典和挪威，正如一些研究所表明的，一种更多参与性的结构使工人参与决定一些基本事务，诸如如何派活，

---

① 资料来源：www.weforum.org/site/homepublic.nsf/content/Global+Competitiveness+Report+2005-2006%3A+Interview。

② 这不是说北欧国家中没有对妇女的暴力。遗憾的是这种暴力是普遍的，因为它是深埋于统治关系传统中的。正如乔根·洛伦岑和珀·阿尔·洛克在1997年提交给主题为"推进平等：男子与妇女的共同问题"的国际研讨会的论文中所写的："许多男子开始相信对妇女、儿童或其他男子的暴力是管控别人可以采取的方法。……家庭暴力是现有男性品格中的一个问题，是我们作为男子必须制止的。"（Jorgen Lorentzen and Per Are Lokke, "Men's Violence Against Women: The Need to Take Responsibility", Presentation at Promoting Equality: A Common Issue for Men and Women, Strasbourg, France, June 1997, pp.17-18.）

什么时间干活最有效。

而且，北欧国家有企业合作社的长期历史，这些共同拥有和民主管理的企业在传统上都把关心它们所在的社区包罗在它们的指导原则之内。这些合作社仍然是北欧经济生活的一个重要部分。"合作社协进会"（COPAC，它和联合国合作以推动和协调可持续的合作社发展）报告称，在 1997 年，芬兰的合作社担负 79% 的农业生产和 31% 的林业生产。同年，瑞典一家保险合作社"福克山"拥有家庭保险市场 48.9% 的份额和团体人寿与事故保险市场 50% 的份额。[1] 而且，合作社已深深地参与到可再生能源的项目。例如，75% 的丹麦大面积风力涡轮设备是当地合作社拥有的，许多瑞典住房合作社正在转向替代性能源以帮助瑞典达到 2015 年石油自给的目标。[2]

社会与经济机制的建构

我们目前考察的并不是偶然的、无联系的发展。它们都是北欧世界更多趋向伙伴关系体系而不是统治关系体系的结果。

泰杜雷、米南卡包和北欧国家都不是"纯粹"的伙伴关系社会。实际上并没有纯粹的统治关系体系或者伙伴关系体系。区别往往只是程度问题。

但是在伙伴关系取向的体系中，从家庭到政府的社会体制都是旨在推动相互尊重、责任和得益，而不是为了社会顶层的集中控制。法律架构支持这些结构。文化规范——即考量何谓正常和合宜的事物——是凝聚更多伙伴关系取向结构的另一些黏合剂。

我还要说，伙伴关系家庭在确定社会体系是独裁和不公正的还是民

---

[1] 关于更多细节，见网页 www.copacgva.org/idc/copac-employment.doc。

[2] 合作社有很长的历史，可上溯到 18 世纪，当时罗伯特·欧文把这个概念应用到了苏格兰棉纺厂中。

主和公正的方面，是至关重要的。当然，小孩在所有家庭决定上没有平等的发言权，从这个意义上说，伙伴关系家庭并不是全盘民主的结构。父母必须为儿童作出重要决定，指导儿童，教导他们所需要的自制和期望。但是在伙伴关系家庭结构中，儿童从一开始就受到尊重，给予关怀者适应他们的需求。当儿童长大一些后，就鼓励他们自己思考和自己选择，并尽可能得到尊重。不使用体罚，公正和关怀的行为得到仿效与奖励。这些伙伴关系家庭结构也在男女之间仿效公正，而不是传统统治关系文化中父亲当家的不公正和独裁。而且这些家庭还实行关怀和给予关怀——不是作为"柔弱的"或"女性的"东西，而是男女都认同的整体的东西。

当治理家庭结构的规章与规范重视和支持参与、同情、公正和关怀时，人们就把这种构建关系的模式应用到其他机构体制中。虽然伙伴关系家庭结构是构建更公正与民主的社会经济结构的基础，但这并不是一个单向的进程。

正如我们所强调的，一切社会体制——从家庭、教育和宗教到政治和经济——形成了一种相互支持和相互作用的整体。就是说，它们的互相作用塑造并维持了一个社会的基本性质。

正如我也强调的，一个社会的经济体制、政治和实践在这个进程中起了特别重要的作用。在一个以自上而下的等级序列为基础的体系中，经济体制将保证资源控制集中在社会顶层人士之手。这些体制将被设计用于维持进一步巩固少数人手中的经济权力。权力被用来保证法律架构、政府政策、企业规章和通信部门都支持这种集权。因此，变革经济结构、规章和价值观是加速当前走向伙伴关系的关键。

这里我要重新谈谈构建以伙伴关系为取向的结构的障碍之一：认为只有统治关系结构在经济上才是有效能的错误概念。我们可以看到更多的伙伴关系取向的企业政策与措施，实际上伙伴关系结构在提供巨大的人类与环境福祉的同时，在经济上是高效能的。

例如，合作社在今天是欧盟经济的一大部门，而且是全球经济日益增长的部门。[①] 它们的成功部分地由于这些伙伴关系结构可以用分享利润和参与式管理的方式把社会与环境责任、当地社区的受益以及企业家精神结合起来。[②]

然而，合作社并不是结合伙伴关系原则的唯一经济结构。我们在早先看到，多类大小企业都可以在社会上和环境上负责任，都可以有更多参与性管理的方式，并对所有利害相关者负责。

而且，与一些流行的错误概念相反，一个功能良好的参与性结构并不是铁板一块。伙伴关系的社会与经济结构肯定比统治关系的更加令人满意，在决策上有多得多的民主与参与。这种结构仍然有政府领袖、企业经理、家庭父母和学校教师。事实上，在伙伴关系机构体制中有更多的领导人，因为权力不是集中于社会顶层，一切群体成员的意见都被重视。

所以，伙伴关系的社会与经济结构仍然有等级。正如我早先指出的，我将之称为**实际化等级**而不是**统治的等级**。统治的等级中的领导人和经理下的命令必须被服从，实际化等级中的领导人和经理寻求并考虑别人提出的意见。在有些事例中，伙伴关系结构的决策采取的是参与制方式。在其他事例中，它们采取的是领导人或经理人在考虑所有提出的意见后作出的。但在这两种情况下，提出的意见和提出意见的人都受到尊重和认可。

伙伴关系和统治关系体制之间的区别也不在于一个是合作的，另一个是竞争的。正如"合作、竞争与权力的社会建构"中详细说明的，区别在于权力、合作与竞争是非常不同地构成的，这取决于对伙伴关系或统治关系模式的取向程度。

我应当在这里补充一些有关网络的事，我们许多人（包括我）都把

---

① 例如，Riecardo Lotti, Peter Mensing, and Davide Valenti, *The Cooperative Future*, Oct. 2005。www.boozallen.com。

② 研究表明：雇员参与所有权和参与制决策程度的结合导向了更高的效能和更大的公司收益。见 "Employee Ownership and Corporate Performance" on the site of the National Center for Employee Ownership: www.nceo.org/ library/corpperf.html。

它欢呼为一种新兴的伙伴关系社会结构，因为它们有分散的建构。[①]网络肯定提供更多的民主机会，因为，不像传统的统治关系组织，它们以自愿、交互和水平的交流与交往方式联系人们。但不幸的是，时间表明网络也能被有效地用来统治和破坏。

从 20 世纪 60 年代开始并继续到今天，网络常常作为积极分子从事环境保护、妇女与儿童权益、经济公平的手段以及推进走向较多关怀、较少暴力的伙伴关系体系的运动的其他方式。可是，网络也被恐怖分子、毒品犯罪的卡特尔等所利用，并被运用得越来越多，这把我们推回至更加暴力的、独裁主义的和男性统治的生活方式。

确实，像基地组织这样的原教旨主义的恐怖分子网络已经发展起一种新形式的战争，今天的分析家们恰当地称之为"网战"。和传统的战争不同，这种网战不是在国与国之间，这种网战不是士兵之间的战斗，而主要是针对平民的。而且，由于恐怖分子网络散布在平民人群中，就很难（确实是不可能）在打击他们时不伤及他们周围的平民。

合作、竞争与权力的社会建构

当 1985 年我选择用"伙伴关系"来描述我研究指明的比较公正与和平的社会结构时，这个词还主要用来描述一种商业合伙关系。将它用来描述支持相互受益、尊重和负责关系的一种体系看来是个很好的选择，因为商业合伙关系的成员地位平等，都有决策发言权，都为相互受益而工作。然而，在《圣杯与剑》面世十年之后，"伙伴关系"一词有了宽广得多的用法。它开始意味着合作共事，特别是在战略联盟和其他合作活动中。结果，对那些不熟悉我的工作的人来说，伙伴关系一词往往跟合作而不是竞争联系在一起。

---

① 研究网络的学者指明了若干种不同的形式，诸如中心型、星型或车轮型网络。见 William M. Evan, "An Organization Set Model of Interorganizational Relations", in Matthew Tuite, Roger Chisholm, and Michael Radnor (eds.), *Interorganizational Decision Making* (Chicago Aldine, 1972)。

确实，伙伴关系体系更多地导向合作，因为它不把人们分为高低级别。但是恐怖主义分子、侵略军和垄断势力都是合作的。换句话说，在统治关系体系中也有合作。所以，不幸的是，有些人认为人们只要合作，我们的一切问题就都能解决，那是不对的。统治体系内的人经常合作推进内群集团的利益，而与此同时却统治、剥削甚至杀害外群集团，如同我童年时的奥地利那样。

而且，在伙伴关系体系内有竞争。但是，那是成就导向型的竞争，是由于见到他人的卓越而受到激励的，而不是统治关系体系所鼓励的旨在侮辱、毁灭或者使对手破产的残酷竞争。

权力在统治关系体系和伙伴关系体系中也有不同的定义和实施。用《圣杯与剑》一书的说法，在统治关系体系中，比喻权力的是"剑"：那是统治、剥削、生杀大权的象征。在伙伴关系体系中，比喻权力的是"圣杯"：那是给予、培育和照亮人生的古老权力的象征。转到这种更加常规女性的权力观，同时也从**统治关系等级**转到**实际化等级**，那里的责任、尊重和受益并不仅仅自下而上，而是双向的。

这种与母性关怀的理想常规地联系的权力观得以流行，反映在当今有关领导和管理的著作中，我们读到：好的经理人不是警察或监管者，而是启发和培育我们最大潜力的人。对常规女性品格——不论是体现在妇女身上还是男子身上——的这种较高评价对于后工业经济至为重要。这种经济需要一支创造性的、灵活的、革新的工作队伍——它反过来需要一批对他人赋予权力而不是掠夺权力的领导人与经理人。①

---

① 资料来源：关于这些问题的更详尽的讨论，请参见 Riane Eisler, *The Chalice and The Blade* (San Francisco: Harper & Row, 1987)；Riane Eisler, *The Power of Partnership* (Novato, California: New World Libray, 2002)。

正如戴维·朗菲尔德特和约翰·阿吉拉在《网络、网战与未来之战》一文中所写的，因此网络现象具有光明和黑暗的两面性。也如他们写的，似乎毫无疑问的是网络在我们的复杂世界里将继续作为一种新生组织形式而成长，而且这一趋势受到诸如互联网等新信息技术的促进，这使得可以不用多少财务投资就可以使网络得到扩张。[①] 但是真正的问题并非在于网络是不是一种可行的社会结构（显然它是的），而在于它到底是被用来推进伙伴关系的目标还是被用于推进统治关系的目标。

这又使我们回到确定伙伴关系结构或统治关系结构性质的更大范围因素上来。不像房屋等建筑的有形结构，社会与经济结构没有物质要素。使社会与经济结构具有特定性质的要素是一种特定文化的观念、习惯、规范、法则、规则甚至语言。

例如，在统治关系语言中，描述男女之间关系构成的只有两词：父权制和母权制。这些词所描述的是同一统治关系结构的两种变体。我们的常规语言对这种关系提不出伙伴关系结构的替代词语。[②]

由于它们更大文化背景的重要性，我们无法以它们的形式来简单描述伙伴关系或统治关系的经济与社会结构。我们必须考虑它们的主导价值观，那是存在于它们自身的文化或亚文化之中的。

（选自《国家的真正财富——创建关怀经济学》，
高铦、汐汐译）

[①] 关于更多细节，见 David Ronfeldt and John Arquilla, "Networks, Netwars, and the Fight for the Future", *First Monday*, Oct. 2001, 6 (10)。亦见 http://firstmonday, org/issues/issue6_10/ronfeldt/index, html。

[②] 因为我们的语言提不出关于人类的一半凌驾于另一半之上的任何替代词语，我就在《圣杯与剑》中提出了一个新词 gylany（男女合作），gy 取自希腊文 gyne（妇女）的字根，an 取自希腊文 andros（男人）的字根。中间的 l 有双重意思。在英文中它指联系人类的两半而不是指他们的级别。在希腊文中，l 取自动词 lyein 或 lyo，这也有双重意思：解决和解除。就这个意义上，l 这个字母指通过把人类的两半从统治关系等级制强加的荒谬而扭曲的僵化地位解放出来而解决了问题。

选文书目

《理想国》[古希腊] 柏拉图著，郭斌和、张竹明译，商务印书馆（1986）

《朱光潜全集·会饮篇》[古希腊] 柏拉图著，朱光潜译，安徽教育出版社（1991）

《柏拉图全集》[古希腊] 柏拉图著，王晓朝译，人民出版社（2003）

《亚里士多德全集》[古希腊] 亚里士多德著，崔延强、李秋零译，中国人民大
　　学出版社（1994）

《物性论》[古罗马] 卢克莱修著，方书春译，商务印书馆（1981）

《新约·哥林多前书》[古罗马] 保罗著

《忏悔录》[古罗马] 奥古斯丁著，周士良译，商务印书馆（1996）

《乌托邦》[英] 托马斯·莫尔著，戴镏龄译，商务印书馆（1996）

《培根论说文集》[英] 培根著，水天同译，商务印书馆（1958）

《法的形而上学原理——权利的科学》[德] 康德著，沈叔平译，商务印书馆
　　（1991）

《法哲学原理》[德] 黑格尔著，范扬、张企泰译，商务印书馆（1979）

《往事与随想》[俄] 赫尔岑著，项星耀译，人民文学出版社（1998）

《查拉斯图拉如是说》[德] 尼采著，楚图南译，文通书局（1947）

《列夫·托尔斯泰文集》[俄] 托尔斯泰著，冯增义译，人民文学出版社（1987）

《易卜生文集》[挪] 易卜生著，潘家洵译，人民文学出版社（1995）

《乱伦禁忌及其起源》[法] 涂尔干著，汲喆、付德根、渠东译，上海人民出版
　　社（2003）

《性心理学》[英] 霭理士著，潘光旦译，生活·读书·新知三联书店（1987）

《蒲宁文集》[俄] 蒲宁著，戴骢译，安徽文艺出版社（2005）

《人类婚姻史》[芬] 维斯特马克著，李彬译，商务印书馆（2002）

《傅雷译文集》[法] 莫洛亚著，傅雷译，安徽文艺出版社（1994）

《婚姻革命》[英] 罗素著，靳建国译，东方出版社（1988）

《第二性》[法] 波伏娃著，陶铁柱译，中国书籍出版社（1998）

《国家的真正财富——创建关怀经济学》[美] 理安·艾斯勒著，高铦、汐汐译，
　　社会科学文献出版社（2009）